价值论视阈下
制度创新与中国道路研究

纪萍萍　马俊峰◎著

文化发展出版社
Cultural Development Press
·北京·

图书在版编目（CIP）数据

价值论视阈下制度创新与中国道路研究 / 纪萍萍，马俊峰著. -- 北京 : 文化发展出版社，2024. 6.
ISBN 978-7-5142-4379-6

I . D621

中国国家版本馆 CIP 数据核字第 202422C3L4 号

价值论视阈下制度创新与中国道路研究

著　　者　纪萍萍　马俊峰

责任编辑：康梦玥　　　　　　　责任校对：侯　娜
责任印制：邓辉明　　　　　　　封面设计：WONDERLAND Book design 仙境 QQ:344581934
出版发行：文化发展出版社（北京市翠微路 2 号　邮编：100036）
发行电话：010-88275993　010-88275711
网　　址：www.wenhuafazhan.com
经　　销：全国新华书店
印　　刷：文畅阁印刷有限公司

开　　本：787mm × 1092mm　1/16
字　　数：210 千字
印　　张：16.25
版　　次：2024 年 6 月第 1 版
印　　次：2024 年 6 月第 1 次印刷

定　　价：98.00 元
I S B N：978-7-5142-4379-6

◆ 如有印装质量问题，请联系电话：13161758358

目 录

第三章　马克思主义公正观辨析

第四章　制度设计与社会公正的期冀

第五章　制度实施与社会公正的实现

绪论

一

社会公正或者说公正自古以来就是人们期盼的一种理想社会状态，也是人们评论社会问题、社会现象和社会制度合理不合理的一个重要尺度，是人们是否认同一种制度一种政策的基本标准或依据，自然也是许多理论家所关注的一个重大问题。然而，社会公正又是一个涉及面非常广泛、内容非常复杂、形式非常多样的综合性问题，它涉及经济或财富的分配问题、资源掌握和使用的权限问题、人们的社会权利、资格与交往规则的问题、法律的基础和制度安排的人性根据的问题、一定政治体制的合法性问题，等等。可以这么说，凡是有人群有组织有管理的地方，凡是存在着分配、参与、奖惩的领域，凡是需要对社会性事务进行评价的场合，就都有社会公正的问题存在。社会公正的形式也多种多样，有分配的公正，补偿的公正，奖励的公正，惩罚的公正，有经济公正，政治公正，法律公正，伦理公正，程序公正，实体公正，形式公正，实质公正，局部的公正，整体的公正，等等，这些形式往往交叉地存在着，各自从不同侧面表现着社会公正的情况，形成了一个非常复杂的情况，也是造成聚讼纷纭的一个重要原因。

公正与平等、公平、公道、正义等概念又纠结在一起，相互渗透相互纠缠，为人们使用这个概念增加了许多不确定性或歧义性的可能。因此，一方面，尽管在不同的民族不同的时代，人们在涉及社会公正的问题时使用的概念语词不同，侧重的方面不同，关注的重点不同，但在另一方面，在这些不同和差别的背后，实质内容上又存在着许多共同的或一致的地方，比如，没有任何民族不关注公正问题，也没有任何民族能够容忍他们所普遍认为的严重不公正的现象长期存在。这就构成了一种特殊的景观，一方面人们都重视公正、追求公正，把公正当作是一种理想一种评价标准，以是不是公正作为是不是合理的一个重要判据，公正与合理总是连在一起的；可另一方面，人们对公正的理解却又可能很不相同，甚至大相径庭，不仅不同时代不同民族的人们之间会出现这种情况，即使是同一时代的不同阶级不同阶层的人们，有时候对公正的理解也很不相同，有时还是正相对立的。

正是由于社会公正问题的极端重要性和高度复杂性，为各个方面各个专业从各自特定的角度研究这个问题提供了必要也提供了可能，在历史上学科还不太分化的时代，一些理论家，比如亚里士多德，多是从总体上宏观地来讨论这个问题，而在学科分化比较成熟的现代，各个学科则很容易将之视作是自己的专门，比如伦理学家、政治学家、法学家、经济学家、社会学家、女权主义、环境主义者等都从各自的角度对这个问题进行研究。挖掘的程度无疑是深入多了，可又容易形成自己的片面性。从文献检索可以看出，在社会公正问题上存在着各种不同的理论观点，至今仍是一个众说纷纭的领域。现代西方的一些思想家大都坚持抽象的人性、自由、人权的立场，罗尔斯、诺齐克、哈耶克都可以看作是这方面的典范，社群主义与自由主义之争更多地表现为纯粹理论层面的争论，是公共的善和个人的自由孰更为优先的争论。而在另一些持价值情感论的思想家那里，则认为像“善”“公正”这样的价值词语主要是个人情感和偏好的表现，其争论并无什么实质性的意义，这等于完全把这个问题相对主义化，甚至整个地取消了。

国内学者近年来也对社会公正问题予以极大关注，研究者大抵分为三类，一类主要是从伦理学角度研究，着重讨论公正的概念辨析和一般性原则，或公正思想的历史发展情况；一类主要是从经济学角度研究，关注的是经济改革和分配中的社会公正问题，还有一类是从政治学法学的角度研究，比较关注法律的理论基础和制度性的问题。这些是比较集中比较大量的，除此之外，还有学者们研究过教育公正的问题，医疗资源公正分配的问题，等等。这些研究从不同的侧面深化了对社会公正问题的认识，都是很有意义的。我们主要是从哲学价值论的视角对社会公正问题进行一种综合的审视和研究。在我们看来，一定社会制度的确立，一定法律的通过和实施，一定的社会秩序的形成和维持，既依赖于一定的社会公正观念，但又不是从某个主体的公正观念派生的，相反，从来都是不同的利益群体、阶级和阶层交互作用的产物，是各种社会力量冲撞和平衡的结果。一定的文化传统以及其中所包含的社会公正观念，为各阶级、阶层形成一定共识提供了必要的文化背景，而相对的力量均势和平衡利益的要求构成了其现实根据。这些因素错综复杂地交织在一起，既需要对不同的层面进行一定的析离，但又不能将之机械地分割开来，必须综合地进行考究。在这一方面，马克思主义实践的辩证的思维方式和唯物史观无疑为我们提供了合理的方法论指导。

二

国内外的不少学者都把马克思主义理解为简单的经济决定论，言下之意，马克思不重视社会公正问题，或者说，在马克思的“科学历史观”视野里，社会公正问题是一个“伪问题”，是一种“虚无缥缈的幻想”。这些学者认为，抽象地空洞地谈论普遍“公正”、永恒“正义”、真正的“平等”等，都是资产阶级的意识形态和唯心主义的话语方式，据此来批判资本主义最多也只是诉诸一种“道德义愤”，无助于搞清问题而只能把问题搞得更加混乱。有人认为，在马克思那里，公正问题内在于生产方式运动的过程之中，是否促进了生产力发展、是否符合历史发展规律就是是否公正的最终标准，在历史发展的客观规律之外再设一个公正的标准不仅容易把问题复杂化，而且可能导致自相矛盾，损害唯物史观的“科学性”。实际上这里存在着一种极大的误解。马克思注重经济生活经济利益经济地位对于人们的观念形态以及政治法律等上层建筑的决定性的作用，但从来不认为经济因素是唯一的决定因素，而且马克思的思维方式根本上超越了机械论的线形因果的思维方式，他把社会看作是一个有机体系统，是多种因素综合地相互作用的过程，是现实的人们在能动地改造环境和彼此相互交往的过程中同时也改造了自己的思想意识的活生生的过程，“环境的改变和人的活动或自我改变的一致，只能被看作是并合理地理解为革命的实践”[①]。在现实的人的现实的实践活动中，观念的因素与客观的条件，事实的方面与价值的方面，个人的需要、利益与社会的共同需要、共同利益，经济的、政治的和文化的因素，都在其中起着作用，而所谓社会规律不仅是通过人们的活动体现和实现的，而且说到底也就是人们活动的规律。从这个角度看，社会主义代替资本主义既是社会基本矛盾和经济运动的产物，也是人民群众首先是无产阶级根据自己的利益进行自觉选择并努力为之奋斗和争取才能实现的。离开人们的自觉活动和选择来看待历史过程和历史规律，从来不是马克思恩格斯的思想，倒毋宁说是后来的一些理论家抽象地甚至可以说是歪曲地理解马克思的思想的结果。

由于当时的历史条件和理论背景，比如从空想社会主义衍生的各种学说都主要是从人性和伦理道德的角度，从公正不公正、合理不合理的角度来批判资本主义，来论证社会主义的公正合理性，马克思确实对于

① 《马克思恩格斯选集》，第 1 卷，人民出版社，2012，第 134 页。

社会公正问题谈论得不多，甚至有意地拒绝把社会主义伦理化，将之看作是一种理想的或应然的东西，而着重从社会经济运动的角度来论证社会主义代替资本主义的内在必然性。但这绝不意味着马克思不重视社会公正问题，没有自己的公正观或公正理论，绝不意味着马克思的科学社会主义理论中没有社会公正的地位。只要我们认真地研读马克思的著作，透过单纯的字面含义而把握其内在逻辑和精神实质，就能够发现，马克思关于社会公正问题是有着其非常深刻的理解的，他以一种扬弃的方式包含了空想社会主义理论中的许多合理的东西。在马克思看来，平等、公正等都是一种历史的范畴，没有永恒不变的平等、公正的观念，它们都是受当时生产力发展水平、人的发展水平和社会阶级结构等制约的，也是随着社会的发展而不断发展的。但这样的观念一旦产生并作为一种社会意识而存在，就成为了一种具有现实性的文化因素，在社会各种因素的相互作用中，在人们的价值评价和实际选择中起着重要的作用。随着生产力的发展，一定的生产关系和上层建筑变得过时了，产生了变革这些生产关系和上层建筑的社会需要，但这绝不是一个无主体的过程，恰恰是这种生产关系和政治制度让人们难以忍受，人们普遍地认为这种生产关系和上层建筑变得不公正不合理，才产生了变革它的动机。没有这个中介，就没有反抗和变革既有的生产关系和上层建筑的行动，也就不会有社会革命或社会改革的运动。唯物史观反对唯心史观只注意到了人们的社会活动的思想动机而没有进一步寻找造成这种思想动机的物质原因，但绝不是说可以忽略思想动机在历史活动中的重要作用，更不是把社会或历史当作是运动的主体而忽视人的主体地位，马克思说得好，“并不是‘历史’把人当作手段来达到自己——仿佛历史是一个独具魅力的人——的目的。历史不过是追求着自己目的的人的活动而已”[①]，离开了

① 《马克思恩格斯文集》，第1卷，人民出版社，2009，第295页。

具体的个人和人们的活动，历史什么也没有做，什么也不能做。把社会、历史与人抽象地对立起来，把经济运动、生产力和生产关系的矛盾运动看作是某种自动的过程，看似是维护了历史运动规律的客观性，实际上是把这种规律看作是离开了人的神秘的东西，看似是坚持唯物主义，其实不过是机械唯物主义和形而上学思维方式的表现。

与当时和以往的思想家们不同，马克思研究社会历史问题都坚持从现实的人出发，从人们之间的现实的关系出发。正是这些现实的关系及其在时空中的运动，构成了人们的社会存在，构成了各种思想观念和意识形态的现实基础，还构成人们的“定在”即历史的具体的存在形式。马克思说，“人的本质不是单个人所固有的抽象物，在其现实性上，它是一切社会关系的总和”①，讲的正是这个意思。在马克思这里，社会、历史都是从人的关系的角度予以定义的，社会不过是人们交往关系的产物，历史不过是人们的活动的时代更替。

人的活动作为对象性的活动，当然离不开物，但人与物的关系，人与自然的关系，绝不能在其直观的形式上去理解，如费尔巴哈所做的那样，相反，它是以人与人的关系为中介的，当然，人与人的关系也以人与自然的关系为中介，这是一种互为中介的关系。物质生产力表现为人处理人与自然关系的能力，首先解决的是人们的吃穿住用的生活资料的问题，解决人自己的生命存在和种的繁衍的问题，因此构成了一切社会存在的物质性基础，而生产力说到底就是一种社会化了的人类能力，是人们结成一定的生产关系进行生产的能力。因此，只有从现实的人和人与人的关系的角度，才能真正理解马克思所说的生产力与生产关系的矛盾，因为这无非是人的能力与人的交往方式的矛盾，是人们的个体存在形式与他们的社会存在形式之间的矛盾。

---

① 《马克思恩格斯选集》，第1卷，人民出版社，2012，第135页。

众所周知，《资本论》是马克思的经典之作，既是马克思主义政治经济学的经典文本，也是马克思的思维方式的最具体的运用。《资本论》虽冠于资本之名，但马克思说得清楚，他的政治经济学研究的不是物，而是人与人的关系。正是在人与人的一定的社会关系中，货币成了资本，机器成了资本的一种表现，产品成了资本的一种具体形式，个人及其劳动能力、消费能力都成了资本运行中的一个环节，因此探讨资本的运动，就是研究资本主义社会制度和社会条件下人与人的关系问题，批判资本主义制度的不合理性，也就是批判这种人与人的关系的不合理性。这种不合理性也就是不公正性，或者说，正是因为其不公正所以才是不合理的。而代替资本主义制度的新的社会制度，即社会主义制度，作为对前者的扬弃，最为根本的，就是在全面地接受利用它所创造的社会生产力的基础上，使整个社会制度安排更加合理更加合乎社会公正的要求，合乎人的全面发展的要求。

从这里，我们就可以明白，尽管马克思正面讨论社会公正的文字并不是很多，但这并不说明社会公正问题在马克思的视野之外，并不说明社会公正问题是不重要的问题。马克思之所以对社会公正问题着墨不多，在我们看来，不是他不关心这个问题，而是因为当时的思想家们从伦理道德的角度对公正的谈论已经够多，以至成了一种陈词滥调，一种廉价的虚幻的只能起安慰剂作用的东西，而根本无助于对现实的社会关系的理解。马克思从根本上不同意当时的那些思想家们讨论和谈论社会公正问题的思想方法和方式，反对的是仅仅从道德的角度对资本主义的谴责，他要做的，是分析资本主义这种社会经济形态产生的历史必然性及其消亡的历史必然性，他从批判旧世界中发现的新世界，作为代替旧世界而产生的新世界，就是一种从根基上不同于旧世界的真正的人的世界，也是合乎现代人的发展水平的公正的世界。

我们知道，在《哥达纲领批判》中，马克思借着对拉萨尔派抽象地谈论平等和公正的观点的批判，探讨了在未来的社会主义社会的按劳分配的问题，讨论了形式平等与实质平等之间的关系；在总结巴黎公社的经验时，还讨论了如何限制公共权力防止权力异化的问题。从这些文献中我们都可以看到，社会公正是共产党追求的一种重要价值目标，是社会主义运动追求的一种重要价值，也是社会主义优越性的重要表现。我们甚至可以大胆地得出结论，一个真正的共产党人，一个真正的社会主义者，一定是追求社会公正的人，而绝不可能对社会公正问题漠不关心，绝不可能把社会公正看作是无关紧要的事情。

马克思的方法对于我们研究社会公正问题有一种什么样的启示呢？

第一，社会公正是人与人关系的一种状态，其中人们之间的经济关系是所有社会关系的基础，因此，离开了经济利益的分配关系来讨论社会公正，或者说仅仅是把社会公正问题的讨论局限于伦理学的范围内，把公正主要看作是一个属于个人美德方面的问题，从一开始就偏离了正确的方向，就会重复以往那些思想家们的陈词滥调或虚幻的陈腐的观念。这一点，对于我们合理地借鉴和吸收历史上的那些思想家关于社会公正问题的思想，具有十分重要的意义。

第二，由于人都是具体的历史的人，人们之间的关系也都是具体的历史的关系，是在一定的生产力条件下形成的关系，也是通过家庭、集团、阶层各种存在方式、通过经济财富的分配制度、政治权利的分配制度、社会机会的分配制度等而形成的关系，而人们的各种思想观念，包括关于公正的观念，就都是在这个基础上发生的。因此，公正，无论是从现实的关系状态还是从思想观念的角度，都必然是一种历史性的存在。在一定历史条件下生活着的不同的人们，由于经济利益的不同，社会地位的不同，其对于人与人关系的理解、期望也都是不同的，对于社会公正的看法自然也会有着很大的差别，甚至存在着一定的对立。在一定社会经济上占统治地位的阶级、集团，也是那个在政治上占统治地位的阶级、集团，他们的观念往往都是在社会意识形态方面的主流思想观念。由是之故，一定社会流行的占主导地位的公正观念就总是与一定的阶级、集团的政治地位，与一定的政治制度和社会秩序联系在一起，是为这些制度和秩序进行合法性合理性论证的一种根据。无论它们在形式上表现出多么远离现实的经济政治利益的特征，其根子仍扎在现实社会的经济政治生活之中。

第三，社会公正本质上属于一种价值现象，是一个与利益分配、制度安排联系在一起的价值问题，也是与一定的文化传统密切联系在一起的价值观念问题。由于人类发展的不平衡性，不同的民族处于不同的历史发展阶段，各自都有自己的、历史的、文化的传统，形成了自己独特的符合自己情况的价值观念和公正观念。考察历史上和现实中存在的各种制度以及相应的公正观念，既要有人类发展的宏观尺度，同时也必须注意到民族主体与人类主体之间存在的某种紧张关系，正如人的个体性与族类性存在着一定的紧张关系一样，不能用一个尺度简单地对它们进行评价和排列。在当今全球化时代，一方面使人类主体成为一种感性的经验事实，另一方面则使得各个国家主体之间、民族主体之间的差异性、特殊性都置放到同一个平台上来展示，这就在客观上突出了彼此相互之间的理解和对话的重要性，突出了相互承认相互尊重和平共处的重要性。在这种情况下，霸权主义与民族中心主义都越来越不得人心，越来越表现出是一种导致世界秩序不安宁的根源。这二者看似相反，实则相通，霸权主义不过是强势民族的民族中心主义的一个特殊表现形式。它们共同的思想理论根源，也都是把自己的价值观公正观看作是人类的最合理的价值观公正观，把自己看作是人类的代表，将自己的标准凌驾于其他民族之上。

第四，社会主义继承吸收全部人类文明的产物，从其源头上就是与公正地对待人与人的关系联系在一起，与公正地和平地处理各个民族的关系联系在一起。公正是社会主义制度的首要价值，是它追求的一个重要目标。尽管在实际的社会主义运动的过程中，在建立了社会主义制度的国家里，也存在这样那样的失误，存在着这样那样的不公正现象，但它运动的总体方向和要求，是要通过不断的改革来消除这些不公正现象，是不断地从形式公正趋向于实质公正。在经过艰苦的探索付出了沉重的代价之后，我们已经认识到，自由、平等、民主、人权，这些都是社会主义所追求的价值，是社会主义的重要价值理念，要使这些理念落实到实际生活中，就需要建立公正的制度，用公正的制度来保证这些价值的真实实现。毕竟，社会主义出现在世界上，只有短短的一百年左右的历史，确实属于一个“新生事物”，尽管它存在着这样那样的缺陷，尽管还存在着许多比较幼稚的地方，但它的生命力、它的发展和改革的空间，比起既有的所有社会来都要强大得多，宽广得多。这正是它的希望所在，前途所在。

三

社会主义是一种世界历史时代才能出现的现象和运动，也是要在与资本主义长期的比较和较量中逐渐发展壮大并最终获得胜利的过程。马克思说得好，我们所理解的共产主义，并不是现实应该与之适合的一种理想，而是改造不合理的现实状况的一种运动，而这种运动的条件是历史的形成的。社会主义运动它有过凯歌行进的高潮时期，也有过严重挫折和低潮时期。苏联解体和东欧剧变，使国际社会主义运动遭受了严重的挫折，整体上陷入了一种历史低潮。而与此同时，中国特色社会主义则如涅槃中新生的凤凰，正迸发出展现出新的勃勃生机。中国的崛起，中国改革开放所取得的巨大成就，中国式的道路，引起了全世界人民的广泛关注。

在当今世界，发展中国家占了大多数，他们都在为自己的发展而探索着合理的方式和道路。西方发达资本主义国家经过几百年的发展，实现了自己的现代化，这对于所有发展中国家都具有某种榜样和样板的作用。然而，第一，西方国家当年发展的那种内外条件基本上都已经不复存在，后发展国家固然有着一定的后发展优势，但同时也存在着严重的后发展劣势，在激烈的国际竞争中处处受到发达国家的限制。现在的国际交往规则和经济秩序大都是以西方发达国家为主而制定的，尽管保持着形式上的公平和平等，实际上是更加有利于发达国家。许多按照西方模式实现自己现代化的后发展国家，尤其是那些从原来的殖民地独立后的国家，大都成了西方发达国家的附庸，有的甚至陷入了“现代化的陷阱”。这说明，按照西方模式实现现代化的道路基本已经走不通，成了一条死胡同。第二，发达国家借先行发展之利，借科技革命之助，通过一定的改革调整，摸索到了社会公共管理的一套比较成熟的经验，使国内矛盾得到相当程度的缓和，但资本逻辑的肆虐借消费主义的形式使人对物的依赖性不断加深，人的异化现象有增无减，与高消费相关联的奢靡浪费的生活方式使得资源条件根本无法承受，只能利用别国的资源来勉力维持，只能靠不平等不合理的国际交往秩序来维持，这种发展模式暴露出来的弊病使得其合理性受到广泛的质疑，至少表明它并不是唯一合理的选择。第三，绝大多数的后发展国家，都与中国有着比较相同或相似的国情，农业和农业人口都占着很大的比重，经济文化都比较落后且相当不平衡，人民的素质普遍还不高，都有着强烈的发展民族经济的愿望，而国际竞争能力都比较弱，在国际市场的经济分工中大都处于比较低端的地位，相当程度上都受着发达国家的剥削。第四，冷战时代结束之后，意识形态之争退居到比较次要的地位，和平和发展成为时代的主题，各个国家都在积极地探索着适合自己国情的发展模式和发展道路，都极力通过发展来解决自己面临的各种问题。苏联的解体、东欧剧变和中国的改革，在一定程度上宣告了完全计划经济道路的关闭，而西方发达国家的发展模式也受到广泛质疑，两条道路的纷争对立基本宣告结束，这同时也为各个国家的选择提供了更加广泛的余地。

中国特色社会主义是中国人根据自己的情况做出的历史性选择，它把社会主义与市场经济结合在一起，既利用市场作为资源配置的基本手段，从微观层面激发各个经济主体和细胞的活力，又注意利用国家的力量保持发展的整体性优势，对市场失灵带来的各种问题进行必要的疗治，从而维持一个比较公正的社会秩序，将经济发展的成果惠及全体人民，实现共同富裕。中国特色社会主义发展道路，就是既利用资本又节制资本逻辑的肆虐，既利用商品、货币和市场对经济发展社会发展的积极作用又注意防止人成为商品货币的奴隶；既要专心致志地发展经济并在这个基础上发展教育科学文化卫生事业，同时又注意利用高科技成果改善经济发展质量，防止环境污染和资源浪费；既要大力促进都市化过程，大大降低农业人口的比例，发展现代农业，又要根据自己的实际情况借鉴发达国家的经验，避免都市化过程中的一些弯路，防止都市化带来的一些社会问题，进而开拓出了新型城镇化道路；既要积极参与国际交往国际分工用好自己的比较优势又要主动合理地促进确立公正合理的国际经济秩序和政治秩序，等等。这是一条新型工业化的道路，也是一条新型的现代化的道路，一条和平发展的道路，一条促进全世界各个民族共同发展为实现人类解放创造条件的新的道路。

中国经济社会保持了几十年的持续高速的发展速度，深刻的规模宏大的改革运动没有引起巨大的社会震荡，这确实是一个奇迹，是一个当代改革成功的范例。但这并不说明中国没有自己的问题，相反，有许多问题还是非常严峻的，中国发展面临的风险是非常大的。面对这些问题，这些改革中产生的新的问题，只能依靠全面深化改革来化解来克服，只能靠科技创新、制度创新、机制创新来解决。但无论遇到多大的困难，中国也绝不能走回头路，更不能走西方发达资本主义国家的那种转嫁危机于别国或利用其他国家的资源来解决危机的道路。一个强大的安定的中国的存在是维护世界和平的重要力量，是促进建立公正合理的国际经济秩序的力量，是促进人类解放的重大力量。

中国的改革正在进行，正“在路上”，这条道路又正在开辟的过程中，在探索的过程中。而在这一方面，社会主义不单是一面旗帜，也不仅是一种重要的政治资源，还是一种重要的道德资源。中国特色社会主义的核心价值理念，是富裕、公正、和平、和谐，是人的自由而全面的发展和全人类的解放。这既是一种目标，也是一个方向。探索是朝着这个方向进行的探索，发展是朝着这个目标的发展。

中国是一个幅员辽阔有着占全世界四分之一人口的大国，是一个具有几千年历史且唯一没有出现过文明中断的东方大国，“周虽旧邦，其命维新”，其文化的深厚底蕴，其大国的恢宏气度，近代以来特殊的历史际遇和深刻的体验，当代世界沧海横流错综复杂的动荡格局，使得中国有可能充当“世界历史民族”的角色。中国的事情就是人类的事情，人类的事情也都是中国的事情，中国要有所担当，中国正任重而道远。中国特色社会主义道路的世界历史意义也因此而彰显。

四

与其他同类题目的一些著作注重观念史的考察不同，对社会公正概念的历史梳理在本书中只占很小的比例，我们更加侧重的是从实际的社会生活过程出发，从人的历史发展的实际水平出发来讨论社会公正的问题，把社会公正首先看作是一种价值运动的关系状态，是与具体的制度内在关联着的一种历史性范畴。一定时代的思想家们提出的公正观念都是在这个基础上发生的，一定时代的占主流主导地位的社会公正观也是建立在这个基础上的，离开了这一基础去讨论社会公正问题，就违背了马克思主义的基本方法论原则，就难免会陷入抽象的人性论和唯心史观的泥沼中去。

公正是制度的首要价值，是制度设计制度安排中必然要涉及的一个原则性问题，也是人们评价一定的制度是否具有合理性的重要标准和尺度。但一定的制度又不是哪一个人或几个人靠着自己天才的头脑主观设计的产物，而是人们根据当时需要解决的问题，解决问题的具体历史条件，是根据不同的社会利益集团的力量对比情况，来形成和建立的。历史的传统、文化的观念，对于这些人们的选择当然起着重要的作用，当然更为重要的还是现实利益的问题，是不同利益集团进行的博弈过程及其结果。无论思想家们用什么抽象的普遍性的理由来进行论证，其背后都包含着一定的利益诉求，这里的利益不单纯只是物质利益或经济利益，还有一定的政治利益，不仅包含着当下的利益，也有长远的利益。同样需要说明的，这里的利益集团也不仅仅是指阶级，同一阶级中就存在着不同的利益集团。不同的阶层、不同的阶级、不同的集团，之所以对同一制度会得出不同的评价，有的认为公正合理，有的认为根本就不公正，没有什么合理性可言，说到底是因为他们的利益不同、立场不同的缘故，是因为这样的制度合乎或不合乎自己的利益的缘故。离开了利益，思想就会出丑，这确实是一个万古不移的道理。顺此观之，一定的制度之所以能获得人们的共识而成为制度，也恰在于它找到了一定利益的结合点，是对立着的利益集团相互妥协的产物。也就是说，公正作为人们评价制度的一种标准，它从来就不是一条“线”，而是一个区间，上限是参与博弈的利益各方都比较满意，下限是各方还能够接受。而这个区间，随着力量对比的变化，到了一定时候就需要重新核定，重新区划，一如历史各个国家的边界总在不断地重新区划一样。

在现代社会，自由与平等被规定被认同为人们或公民的基本权利，也是人们追求的基本价值，许多思想家讨论公正也就是以自由与平等这些基本权利为基础来进行的。而自由和平等之间在一定条件下就会出现矛盾，形式的自由与实际的自由，形式的平等与实质的平等，都表现出一种非常复杂的关系，许多问题都不是逻辑上的推论就能解决的。公正作为一种价值调节原则，就是平等与自由的合题，是二者的矛盾得以暂时解决的形式。在现代政治理念中，公正以人们的基本权利的平等为基础，包括平等的自由权利，但又承认人们之间的自然的不平等和一定的社会不平等的难以避免性及其合理性，它既要求为了自由而维持一定的不平等，也要求为了防止不平等的扩大而限制一些人的自由权利。公正的制度总是在划定人们的自由权限的基础上保障基本的自由，在承认一定的不平等的合理性的前提下维持基本的平等，在自由与秩序之间，平等与效率之间，保持必要的平衡。简单地单一地用平等来规定公正，或是用自由来规定公正，或是机械地要求在自由和平等之间排出一个一劳永逸的顺序，都是缺乏辩证法的表现。

中国的改革本质上是一种制度性的变革，也需要进行制度的创新，必须从中国的实际出发。这个实际，既是客观的经济政治文化条件的实际，也是人的发展的实际，脱离了人的发展水平，离开了由经济发展阶段所规定了的人的权利和利益要求，必然要陷入空想的境地。总结我国计划经济的经验，根本的一点就在于脱离了当时中国的实际情况，伦理主义地也即浪漫主义地理解社会主义，表现为严重的“左”倾幼稚病和空想社会主义，使中国错过了极佳的发展时机，拉大了与发达国家的距离。改革这种超越历史阶段的体制，实现从计划经济体制向市场经济体制的转轨，实现经济增长方式的转变，成为中国历史发展中的一个重要转折。中国的改革取得了举世瞩目的成就，但随着改革的深入和市场经济体制的建立，一些深层次的问题也显露了出来，成为中国经济社会持续发展的阻碍性因素，我们必须从中国社会转型和推进现代化事业的高度，积极进行制度创新，一方面充分调动各种积极因素，使社会充满活力，提高整个社会活动的效率和效益，另一方面保持公正的社会秩序，为化解各种社会矛盾提供一种途径。总之，通过制度创新使中国的经济结构、政治结构和文化结构达到一种优化的状态，使各种社会组织制度能够适应社会发展和人的发展的需要，使中国成为一个富裕的公正的社会，更好地体现中国特色社会主义的优越性，体现社会主义制度对于人民群众的吸引力，体现中国道路对于广大发展中国家的吸引力。

本著作就是立足于这个角度，以哲学价值论的理论和方法，来探讨社会公正问题的。希望我们的讨论我们提出的一些观点，对于促进中国的进一步全面深化改革能起到积极的启发性的作用。既是探索，缺点和不足，甚至一些失误之处也就难免，恳望读者能予以批评指正，也望能获得一定的宽容和谅解。

第一章　社会公正的历史考察

公正如同平等一样是一个历史的范畴，虽然它历来被视为人类社会的基本美德和崇高理想，是人们的一种普遍的追求，但只要我们不是停留在字眼上而是深入到它的内容，就会发现，不同时代的人们对公正的理解是不同的，甚至有时还是对立的。这种对立，不是人们习惯称之为“正确的”与“错误的”思想的对立，比如，在奴隶社会，即使是最开明的思想家，也认为奴隶只不过是会说话的工具，他们没有任何权利，也不能与自由民一样受到法律的保护，就是说，把人分为奴隶和自由民的不平等的制度是公正的合理的；在封建社会，宗法等级制也被人们普遍认为是天经地义的，三纲五常乃天理的表现，当然也是公正的；资产阶级认为封建等级制度由于违背了天赋人权因而不公正不合理，是应该被推翻的不人道的制度，而空想社会主义则认为资本主义的财产私有制度是人间万恶的根源，是导致一切不公正的原因；如此等等。如果只是拿着“正确的”与“错误的”尺度进行衡量，那么思想史就表现为一连串的谬误依次更迭的历史。这本身就是一种非历史的看法。考诸公正的历史发展，不能只关注不同时代的人们关于公正的看法，即不能仅仅局限于人们的公正观的发展，更还需要从制度演化的角度来进行。因为制度作为社会秩序的纲纪，作为管理社会事务的经验的结晶，它不仅从一定程度上体现着不同时代人们的公正观，“制”和“度”原本就都具有某种标准的意义，而且它本身就是一定时代的人们之间相互关系的直接现实，是具有不同的公正观的阶级、阶层和集团长期博弈的结果。在制度的历史变迁中，更能体现出社会公正与人类发展的内在关联性。

社会公正的思想史考察

任何思想观念都是当时社会的物质关系的反映，是人们的实际生活过程及其要求在观念上的折射。历史不只是思想史，却包含了思想史，思想不是在社会历史之外的某种“镜像”，毋宁说它也是社会历史中的某种“现实”的和能动的因素，保守的思想起着维护现存社会秩序的作用，而革命的思想则批判着现实制度的不合理性不公正性，进而承载着改革现实秩序的功能。思想理论都既有现实的根，也有自己历史的源，忽视了现实的根，会导致理解的“空”，遮蔽了历史的“源”，则必然形成理解的“蒙”。思想史的考察虽然只能主要着力于源流方面的梳理，只要不忘记现实的根，就不至于“蹈空”或陷入幻觉，把思想观念演进的历史当作是真实的历史过程。这里对社会公正的思想史的考察，限于本书的目的需要，只是一种粗线条的描画，因此也就只选取了中国和西方的一些主要的思想家来进行论述。

一、中国思想史上关于社会公正的思想及历史演变

在中国古汉语中，与现代汉语不同，基本是以单字作为语言单位。对于公正，少有将二者连起来的，即使有，也不是作为一个词而是作为两个词来使用。但在另一方面，公和正又内在联系。公与私相别，正与偏相对，唯有出于公心，为了公利，才能持正而不偏。从这个意义上说，公和正二字，尽管有所侧重，在很大程度上又有着相同或相通之处。

众所周知，由于中国古代宗法制度特别发达，国与家一体、家与国同构，无论是先秦的分封制还是秦汉以降的郡县制，也无论王朝如何更替，作为国家制度合理性根据的家天下观念都没有遇到过很大的挑战，只不过是换了个天子、换了个家长而已。中国又一直是一个人治社会，虽有法律，但向来是德主法辅，即使像法家那样坚持“以法治国”，也是将法律当作是一种进行统治的实用工具，因而对于整个法律制度的设计缺乏用心，而把重心摆在“选贤任能”方面，相信有仁人之心才会有仁人之政，有仁人才会有仁政。与这一特点相关联，中国古人论政，也多从伦理道德角度出发，从诚心、正意、修身、齐家到治国、平天下，构成了一个连续的系统。家事与国事是一个道理，道德哲学即政治哲学，这在儒家那里表现得最为明显。在古代思想家那里，正与政相通，政治也就是正治，所谓“其身正，不令自行，其身不正，令而不行”，就是说，政治的核心就是一个如何通过选用仁人贤人能人富民教民而实现道德理想的问题。

当然，在如何看待国家治理的原则和途径方面，也出现过王道与霸道、隆礼还是尊法、崇德还是崇力的争论，而作为其论证的根据的，前者多诉诸道德主义的理想，后者则更倾向于功利主义的利弊盘算。虽然也出现过个别的思想家如孟子关于与民贵君轻的言论，但极少有以民权为根据来评价国家制度的合理性与否的。只是到了近代以后，随着西方思想的传入，才出现了民权思想的高涨，并以此为根据来批判封建的家天下制度的不公正性不合理性，民主的观念才逐渐地深入人心。

中国古代的公正思想多与“仁”、“义”、“中庸”等联系在一起。孔子和孟子都曾将“仁义”作为“全德之称”，“仁义”儒家哲学及其思想的核心之所在，仁义就是道德，仁政就是德政。在《论语》中“仁”字被使用了达 100 次之多，用“义”字 24 次；在《孟子》中“仁”字则多达 157 次，用“义”字多达 108 次，可见其重要地位。

我们先讨论儒家的公正思想。

“仁”即公正。

据考证，“仁”字，最初出现于甲骨文和《尚书·商书》中，从“二”从“人”，原意是指两个人之间的合理关系，以后又被用来泛指各种人际关系，并且在人们的各种谋取利益的活动中成为认识和处理人际关系的基本原则。春秋以来，它的应用更加普遍，逐渐成为诸德之和、全德之称和最高的道德准则。

孔子继承和综合了前人的思想，把“仁”作为儒家道德伦理规范的核心，并对其进行了创造性的阐释。他认为，“仁”最基本的含义是“爱人”。[①] 孟子对此作了明确的解释：“亲之，欲其贵也；爱之，欲其富也。”[②] 根据这个解释，所谓“爱人”就是想使他人富贵，意即“利人”。有了这种仁爱之心，便自能合理地公正地处理好各种人际关系，即使有些时候偏离礼仪规则，也能够实现实质的公正。

荀子首先把“仁”与“义”、“不仁”与“私”联系起来。他指出，君子、仁人、圣人之所以有别于伪君子、小人、凡人，就在于“公正无私”“无有私事”“出死无私、致忠而公”“能以公义胜私欲”。[③] 荀子所提出的“公正”概念同今日使用的公正概念在含义上有相近的一面，也有不同的一面，无偏私才能公，也才能正，但在荀子那里，公和正都是作为一种道德品质而存在的，是用于对人的评价而非对制度的评价。

程颢和程颐认为，“天理无私”[④]，而仁“只是一个公字”。[⑤]。“仁之道，要之只消道一公字”，“公以人体之，故为仁”；“仁者，公也”。[⑥] 朱熹也

① 《论语·颜渊》和《孟子·离娄上》。
② 《孟子·万章章句上》。
③ 《荀子·强国·臣道·贼》。
④ 《粹言》卷 2。
⑤ 《遗书》卷 22，上。
⑥ 《河南程氏遗书》卷 15、卷 9。

指出“公而无私便是仁”。[①]这里还是继承着儒家的老传统，更多是从道德的角度，尤其是从个人道德或德行的角度来谈论问题的。

“义”即“公正”。

“义”，《说文解字》释为“己之威仪”。在西周和春秋时代，贵族很重视自身的“威仪”。而“仪”又是和“礼”分不开的，合称“礼仪”。孔子创立的学派之所以被称为儒家，就是因为他们比较懂“礼仪”也十分重“礼仪”。在孔子那里，礼与理，仪与义都是相通的。仁义相连，仁是里，义是表，仁爱的内容要通过礼仪的形式才能落实。因此，他对于礼仪非常重视，“非礼勿视，非礼勿听，非礼勿言，非礼勿动”，礼仪成为一种公共是非的标准。孟子认为：“义，人之正路也。”[②]

宋张载、程颐和朱熹都明确以“公”“正”来解释“义”。张载认为：“义，公天下之利。”[③]天下之公利即义之所在。程颐也指出，“义与利，只是个公与私也。……人皆知趋利而避害，圣人则不论利害，惟看又当为与不当为。”[④]这里，把“义”理解为“公”“当为”——因为“当为”的就是“正当”的，“公正”的。朱熹明确以“公”解释“仁义”，他指出：“仁义根于人心之固有，天理之公也；利心生于物我之相形，人欲之私也。”[⑤]

“中庸”即“公正”。

中庸思想在中国古代的道德伦理体系中有很重要的地位。它作为一种德行可称为中庸之德，作为一种方法可称为中庸之道。孔子首次提出了中庸的思想，他认为，所谓中庸，就是思想、行为保持在适宜的范围、

---

① 《朱子语类》第3卷，中华书局，1986，第98页。

② 《孟子・离下》。

③ 《正蒙・大易》。

④ 《二程集》第176页。

⑤ 《四书章句集注》。

限度之内，中正不偏，恰到好处，即无过而无不及；要执其两端而取其中，不能片面、偏激、走极端。孔子把中庸之道看作是一种“至德”，认为在处理内在的情感与理性的矛盾、情感自身的矛盾、理性自身的矛盾以及处理外在的行为选择的两难时，都是一个基本的原则。

综观儒家的思想，总体地看，在内在的道德修养方面，它虽然也非常强调要出于公心，要爱人，推己及人，己欲立而立人，己欲达而达人；在外在的行为方面，非常强调礼仪作为正与不正的规矩的作用，认为只要内存仁人之心，按照礼仪行事，就能够实现王道政治。他所谓的王道政治，就是以“君君、臣臣、父父、子子”的等级差别以及各自遵循自己的义务或责任为前提的，是为论证不平等的等级制度服务的。中庸者也，不过是在这种大框架中的小灵活而已，如果违背这种礼仪的大框架，连孔子也表现出很不宽容甚至很极端的态度。

我们再来看墨家的看法。 孔子之后，墨家思想有很大的影响，这从孟子说的“天下之论非杨即墨”，可得到印证。与儒家不同，墨家虽然也把“仁”理解为“爱人”，但墨家所讲的“爱人”是指不分亲疏贵贱的“兼爱”，而反对儒家的“偏爱”或等差之爱。如果说儒家的仁，包含了等级差别，认为有差等的爱才合乎人情，是公正的合理的话，那么墨家的仁则包含着更多的平等的意味，认为只有这种平等的无差别的爱才是公正的。墨子也讲义，但他对“义”解释是：“义者，正也。何以知义之为正也？天下有义则治，无义则乱。我以此知义之为正也。”[①] 这其中也显示着与儒家的差别，他不是从道德的角度而是从是否有利于社会秩序治乱的功利角度来立论的。

法家以重视法制而得名。与儒墨不同，法家强调“一之以法”，以国家法律为社会是非的标准。法家对仁不太感冒，以为过分强调仁就会

---

① 《墨子・天志下》。

害法，过分讲究仁爱的情感势必不利于法律的推行。用现代学者秦晖的话说，法家重大共同体而轻小共同体和个人，是一种国家主义致思路向。法家不太讲仁，但讲义，而且很重视义，只是对义有自己的特殊理解，如韩非就认为“义必公正，心不偏当”[①]，而义的具体表现就是法。法作为一种标准，要求无差别对待一切人，王子犯法，与民同罪。只有这样才能保持法的尊严，确立其威信，收到社会治理的效果。商鞅在秦变法，三年大治，鼓励耕战的政策使秦国很快富强了起来，为以后的统一战争积累了必要的力量。但法家否弃道德，专讲功利，而且只从“明主”君王如何进行统治的立场讲功利，是古代功利主义的典型。后来王安石进行变法，对其合理性的论证也是立足于功利主义的理论。

在墨家和法家关于“义”的思想中，包含着较多的平等思想，只不过墨家从兼爱的角度讲平等，而法家从法律的角度讲平等，这些实际是很重要的思想资源，在近代以来批判儒家的过程中，这些资源都得到了很好的利用。但在长期的封建社会，由于以宗法家族为基础的等级制度是根本性的制度，儒家思想与之最为契合，最便于利用，所以也就成为封建社会主导性的意识形态。即使封建统治阶级利用法家思想，也是阴法阳儒，法里儒外。

在中国漫长的封建历史时代，尽管也出现过为数众多的农民起义，一些重大的起义直接造成了改朝换代的结果，但由于农民不代表先进的生产力，即使起义成功，农民起义的领袖成为开国皇帝，如朱元璋，也还是也只能沿袭着既有的制度模式来进行统治。在起义过程中提出的一些口号，如均贫富、等贵贱，最多只是在起义过程中局部地得到实施，成功后鲜见有认真地贯彻的。李自成如此，洪秀全也是如此。但从思想观念上看，这些思想都与平等关联着，是从平等的角度来论证其公正性

① 《正蒙·大易》。

和理性的。

一直到了明末，随着商品经济和城市化的发展，市民阶层也在不断地壮大，与之相适应，出现了对封建等级制度及其意识形态的合理性的怀疑和批判。作为这种思想的代表，李贽“离经叛道”，怀疑圣人之言，反对以孔子的是非为是非，反对男尊女卑，主张个性解放，开批判封建君主专制制度、否定儒家经典的先河。到黄宗羲，则把批判的矛头直接指向封建专制制度，认为这才是社会动乱和民众困苦的根源。他指出：“今也以君为主，天下为客，凡天下之地无得安宁者，为君也。是以其未得之也，屠毒天下之肝脑，离散天下之子女，以博我一人之产业，曾不惨然。曰：‘吾固为子孙创业也。’其既得之也，敲剥天下之骨髓，离散天下之子女，以奉我一人之淫乐，视为当然。曰：‘此我产业之花息也’。然则天下之大害，君而已”。[①]“向使无君，人各得其私也，人各得其利也。”[②]黄宗羲认为，在理想的社会中，社会动乱不应该以一姓之变易为标志，而应该以人民的忧乐为准绳。他写道：“盖天下之治乱，不在一姓之兴亡，而在万民之忧乐。”[③]君臣之间是一种平等的朋友之间的关系。他还认为，应该改革封建时代的“一家之法”为“天下之法”，建立一种“天下为主君为客”的制度，这才是理想的民主的社会，是公正的社会。[④]

鸦片战争以降，与西方列强的商品大量涌入中国相伴随，以传教士为主也将他们的各种思想观念带入了中国，对中国人传统的“天下观”“中国观”“社会历史观”产生了很大的冲击，发生了很大的变化。严复等留学生归国之后，以西方为参照来审视中国，翻译了大量的西方名著，对中西的制度、思想广泛进行比较，改变了中国知识分子包括黄

① 《明夷待访录 · 原君》
② 同上。
③ 同上。
④ 参见刘惠恕：《中国政治哲学发展史》，上海社会科学院出版社，2001，第 514—515 页。

宗羲等人厚古薄今以上古三代为楷模的致思倾向，掀起了一股新思想的浪潮。而这些新思想，大抵都是外来的西方思想。严复指出："中之人好古而忽今，西之人力今以胜古"，"中国委天数，西方恃人力"，"前者夸多识，后者尊新知"，[①] 中学信循环论，以"一治一乱，一盛一衰"谓之道，西学崇进化论，以"日进无疆，既盛不可复衰"为通理。[②]

严复站在进化论的立场上，批判中国传统的君主专制制度的不合理性，大力介绍西方的自由和民主学说以佐援。他指出："秦以来之君，正所谓大盗窃国者耳。国谁窃，转相窃之于民而已。既已窃之矣，又惴惴然恐取主之或觉而复之也。于是其法与令蝟毛而起，质而论之，其十八九皆所以坏民之才，散民之力，漓民之德者也。斯民也，固天下之真主也，必弱而愚之，使其常不觉，常不足以有为，而后吾可以长保所窃而永世。"他还指出："自由一言，真中国历代圣贤之所深畏，而从未尝立以为教者也。彼西人之言曰：惟天生民，各具赋畀，得自由者，乃为天受，故人人各得自由，国国各得自由……而其刑禁章条，要皆为此设尔。"[③] 严复比较中国与西方的不同，"中国人重三纲，西人首明平等。中国亲亲，而西人尚贤。中国以孝治天下，而西人以公治天下。中国尊主，而西人隆民。中国贵一道而同风，而西人喜党居而州处。中国多忌讳，而西人众讥评。"[④] 他的结论是，中国也应该建立"以自由为体，民主为用"[⑤] 的国家政体，如此才能真正富强起来，免于落后以至灭亡的命运。

但严复并不主张立即废除君主制度，原因是中国民智未开，骤然废除，只能引起社会动荡和混乱。他认为，当务之急是发展教育事业，以

---

① 《论世变之亟》，收《严几道文抄》。
② 《天演论》，卷上，《导言》五按语。
③ 《辟韩》，收《严几道文抄》。转引自《中国政治哲学发展史》。
④ 《论世变之亟》，收《严几道文抄》。
⑤ 《原强》，收《严几道文抄》。

“开民智”、“新民德”、“鼓民力”为切入点，实行渐进式的改革。

孙中山原初也是主张渐进式的改革的，他积极上书李鸿章陈述自己的改革主张，希求见用。他提出要变法自强，目标是使“人能尽其才，地能尽其利，物能尽其用，货能尽其流”[①]。由于未被采纳，甚至根本就未受到重视，特别是戊戌变法遭到残酷镇压，使他对改良感到绝望，转而走上了革命的道路。孙中山提出包括民生主义、民族主义和民权主义的三民主义，作为其革命的理论纲领，后又提出五权宪法和三大政策，尽管由于诸多原因，这些设想未能得到较好的实施，但毕竟为后人留下了宝贵的精神财富。

二、西方的公正思想及其演变

古希腊的国家多为城邦，与中国春秋战国时的诸侯列国相比，这些城邦国家一是人口较少，二是自由民与奴隶的界限明确。所以，在城邦的管理或治理结构中，民主政治成为主要的形式。其中最典型的是雅典。作为一种政治原则和伦理规范的公正，在古希腊雅典人那里就具有重要地位。支持梭伦（公元前594年被选为雅典第一执政官）改革的一个主要的原则就是他的所谓“公正”（中庸），即在贵族和平民之间不偏不倚，“拿着一支大盾，保护两方，不让任何一方不公正地占据优势”。[②] 雅典人为了突出这一原则，还把德尔斐的亚玻罗神奉为这一原则的保护神，在亚玻罗神庙前大书“不偏不倚”，作为雅典民族的座右铭。这就为后来西方人讨论政治问题提供了一种重要背景或传统，也留下了关于公正的大量的思想材料。

① 《上李鸿章书》，收《总理全集》。

② 参见亚里士多德《雅典政制》XII。

(一) 古希腊的公正思想

德谟克利特首先对古代希腊的四种主要美德(智慧、公正、勇敢、节制)进行了比较系统地论述。他认为公正有两个方面的含义:第一,公正就是顺从必然规律,按照自然必然性(理性)而生活。第二,公正就是尽自己的义务,服从城邦的利益。①

柏拉图认为,美德就是和谐,而和谐的首要条件就是正义(公正)。正义是诸德的统领,它是存在于国家政治和个人行为中最一般的合乎"善之理念"的东西,是社会生活中的支配力量。正义的一条总的原则就是:"每个人必须在国家里执行一种最适合他天性的职务。"他还指出,正义(公正)是国家政治和个人行为都必须遵循的一个根本原则,它是超越国家和个人的。"一个正义的人和一个正义的国家并无不同,两者是相似的。"② 人类思想史上第一个系统地探寻人类正义问题的著作当推柏拉图以苏格拉底的名义,以对话的方式著述的《理想国》。在这部著作里,柏拉图写道:"正义就是有自己的东西干自己的事情","当生意人、辅助者和护国者这三种人在国家里各做各的事而不相互干扰时,便有了正义,从而也就使国家成为正义的国家了。"③

我们知道,古希腊的政治观是自然政治观,他们很早就开始探索宇宙的本原和规律,以后又发展到探索社会、国家的本原和规律,政治秩序建立的原因。他们的答案是:政治秩序是由于社会发展和必然要求,是自然而然形成的。柏拉图认为社会、城邦的产生是由于社会分工的需要。那么什么才是理想中的城邦呢?柏拉图注重的是这一问题的研究,在《理想国》中,他首先就是从个人的正义开始,继而转向对城邦正义的探讨,从而论证了合乎正义的城邦的基本原则,描绘了城邦的基本结

---

① 参见《古希腊罗马哲学》,商务印书馆,1961,第120、117页。

② 柏拉图:《理想国》第4篇,商务印书馆,1986,第146页。

③ 同上书,第155—166页。

构和城邦生活。在柏拉图那里，所谓合乎正义的城邦就是实现或体现了至高的“善”的城邦。显然在柏拉图看来，社会与个人的伦理标准是完全一致的，他的正义理论强调的是人的差异性的一面。

亚里士多德也把公正看作是各种德行的总汇、总称，认为各种德行都可以囊括于公正范畴中，因而，公正是他所着重论述的一个论题。亚里士多德认为，行为之中庸（中道）就是公正。所谓中庸，就是用理智调节自己的意志、感情和行为，使之既不过度、又无不及，从而始终保持和谐、适中、不偏不倚的状态。亚里士多德还对公正作了详细的分类和说明。在表现形式上，他把公正分为普遍的公正和特殊的公正。前者是就每一个社会成员（个人）与整个社会的关系而言的，它要求每一个社会成员的行为都必须合乎法律；后者则是就社会成员之间（个人与个人之间）的关系而言的，它要求在人与人的交往中遵循一定的原则。特殊的公正又有分配的公正与纠正的公正之分。所谓分配的公正，就是以人与人之间的天赋能力等的不平等为基础而对个人所实行的一种不平等的分配；所谓纠正的公正，是指人与人之间的交往、订约必须遵循一定的原则，它表现为一种平等的关系。在具体内容上，亚里士多德又把公正分为相对公正和绝对公正。相对公正以及法律上的公正，它是人们相互约定的一种结果；因而它可能因时因地而有所不同。绝对公正也可称之为“自然的公正”，它是以“善之理念”为根据的一种普遍的、永恒的理性原则，它不受时间和空间的限制，是人们必须绝对遵守的。①

① 参见亚里士多德：《尼各马科伦理学》苗力田译，中国社会科学院出版社，1990，第88—113页。

（二）古罗马的怀疑论和自然法理论

在古希腊时期，除了智者学派之外，其他各个学派在正义观上都持一种与自然法观念纠缠在一起的普遍性、绝对性的观念。不论是德谟克利特的“自然必然性”，还是柏拉图、亚里士多德的“善之理念”和“自然本性”，都是作为正义的普遍性、绝对性的基础和根据提出来的。国家的政治和个人的行为只有建立在这种普遍性和绝对性的基础上，才是正义的。这种普遍性、绝对性是自然的、超越经验社会的，真正的绝对正义的东西就是自然的秩序。

古罗马时期出现的怀疑主义则反对古希腊自然主义的正义论。新学园派怀疑论者加尼亚德斯和菲洛克斯认为：正义是约定俗成的而非自然的。如果正义是自然的，那么它就会像人的冷热感觉一样，无论何时何地对任何人都是一样的。而实际上，人的正义概念不仅在不同的民族有着不同的含义，而且在不同国家的不同时代也具有不尽相同的意义。正义与其说是自然的产物不如说是人类社会的产物，它根据的不是自然的因果而是实用的效果，人们不是为了正义本身而是为了利益才渴望和追求正义。正义是没有稳定性的，它取决于不断变化的具体情况，它在很大程度上是来源于害怕比自己强大的人劫掠的恐惧心理。他们还认为，机械地坚持正义是愚蠢的，因为信守正义的要求就会违背人的本性，正义的要求很少与智慧和自身利益的要求相一致。任何国家事务成功的基础，与其说是正义不如说是非正义。像罗马这样的大国就是靠对软弱的邻邦进行非正义的侵略而成为大国的。假如罗马在任何情况下都遵从正义的要求，那他现在就不会是一个帝国而只能是一个赤贫的乡村。智慧告诉我们，应该追求的与其说是正义的实质不如说是正义的外表，因为正义的美名会使人获益，同时又可以避免由于过于严守正义的要求而可能造成的不幸。[①] 学园派怀疑论的观点产生于古代西方的动乱时期，原来人们对自然、秩序和城邦的信任已被社会动乱所冲淡，哲学上的怀疑主义也应运而生。尽管怀疑论在当时及以后的正义思想中并未占据主流地位，但它上承智者学派和伊壁鸠鲁的“风俗”论、约定论，下启马基雅弗里的否定道德、正义的思想，同时它的诘难又使此后的自然法理论进一步完善，因而在正义学说史上具有特殊的意义。

新学园派对自然主义的绝对正义的反驳，引起了曾在罗马政坛周旋几十年的政治家、法学家、哲学家西塞罗的警惕和不安。他觉察到，这种对正义基础和标准的怀疑主义哲学会导致人们对现存政治秩序所必需的正义原则的普遍怀疑，发展下去必然会对政治共同体的稳定造成潜在的不利影响。因而，他针对新学园派怀疑论者对正义的理性基础的怀疑，在吸收古希腊各派自然法思想的基础上，提出了自己的较为系统的自然法的正义理论。

西塞罗正义思想的一个主要的特点，是把自然法、神法、人定法与体现在法里面的正义联为一体，并把这些概念最后统一于理性。

首先，他将人定法（即由人制定的现实中的各种法律）与自然法区别开来，并认为只有自然法才是绝对正义的。人定法只有符合自然法时，它才具有正义性。“自然是正义的基础”，“除了自然的规则，没有其他规则能使我们区分善与恶的法律。”[②] 他进而指出：这种自然法应成为一切人定法的准则。“法就是正义的事物与非正义的事物之间的界限”[③] 只有按照自然法的标准制定人定法，才能惩罚邪恶，保护善良，维护正义。

---

① 参见列奥·施特劳斯、约瑟夫·克罗波西主编，李天然等译：《政治哲学史》（上册），河北人民出版社，1993，第185—186页。

② 西塞罗：《论共和国》；转引自张乃根：《西方法哲学史纲》，中国政法大学出版社，1993，第59、60页。

③ 西塞罗：《论法律》，转引自徐大同主编：《西方政治思想史》，天津人民出版社，1985，第74页。

其次，他将自然法理解为理性，自然法就是存在于自然中的理性、正义，而自然的理性也就是人的本性，所以，我们必须在人的本性中去寻找正义的本性。同时他认为普天下的人的本性是一样的，都是有理性的、向善的，因而善和正义是任何人都有的，由此主张一切人在法律面前是平等的。

最后，西塞罗还把自然法、理性和上帝联系起来，认为上帝是自然法的制定者、解释者和颁布者。西塞罗虽然认为人能够凭借与上帝共有的理性把握自然秩序，但他又认为人的天性常常战胜理性，因而理性和正义只有在某种程度上才能被运用于现实生活中。也就是说，绝对正义不会直接用于人类社会，从而说明人定法的局限性，将绝对的正义归于上帝和神。这对中世纪神学正义论产生了深远的影响。

（三）中世纪神学正义论

中世纪神学正义论的开创者是教父哲学的代表人物奥古斯丁。奥古斯丁的思想受新柏拉图主义影响极深，他认为正义即意味着对“公道和利益的一致性”的服从的美德，这是国家建立的基石。只有借助于正义，通过正义去调节人们之间的关系，去维护和平和秩序，社会或国家才得以存在和繁荣。奥古斯丁的正义思想表现了中世纪神学的特征。作为一个神学家，他更强调正义的美德与基督教伦理的一致性。在他看来，希腊思想家们虽然承认正义的必要性，但他们通常是在口头上讨论，而无法将此美德变成现实。国家（城邦）要求正义，但正义很少或从来没有在城邦中存在过。既然正义在实践上有某种局限性，那么就只能以更高更纯正形式的正义来补充人类正义。那么从启示的前提出发，从基督教的最高正义出发，去完善人类之正义美德，就该是不言而喻的事情了。他像柏拉图一样，从形而上学的角度去推导这一逻辑：灵魂统治肉体，理性统治欲望，而上帝统治理性。直言之，这一正义美德只能来自上帝。

他认为，在人的国家之上还存在着神的国家，并且神的国家统治人的国家。相应地，法也有两种：一种是体现绝对正义的“永恒法”，它是来自神国的指示，是“一切事物借以处于完善秩序”的法，是正义的最高标准。二是体现人类正义的“世俗法”，它是绝对正义的影子，它是“永恒法”的共同原则适用于特殊社会的变动要求，随时间、地点而不断变化。真正的正义并不能从人类社会的“世俗法”中找到，而只能在上帝的“永恒法”中存在。因而，人只能通过信仰上帝才能找到正义，获得拯救。

奥古斯丁之所以这样解释正义，强调正义和法律从来没有在社会中存在过，无非是想把教会从国家的控制下解放出来，获得独立，免受世俗权威的支配。希望世俗政府为教会的神圣使命服务，比如维持秩序，镇压异端等。也正是基于此才使奥古斯丁在教会内享有巨大声望，对中世纪的政教关系产生了深远影响。

中世纪神学正义论的另一代表人物是托马斯·阿奎那。他的正义论是一种被神化了的亚里士多德的正义论。阿奎那认为，人国乃是神国在人间的再造，因而，它虽然能够独立存在但却不能违反神的意志。他把法分为永恒法、自然法、人法和神法四类。其中，永恒的神法是最高的，但人类无法直接把握它，只能通过自然法参与永恒法。

阿奎那将正义作为评判和验证法律的标准，“如果法律是合乎正义的，它们就从作为其根源的永恒法摄取使人内心感到满意的力量——而法律可以由于与神的善性相抵触而成为非正义的”。[①] 阿奎那还将古罗马的契约论加上了神学色彩，纳入了自己的神学政治体系之中。他认为，世俗政权（国家）存在的必要性只限于它能够维持正义，给人们带来物质福利和精神幸福，人们的约定是统治者合法权力的来源。但人们握有

① 《阿奎那政治著作选》，马清槐译，商务印书馆，1963，第60页。

的主权来自上帝，因此只有上帝在人间化身的教会才有对道德的最终的裁决权。

（四）近代社会契约论思想

社会契约论又被称为“民约论”，是一种在西方具有悠久历史渊源的社会理论和政治学说。关于契约的思想最早是由古希腊智者学派的普罗泰戈拉和安提丰等人提出来的，到古希腊的伊壁鸠鲁和卢克莱修那里，才得到了较为完整的表述。至中世纪，阿奎那等神学家又将社会契约论建立在“上帝委托”的基础上，从而将最终权力归结到上帝及教会里。近代社会契约论的真正的创立者是英国的哲学家、政治学家托马斯·霍布斯。霍布斯认为，在社会状态之前，有一个自然状态阶段。在自然状态中，人出于自己的利己天性，“人与人的关系就是狼与狼的关系”。但这种自然状态下的相互争斗不但不能保障人的私利，反而造成了人与人之间的相互摧毁。于是，出于人类感情特别是理性方面的原因，人类理性发现了避免伤害自己和彼此相互伤害的普遍规则——自然法。由于自然法的启示作用，人们就制定了体现正义、公正，有利于和平的社会契约。这种社会契约的核心内容是：全体社会成员将自己的权利交给君主，君主的责任则是保证全体社会成员的人身安全和财产所有权。这样，就由自然法状态进入了社会状态，产生了调节人与人之间关系的法律的和道德的社会规范。霍布斯进而指出，社会契约就是正义、公道，遵守社会契约，依据契约保障人们的财产权就是正义、公道。

英国哲学家约翰·洛克也以自然法为基础，论证了他的社会契约论正义论。与霍布斯说的“人与人的关系像狼与狼一样”的自然状态不同，洛克所描述的自然状态比较平等。他认为，在自然状态下，人们是平等的生活在一起的，其中的每一个人可以根据自己的意愿来决定自己的人身和财产，但同时又都受具有道德和法律约束力的自然法的制约。洛克将自然法理解为确保人的自然权利的一种法则，而自然法所保障的自然权利包括生命、自由、财产、惩罚这四项权利。但是，在自然状态中，由于人人有权惩罚认为是违反自然法的人，有权捍卫自己认为是正当的自然权利，缺少一个可以明辨是非、裁判公正的共同尺度——法律，缺少一个有权依法裁判纠纷的裁判者（公共权力机关）和相应的执行裁判的行动。所以人与人之间的冲突容易发生而又难以制止。为了弥补这些缺陷，人们就订立了体现和维持公正的社会契约，建立了公民政府，从而，由自然状态转到社会状态。

洛克从他的社会契约论出发，又进而论及了国家体制的公正问题。他认为，人们订立契约、建立政府是为了保障人民不可让渡的自然权利，其中最重要的是私有财产。契约采取的是法律形式，因而一个国家的最高权力是立法权。契约是人民在让渡部分权力时向政府的约定，因而立法权最终应该属于人民。政府的各项权力——包括立法权、行政权和对外权——不过是来自最高权力的委托。其中的立法权是立法机关人民委托期间制定法律的权力，这种权力是不能转让给他人的。在这里，实质上已包含了在体制上以人民权制约政府权以保障社会公正的思想。但洛克的三权分立实际上是两权分立，因为对外权也属于行政权的一种。后来孟德斯鸠又进而提出了立法、行政、司法的三权分立学说，进而进一步完善了社会权力制约理论。

契约理论的集大成者是法国的理论家和思想家让·雅克·卢梭。卢梭也以自然法理论作为自己学说的出发点，但他的自然法学说又独具一格。他所说的自然状态既不是霍布斯所说的“战争状态”，也不是洛克所说的那种美好的状态，而是一种最纯粹、最标准、没有理性或极少理性成分的天然状态。在这种状态下，人与人之间只有年龄、健康和体力的差别，其他方面都是平等的，也是不分你我的。

卢梭在论述自然法理论的基础上，阐述了社会不平等的起源及契约在国家起源上的作用，第一阶段时出现了私有制，从而产生了财产上的差别及经济上的不平等。第二阶段是契约的签订和国家的建立。第三阶段是合法的权力变成了专制的权力。可见，与霍布斯、洛克不同，卢梭并不认为契约是公正的。他通过对人类不平等起源的考察，并与他的“主权在民”的思想结合起来，论证了资产阶级革命的合法性，成为资产阶级革命的先声。

虽然在卢梭的著作里找不到“正义”的字眼，但我们却可以到处发现正义的烙印。在《社会契约论》中，卢梭有关于“公意”的论述，“公意”是相对于“众意”提出的，他将“公意”与“众意”作了区别，他说“众意与公意之间经常总是有很大区别：公意只着眼于公共的利益，而众意则着眼于私人的利益，众意只是个别意志的总和，但是除掉这些个别意志间正负相抵消的部分而外，则剩下的总和仍然是公意”。他还说“公意永远是公正的，而且永远以公共利益为依归”。[①] 由此可见，卢梭所说的公意便是正义。在卢梭的公意理论中，公民的社会性体现得淋漓尽致，或者说人的自然性与社会性得到完美的结合。公意理论的目的是调和服从与自由的矛盾。他说，自然的自由与社会的服从都是出自人的自私的天性，基于权利的平等和其他社会正义的概念也都由此产生。在契约社会里没有缺乏自由的服从，也没有离开服从的自由。这似乎与我们经常所说的权利与义务之间的关系一样。

卢梭还联系对“善”的理解论述了正义的问题。他认为，所谓善，就是由于爱秩序而创造秩序的行为；所谓正义，就是由于爱秩序而保存秩序的行为。万物具有毫不紊乱的秩序，人们对待秩序的态度与其活动有直接关系。善是一种无穷无尽的力量。凡是因为有极大的能力而成为至善的人，必然是极正义的人。“正义和善是分不开的。”[②]

---

① 卢梭：《社会契约论》，商务印书馆，2003，第 35 页。

② 卢梭：《爱弥尔》（下卷），李平沤译，商务印书馆，1973，第 403 页。

如果说契约论的思想在英国、法国和美国得到思想家们较大的赞同的话，那么在德国就受到了一定的批判和抵制。康德就认为，从原始契约可以解释国家建立的基础和程序，由于契约的缔结，人们放弃自己外在的自由，获得了法律主宰下的自由，各个个人的意志联合为一个公共意志，这样国家就产生了。国家就是许多人在法律下的联合。国家建立在自由、平等和独立的基础上。但这只是就国家产生的逻辑道理上而讲的，实际并非如此。国家并不是由于人们的实际需要而产生的，而是抽象的绝对命令要求的结果。国家的使命和目的也不是为了公民的幸福，而是维护法律秩序，维持国家自身的存在。这实际反映康德思想中的矛盾，一方面以天赋人权为国家的基础，反对专制主义，另一方面则认为国家法律本身是“绝对命令”的产物，是绝对公正的化身，与各个个人的权利无关，他把公民分为积极公民和消极公民，认为后者不能享受独立平等的政治权利；他一方面宣扬公民的自由，另一方面则把这些自由限于言论思想自由和投票自由，而不是行动自由和反抗不公正的制度的自由。[①] 黑格尔比康德更甚，他直接批判社会契约论，认为这是国家理论的一个根本缺陷或错误。他认为，契约论从孤立的个人出发，把个人利益看作是人们结合为国家的最终目的，把国家的使命说成是维护和保证个人的权利和自由。这样，就是把国家看作是其成员间的任意的事情，可以订立契约，也可以废除契约，这就意味着国家是一种偶然的东西，也只能导致对国家问题理解上的混乱。他认为，“国家是伦理观念的现实”，“国家是绝对自在自为的理性东西”，“国家的根据是作为意志而实现自己的理性力量”。[②] 在黑格尔看来，国家不仅不是人民契约的产物，相反，它主宰着全民族的意向和活动，使结合的一群人成为一个真正的

---

① 参见徐大同：《西方政治思想史》，天津人民出版社，2005，第336—337页。

② 黑格尔：《法哲学原理》，范扬、张企泰译，商务印书馆，第253、59页。

共同体——政治国家。因此，国家属于普遍性领域，国家的目的是“普遍的利益本身”或“公共福利”，同时也是“普遍性和特殊性的统一”，国家（法律）是作为社会正义的代表和正当防卫的调节器来控制和调和市民社会的种种矛盾和冲突的，这才是国家的本质所在。①

（五）现代西方的正义理论

西方近代的公正理论作为一种政治哲学和道德哲学理论，都是为资产阶级革命作论证的。但资产阶级革命胜利后不仅没有消除而且在很大程度上还加剧了社会不平等，特别是财富的分配不均导致的各种社会问题，社会主义思潮的挑战，两次世界大战以及此后国家权力和干预经济能力的加强，这些问题和现实使得现代西方的思想家们在讨论社会公正（正义）问题的背景与近代有了很大的不同。但同时也必须看到，在西方思想界，个人主义、自由主义一直是主流思潮，无论是功利主义还是规范主义，也无论是保守主义还是左派激进主义，基本上都没有脱离这种主流思潮，都是用个人权利、幸福为论证的基础。只有20世纪80年代后兴起的社群主义，在一定程度上表现出异端的倾向。这里主要介绍哈耶克、罗尔斯、诺齐克以及社群主义的思想。

哈耶克的保守自由主义正义论。哈耶克的正义理论渊源于他称之为英国式自由主义的“进化论理性主义”，其正义理论的哲学基础包括人类“无知论”的人性观与知识论，社会发展的自发进化观与“规则决定论”，建立在一种自发的扩展秩序的理论基础上。作为一个经济学家，哈耶克可以说对计划经济和社会主义抱有一种特别反对和敌视的观点，而且对于二战后西方普遍出现的国家干预经济能力的增强和福利国家政策持批判态度，认为这些都可能导致对个人自由权利的过度限制。哈耶克的正义观以批判“社会的正义”为逻辑起点，即他反对由国家或社会通过再

① 参见徐大同：《西方政治思想史》，天津人民出版社，2005，第351、352页。

分配政策调节人们的收入和财富以促进“正义原则”的实现。他认为这是把社会或国家拟人化，当作是一个高于社会的特殊人格的表现，所实现的只能是“社会正义的幻象”。在他看来，人类社会是一个由多种因素构成的非常复杂的系统，每个人都不能获得充分的信息，相对说来都是无知的，而社会进化是通过自发扩展秩序而推动的，这种自发的秩序是任何精心的安排都无法做到的，那种以为通过制定一套计划来实现公正的分配的想法是理性的“致命的自负”，其实是根本做不到的。而要制定和实行这一套计划，必然要加强国家干预经济和社会生活的作用，相应地也就必然限制个人的自由权利，这是一条“走向奴役之路”。所以，他认为，市场经济本身就是“客观正义”的，国家只要保证这些公正的行为规则即市场经济规则的施行就可以了，此外再无什么正义可言。国内有学者将哈耶克的正义理论概括为“保守”自由主义正义论，这是很有见地的。①

罗尔斯的公平正义论或平等自由正义论。约翰·罗尔斯于1971年出版的《正义论》，被誉为是二战后伦理学、政治哲学领域中最重要的理论著作，为回应其他思想家的批评，1993年他又出版了《政治自由主义》，从伦理建构主义转变为政治建构主义。与哈耶克一味地保卫自由而忽略平等的思路不同，罗尔斯的社会正义理论比较照顾到自由与平等的矛盾问题，试图通过设计一套原则和社会制度来调和自由与平等之间的冲突。罗尔斯承认自由是个人的第一位的权利，但人与人的平等又是不可缺少的，二者之间会出现冲突，“需要一系列原则来指导用一定的在各种不同的决定利益分配的社会安排之间进行选择，达到一种有关恰当的分配份额的契约。这些所需要的原则就是社会正义的原则，它们提供了一种在社会的基本制度中分配权利和义务的办法，确定了社会合作的利益和负

① 参见袁久红：《正义与历史实践》，东南大学出版社，2003，第15、16页。

担的适当分配”[1]。罗尔斯继承了社会契约论的思路，但认为这只是一种假设，他通过“原始状态”的人们在“无知之幕”之后进行选择的“逻辑装置”，论证了正义的两个基本原则：“第一个原则，每个人对与所有人所拥有的最广泛平等的基本自由体系相容的类似自由体系都应有一种平等的权利。第二个原则，社会和经济的不平等应这样安排，使它们：(1) 在与正义的储存原则一致的情况下，适合最少受惠者的最大利益；并且，(2) 依系于在机会公平平等的条件下职务和地位向所有人开放。”[2]第一个是平等的自由原则，第二个是差别原则和机会公平的平等原则，而且这两个正义原则有着一种词典式序列，即第一个原则优先于第二个原则，第二个原则中的机会平等原则优先于差别原则。这样就有了两个优先原则，即正义原则优先于功利原则；制度原则优先于个人原则。他认为制度设计遵循了这两个原则，也就保证了它的正义性。

罗尔斯指出，“正义”和“善”对社会生活和个人生活都具有重要的实践意义，但正义是最基本的概念，正义概念优于善的概念，他主张用正义来规定善，认为必须是符合正义原则的才是真正的善，正义才是最基本的价值，是价值精义之所在。[3]

《正义论》发表以后，遭到来自左、右两方面的批评，左派反对他的自由主义精神，右派批评它宣扬的经济和社会福利政策有社会主义色彩。70年代中叶以后，西方的保守主义思潮抬头，左派的批判成强弩之末。罗尔斯在哈佛大学哲学系的同事诺齐克在1974年出版的《无政府、国家和乌托邦》中表达的极端自由主义和个人主义观点在政治经济界的新右派势力中赢得市场。

---

① 罗尔斯：《正义论》，何怀宏、何包钢、廖申白译，中国社会科学院出版社，1988，第2—3页。

② 同上书，第292页。

③ 同上书，第7页。

诺齐克主张自由至上主义正义论或“持有正义论”。严格说来，诺齐克的理论只是对罗尔斯理论的修改和补充，他并不反对罗尔斯的第一个正义原则，而只反对第二个即差别原则。诺齐克认为，不但个人的自由权不可剥夺和侵犯，而且个人在行使自由权过程中获得的其他社会权益也是不可侵犯的。他明确指出，财产权与自由权是不可分割的，财产权是个人行使自由权所获得的一种资格和基础。社会正义体现在公正地获得这种资格的过程中。个人享有的自由权虽然是平等的，但每个人由于机会、能力、性格、环境等各方面的差异，不可能在同等的程度上行使与发挥自由权，那些更有效和更大限度地行使了自由权的人，自然也就获得了更大地占有财产的资格。并且，自愿转让财产权也是个人自由。只要最初的财产权是公正的，那么拥有它的人自愿地把它转让给另一个人的过程也就是自由权的行使，也不应受到国家或政府的干预。

诺齐克说，社会正义是一个程序，它不受程序最终状态的影响。政府的合法干预只限于保障每个人都能够按照公正的程序行使自己的权利。不论个人行使权利的过程造成的财产差别如何悬殊，只要这一过程符合正义的程序，国家和政府都无权对财产资格进行分配和再分配。

诺齐克认为，他和罗尔斯的分歧可归结为历史原则和最终状态原则的不同。后者要求对某一过程的最终状态不断进行干预，使之符合一个理想化的模式，因此又叫模式化原则。历史原则依据的是：历史过程每一阶段的最终状态都是随机的、偶然的，这并不影响人们在历史过程中尽可能充分实现个人权利。按照一个固定的模式控制历史过程不但无效，而且有害。

麦金太尔的“实用理性正义论”。麦金太尔于 1988 年发表《谁之正义？何种合理性？》，在这部著作中，他从思想史的角度考察了西方政治学说的种种不同传统，说明自由主义只是其中的一个传统，没有高于其他传统的优越性，他把自由主义看作现代主义的一个重要方面，自由主义把启蒙主义纲领付诸政治实践，以普遍理性的名义要求适用于一切社会的普遍正义。麦金太尔争辩说，不同的文化标准有不同的理性标准，不同的社会有不同的正义观。自由主义企图凌驾于其他传统的正义观之上，但如果人们用“谁之正义？何种理性？”的问题考验自由主义的正义观和理性标准，便可以发现自由主义的局限性。

麦金太尔坚持在现代社会环境中分析自由主义理性和正义观所要解决的问题，他指出现代社会的基本特征是利益多样性：政治、经济、家庭、艺术、体育、科学等方面的利益都是人们追求的目标，没有一种利益可以压倒其他利益成为一切人共同追求的目标。利益多样化意味着自我选择的多样性。合理的、有效的选择对于个人的生活至关重要，自由主义所需要的实践理性以自我选择、自我实现的效率为特征，罗尔斯所说的“互不关心理性”“最大的最小值原理”恰当地描述了这些特征；只不过罗尔斯把这些特征普遍化为一切有理性的人的特征，这样，罗尔斯把人类自我等同于自由主义的自我。麦金太尔指出，只是在现代个人主义社会中，个人才会以自由的自我身份，而不是以一个公民或某个群体一分子的身份运用实践理性。与其他传统的实践理性相比，自由职业传统的实践理性有下列独特作用：（1）安排个人选择在公共领域中的秩序，使每个人的选择不至于相互冲突；（2）用可信的论证把个人选择的意向变为决策和行动；（3）最大限度地获取所选择的利益。

由此可见，麦金太尔并不是自由主义的政治上的反对者，他并没有激进地反对自由主义的合理性和合法性，他的批判表现出美国式的实用主义态度，是一种比较策略的文化批判而已。

社群主义的公正观。社群主义，也译为共同体主义，是1980年代兴起的当代西方政治哲学的最新流派，它形成于对以罗尔斯为代表的当代新自由主义的批判，其代表人物有M.J桑德尔，A.麦金太尔，查尔斯·泰勒等。社群主义对自由主义的批判产生了巨大的影响，在一定程度上改变了自由主义长期独占主流的地位，形成了社群主义与自由主义的对峙局面。社群主义对自由主义正义观的批判主要集中在两个方面：一是努力阐明自由主义正义论的局限，其中最根本的是它的基础和方法的个人主义，认为它从根本上误解了个人（自我）与社会（社群）关系；二是力图揭示一种基于社群的共同善的正义观，强调道德共同体的价值高于道德个体即个人的价值。从一定意义上说，社群主义更加重视社群的共同利益和共同善的优先地位，更加张扬平等在正义中的作用。

社会公正的制度史考察

罗尔斯曾指出，“正义是社会制度的首要价值，正像真理是思想体系的重要价值一样。一种理论，无论它多么精致和简洁，只要它不真实，就必须加以拒绝或修正。同样，某些法律和制度，不管它们如何有效率和有条理，只要它们不正义，就必须加以改造或废除”，“允许我们默认一种有错误的理论的唯一前提是尚无一种较好的理论，同样，使我们忍受一种不正义只能是在需要用它避免另一种更大的不正义的情况下才有可能”。[①] 确实如此，尽管人们有时候也使用公正或正义来评价一些人或集团的行为，比如把战争分为正义的和非正义的，说一个人办事比较公平、公道而另一些人不公平不公道，但真正说来，公正更多的还是与一定制度相联系。一方面，制度作为制度，本质功能就是为人们的行

① 罗尔斯：《正义论》，何怀宏、何包钢、廖申白译，中国社会科学院出版社，1988，第1—2页。

为划定一定的界限，提供一定的规矩或规范，尤其是为处理人与人的关系的行为提供规范的，所以，这些制度必须自身是公正的，否则，它就难以得到人们的认同和遵从，不仅不能调节人们之间的矛盾冲突，甚至还会产生和加剧一些冲突。正因此，另一方面，人们对于制度，首先也就是问它是不是公正的，用公正这个尺度来对它进行评价。得到了否定的评价，即人们认为是不公正的，也就是不合理的，需要改造或废除的。从理论的角度说，不公正的制度就不能作为制度，不能作为人们行为的规矩，也不能作为合适的判定一定行为是非对错的评价标准。在这个意义上，凡是存在过的制度，之所以能够存在并发生作用，总是因为它还有公正的一面在。即使它的内容不太公正，也不能很不公正或完全不公正，——如果那样，那它就不能存在，也不能发生作用——但作为统一的尺度用于各个当事人，就形式说也算是公正的。

社会制度概念是对各种具体的社会制度一个总称，这些具体的社会制度分属社会生活的各个领域，从大的方面说，有经济制度，政治制度，社会组织制度，教育制度，文化管理制度，医疗卫生制度，等等，其中又有基本制度和非基本制度，成文的正式制度和非正式辅助性的制度，有全国性的统一的制度和地方性局部性行业性的制度，它们构成了一个复杂的制度系统，各种制度之间也形成了纵横交错的复杂关系。因此，在评价制度是不是公正时，既可以是以一个具体的制度为对象来进行，这是人们在经验中经常做的，但更需要参照着整个制度系统，否则就可能犯片面性的错误。哲学家们讨论公正和正义，往往从务虚的形上的角度专注于制定制度的基本原则，这当然也是需要的，但如果只停留在原则层面，就很容易抽象化，而且确实也容易犯哈耶克所批评的“拟人化”的错误，似乎这些制度是哪一个人按照一定原则设计制定出来的。实际的情况根本不是这样。一定制度的产生或改革，往往是多种社会力量博弈的结果。而哪一种社会力量成为当时的主导性或强势力量，本身就是社会的经济运动和社会关系运动的产物，即使社会的统治集团可以按照自己的意志和意愿确立一些制度，改革一些制度，但若是所确立的这些制度不符合社会发展的实际要求，得不到人们的比较广泛的认同，那也肯定是短命的。

历史的经验明确昭示，各种社会制度，既存在着相对稳定的一面，又都在不断变化着，有沿有革，有兴有替，无论是基于自发的形成还是自觉的设计，也无论是点滴的改良还是系统整体性的变迁，表现出一个辩证的发展过程。制度的变迁源于现实生活的变动，由这种变动导致的与既有的旧制度之间的紧张和矛盾，也即需要解决的社会问题，构成了制度变迁的直接原因。制度变迁也是人的发展的内在要求。一种制度的执行不是为人们提供了便利，或者说它提供的便利小于它造成的麻烦，不仅没有很好地解决问题，还引起了许多问题，从而引起了人们普遍的反对时，反对的普遍理由就是认为它不公正不合理，于是违反和反抗制度的行为就会大面积的发生，制度的权威性也就大大下降，甚至消失殆尽。到了这个时候，势必产生了对新制度的要求，新制度代替旧制度也就是必然的了。同时也要看到，制度的变迁既显示着现实生活的这种变动，还是现实生活变动的一个重要组成部分，是从社会秩序方面表现出来的变动。社会制度的这种历史性的变动，既体现了人们的社会公正观念的作用和变动，也体现着实际的人际关系的变动，表现了社会公正是一个历史的范畴，也只有用历史的观点，才能对之形成合理的理解。限于本书的目的要求，我们这里只能就一些最基本制度的变迁做一点历史的考察，以说明社会公正的历史性。

社会基本经济制度的历史演变。不同的民族国家，由于特殊的自然地理环境、人口规模、文化传统等条件的作用，其经济活动和社会生活的方式也有着自己的特殊性，由此也规定了其基本经济制度的特殊性。但相对于其政治和文化方面来说，由于经济活动与人本身的生存需要直接关联，它不仅在全部社会生活中处于一种基础的地位，而且不同民族国家之间的共同性一面也要更加突出一些、明显一些。社会经济制度最根本的是财产的占有和分配制度，它们规定了人们的不同经济地位和利益要求，而它们又直接受着生产力发展水平的制约。道理很简单，因为财富的占有和分配都是建立在已经创造和生产出来的财富的基础上的，生产力越是低下，社会生产出来的财富总量越是不足，人们对财富的争夺就越是激烈。在奴隶社会，奴隶主不仅占有着生产资料，而且占有奴隶自身，奴隶只是一种会说话的工具，如同骡马、牛羊一样是主人的一种财产。相应地，奴隶劳动的所有成果也都归奴隶主所有，奴隶可以被主人随意打杀或买卖，他只有效忠主人、供主人驱使的义务而没有任何的自由和权利。奴隶制是一种最残酷最不人道的制度，但它却不仅有着历史的必然性，也包含着历史的进步性和合理性，它不过是社会分工的一种最简单最粗陋的历史形式，所以当时的许多人，主要是自由民和思想家们都认为这种奴隶制是公正的，甚至那些奴隶，他们要怨也只是怨自己的命不好，命该做奴隶，而不是抱怨制度的不公正。

随着工具的革新和生产力的发展，奴隶制度下劳动的低效率与生产发展的要求之间产生了巨大的矛盾，奴隶的反抗包括逃亡、暴动、怠工、破坏农具等造成了社会秩序的混乱，造成了许多社会问题。正是在这种条件下，才产生了批判奴隶制认为其是不公正的思想，产生了维护这种制度还是维护这种制度的斗争。新兴地主阶级是这场斗争中的积极的力量，最后用封建土地制度代替了奴隶制度，实现了经济制度方面的一次重要历史变迁。在封建社会，家庭式农业生产是主要的生产方式，土地是主要的生产资料，地主阶级通过对土地的占有，在社会财富分配方面获得较大的份额。在自耕农那里，占有与分配是直接统一的，无地或少地的农夫从地主那里租种土地交付一定的地租或劳役，也不认为这有什么不公正，最多也只是丰年或歉收时在地租多少问题上发生争执，但这基本不涉及制度问题而是具体的操作性问题。而且，一些精明的农户经过自己的辛勤经营和竭力节俭，可以使自己成为地主，一些地主由于子孙不孝吃喝嫖赌也会沦为穷人，这种“轮流”更是减弱了制度的压力。比较容易引起问题和不满的，以古代中国为例，一是赋税太重而几乎完全没有提供什么社会经济保障，二是土地兼并造成大量失地的流民。许多王朝都是因此而导致大规模的起义或暴动而垮台的。继起的王朝通过重新分配土地，减租薄役而开始新的轮回。大致说来，这种经济制度之所以能够长期存在，就是因为在观念上它还是被认为是合理的公正的。所以，即使改了朝换了代，李家的天下变成了赵家的天下，经济制度还基本是旧制度的沿袭。

在西方，从商业贸易和商品生产中产生了资本主义，商品交换要求将一切都作为商品参与到自由贸易和流通的过程中来，要求有全国统一的贸易市场，这就与封建的土地制度、领主制度发生了尖锐的冲突。在商品经济日益发展的背景下，自由、平等成为普遍的要求，也成为资产阶级和第三等级反对封建贵族的专制制度的旗帜。在资本主义社会，资本家占有着主要的生产资料，货币成为各种财富的一般代表和共同符码，各种财富的分配基本以货币的形式进行，市场上的等价交换成为资源配置的主要手段和机制，成为一种客观的无情的无人身的理性原则。在这种经济制度下，个人确实获得了极大的自由和平等的权利，而且，从形式上说，这是一种平等的自由和自由的平等，因而也是最典型的形式上的自由和平等。确如哈耶克所说的那样，私有财产是自由的基础，谁的财产多谁的自由就多，谁的基本权利就能得到较充分的实现，而对于那些没有财产的人来说，自由、平等这些基本人权就都是一些奢侈品，保护私有财产也就是一句空话。无论那些资本主义的辩护士们把自由平等这样的口号喊得多么响亮，从抽象的自由平等人权出发论证资本主义社会是最公正的理论是多么迷人，谁也无法否认这样的现实，即资本逻辑是全部社会生活的核心的总体性逻辑，资本控制着物质生产和精神生产的整个过程，资本制度造成了迄今为止人类最有效率的经济活动方式，但也造成了人类迄今为止最大的灾难——两次世界性大战。这个制度绝不是一种理想的制度，扬弃人的异化只有建立在扬弃资本制度的前提下才是可能的。

社会基本政治制度的历史进化。如果说，经济制度主要解决的是社会的经济财富的分配问题，那么政治制度则主要解决的就是权利与权力的关系问题，以及各种社会公共权力的分配问题。政治是经济的集中表现，是建立在一定的经济基础上的上层建筑，这不仅是说各种政治斗争包括战争都是围绕着一定的经济利益旋转的，而且意味着一定社会的经济结构和经济发展水平规定着政治结构的基本框架和发展完善的基本限度。经济上占统治地位的阶级总是政治上占统治地位的阶级，政治上的不同集团及其政治主张总是与它们所代表的一定经济利益集团有着密切的联系。所以，任何重要的政治制度的确立，都不能简单地看作是统治者少数人意志的表现，而是统治阶级与被统治阶级、统治阶级中执政的阶层与在野的阶层，执政阶层中各个政治集团、派别经过一定的斗争而产生的结果，至于意识形态领域的不同理论派别的对立和斗争，不过是这些现实斗争在观念上的折射。相对于经济制度，政治制度表现出更为明显的人为构建和选择的特征，对先前的政治历史传统有着很强的继承性，其沿革过程有着更为突出的“路径依赖”效应，因此，在大致相同或相近的经济发展水平上，可能出现形态差异较大的不同的政治制度。比如，在古代中国，从夏商到西周，是谓奴隶制时代，天子将土地和奴隶分封给诸侯，诸侯形成了各个“王国”，下有大夫，其封邑即为“家”。诸侯拱卫天子，遵从天子制定的各种礼仪制度，所谓“礼乐征伐自天子出”，即此。从天子朝廷到诸侯王国，基本实行权力世袭的政治制度。到春秋战国时代，诸侯代表的地方势力坐大，开始自制礼仪，擅自进行征伐，这便是孔子感叹的“礼崩乐坏”时期。实际上这也是各个诸侯王国为了自强而纷纷进行自主“变法”的时期。秦始皇统一天下后，政治制度方面的最大变革是以郡县制代替了分封制，确立了中央集权制度。自秦以降，经汉、晋、隋、唐，郡县制为主，也存在零星的分封制，而凡地方叛乱多由分封引起，以晋八王之乱为最。至宋，刻意加强中央集权，此后即少有分封出现。各个郡县长官都由中央来任命和撤换，中央权力又集中在皇帝手里。在公共权力的金字塔结构中，皇帝权力最高也最大，而且是一种不受任何限制和监督却又能影响决定任何其他权力的绝对权力，即使贵为宰相，皇帝一句话就可以予以罢免甚至处死。中国土地辽阔，人口众多，历来行政安全方面的最大问题，便是地方势力坐大进而割据而导致的全国性动乱。中国历来崇尚的不是理论论证而是历史经验，在具体的政治制度方面，虽屡有沿革，然基本格局未变，“百代皆行秦政制”，其中维护行政完全是最基本的原因。但最后的王朝，仍是在武昌首义代表各省的各路督抚纷纷宣告脱离清廷的情况下覆灭的。中国长达几千年的封建社会中，家天下的理念保持了国家政权的合法性，政治方面居于中心的是各种权力的安排问题，几乎不存在人民的权利与政府权力的关系问题，老百姓有的只有义务而没有任何权利可言，正如黑格尔所说过的那样，这里的平等以一种特别的形式来表现，所有人在皇帝面前都是平等的，都是一个零。只是到了近代特别是五四运动之后，民权和民主化的呼声才成为时代声部中的主旋律，成为政治制度合法性的重要依据。

在西方，由于其特殊的政治生态，从未形成如同中国那样的大一统的国家，在如同中国春秋战国时期众多国家的竞争中，出现了包括贵族政体、共和政体、君主政体多样的政治制度形式，经过中世纪的黑暗时代，率先进入现代时期。在古希腊的各个城邦中，雅典发展出了比较典型的民主政治。最初的雅典跟其他城邦一样，实行君主制。公元前683年废除了王君，君主政治让位于由 9 个执政官主持的寡头政治。公元前 594 年执政的梭伦开始了一系列的改革，为新政治制度的确立奠定了基础。他宣布了“解负令”，废除了一切债务，把债务人抵押出去的土地无偿归还给原主。他取消了贵族原来拥有的特权，重新以财产的多少把人民划分为四个等级，四个等级分别享有不同的权利和义务。他首创了以最贫穷的第四等级为多数的公民大会，并使之拥有城邦的最高权力。梭伦改革的结果是雅典走上了民主政治的道路。到公元前 5 世纪的伯利克里时代，雅典的民主政治达到了极盛时期。城邦虽然有执政官，但是，实行“主权在民”和“直接民主”的原则。当时，由全体公民出席的公民大会每月举行 2—4 次，决定城邦的一切重大事项。执政官和各级官员都必须服从公民大会。雅典城邦的民主政治是建立在奴隶制基础上的，真正拥有公民权的只是小部分的自由民，但这种政治形式确立了一种楷模，成为一种重要的政治资源，对后世产生了巨大的影响。

现代的西方各国基本是通过君主专制的形式结束中世纪的分裂，完成国家的统一的，从君主专制国家过渡到现代资产阶级国家，最早是从英国开始的，议会制度、内阁制度、两党制度、文官制度等几乎都源于英国。可以这样理解，这种过渡是一个把集中在专制君主手中的所有政治权力分别转移到一些专门的机构中去并予以制度化的过程。英国议会是由封建大会议演变而来。12 世纪后期，专制君权下的大会议已经可以自由地讨论国王提交的任何重大政治问题、部分地修改法律、充当国家最高法庭，从而拥有了未来议会的某些权力。13 世纪上期，大会议进一步成为大贵族跟王权进行合法斗争的舞台。1215 年 6 月，《大宪章》宣告了“王权有限，法律至上”的宪法原则，成为人民防止王权膨胀威胁民权的武器。14 世纪初，平民代表最终成为议会不可缺少的组成部分，从而为以后分出上院（贵族院）和下院（平民院）准备了条件。15 世纪后期，国王和议会两个政治权力实体又相互分离、相互对抗转变为相互利用、相互合作。此后，英国由国王、上院、下院三部分组成的政治体制，既能保留君主制、贵族寡头制和民主制的长处，又避免了三者的弊端，因此，比起大陆国家的绝对专制君主制来，英国实行的是有限的专制君主制。①从英国议会制的演变历史可见，其政治制度的演变，是王权在不断让步于人民，人民权利不断壮大的过程，是民主化逐渐代替专制化的过程。

英国是资本主义最早发展的国家之一，西方政治制度大体上是以英国代议民主制为代表的。代议民主制是资产阶级革命的产物。比起古代希腊城邦的直接民主制来，代议民主制是人口规模扩大后进行国家事务管理的有效形式，现代民主国家大都是采用这种形式。其特点是，通过选举产生议会，议会是立法机构，产生的宪法具有最高权威，整个国家权力的组织原则、各级权力权限范围、期限都由宪法予以规定，政府向议会负责，实行三权分立，立法权优先，相互监督和制约，从而避免了政治专制时代最高权力更迭时很容易出现的混乱局面。

市场经济的发展，使得资产阶级成为经济上最有实力的阶级，对一切不利于市场经济发展的障碍提出了改革的要求。随着资产阶级革命的成功，资产阶级成为统治阶级，它通过宪法的形式，普遍确认了“人民主权”“天赋人权”“权力分立”“法律面前人人平等”和“私有财产神圣不可侵犯”等基本原则，并在资产阶级根本利益所能允许的范围内，规定了公民的权利和自由。从1679年的“人身保护法”、1689年“权利法案”到1776年的“独立宣言”、1789年的美国宪法和1789年的“人权宣言”、1791年的法国宪法，其基本原则都是一样的。

通过这些原则，西方国家普遍实现了从人治社会向法治社会的转变，

① 参见程汉大：《英国政治制度史》，中国社会科学出版社，1995，第75—79、85—94、111、139、351页。

废除了各种封建特权，确立了民主政治的基本格局，用马克思的话说，实现了人的“政治解放”。这是历史发展的一次巨大飞跃，也是人的发展的一次巨大飞跃。

文化教育制度的历史发展。在整个社会有机体的演化过程中，文化作为一种观念性因素起着非常重要的作用，而教育作为社会有机体的一种遗传机制，更是文化传承的重要手段。因此，文化和教育制度也是社会的一种重要制度，文化教育的权利是人们的一项重要的基本权利。在奴隶社会和封建社会中，由于生产力的低下，社会能够负担的从事精神生产的力量有限，读书识字受教育基本上都是有钱人家子弟的专利，绝大部分人基本处于文盲状态。从文化教育的制度方面看，奴隶社会，“学在官府”，官学是政治制度的一个组成部分。在中国，孔子开私学之先河，由此出现了私学与官学同时发展的局面，春秋战国时期的百家争鸣，在很大程度上是与私学的发展联系在一起的。秦统一天下之后，为巩固其专制统治，焚书坑儒，实行统一文字，为中华民族后来能一直保持统一的局面起了相当大的作用。汉武帝开始，实行罢黜百家独尊儒术的文化政策，确立儒家的独尊地位。自此以降，儒家一直处于主流地位。自隋唐开始科考制度，使文化教育与官吏选拔结合在一起，儒家经典成为官僚训练的基础课程。科举制度使分散在各地的私学私塾教育有了一个统一的标准，为全国各地的社会精英提供了一个实现自己人生抱负的机会，即使那些未能通过科考实现鲤鱼跳龙门的人士，也成为地方上的乡绅，构成封建统治的社会基础的中坚力量，可以说，科举制度对于维护中国封建超稳定结构是起了相当大的作用的。在西方，文化教育与宗教联系在一起，许多大学原来都是教会学校，神学成为学习的主要内容。由于西方国家政教之间的矛盾，以至后来的政教分离，王权与领主的分治，使得受过教育的知识分子多了一些选择的项目，不像中国那样知识分子只能依靠国家政权。资本主义之市场经济对科技和人才的需要推动了现代的学校制度创立，批量式地进行各种人才的生产，带动了文化教育和科学知识的大普及。文化的发展促进了人们的主体性的普遍觉醒，使得思想自由、言论自由的需求更趋突出，为社会生活的民主化自由化提供了必要的准备和条件。

社会进步与社会公正的相关性

通过上面对社会公正的思想史和制度史的粗略的考察，我们可以得出如下几点初步的结论：

第一，社会公正作为一个历史的范畴，它与社会进步是直接地联系在一起的。社会的进步在很大程度上，就表现为在人与人的关系上平等因素的增加，在社会的经济制度、政治制度和文化教育制度的安排上，越来越趋向于公正的状态。封建的经济制度和政治制度，尽管存在着严重的等级不平等，而且把这种不平等看作是天经地义的，但它毕竟改变了不把奴隶当人看的状况，把奴隶从非人的状态下解放了出来，赋予了他们一定的权利。资本主义更是破除了封建等级制和专制制度，实现了人的政治解放，使自由、平等成为最基本的人权，为每一个人的发展提供了形式上的权利和可能，为实现普遍的社会公正提供了基本的条件。

第二，社会公正与制度安排联系在一起，但在根本上依赖着经济发展、教育发展和人的发展的程度，依赖着主体性觉悟的程度。在人们都还普遍地为生存问题所困扰，生存需要是第一位的优势需要的时候，他们对于社会制度的公正与否是缺乏伦理的敏感性的，更多的只是现实功利的考虑，只要能带来较大的实际利益，人们一般就不会考虑这个制度是否公正，是否合乎自由与平等的要求。在人们都处在比较贫困比较愚昧的状态的时候，自由和平等的意识即使有也必然是很低的，等级制君主制较之民主制就更容易受到拥护和欢迎。从历史发展的角度看，在这种情况下，等级制君主制就是公正的，因为它在某种意义上体现了这一点，臣民为君主提供了义务，却受到了君主的保护，君主的意志就是天下社会统一的尺度。只有在人们普遍把自由和平等当作是基本的人权的条件下，人们才会以此作为社会制度公正不公正的基本标准，这恰恰说明社会公正是发展的人对人的发展条件的一种价值诉求。

第三，社会公正不仅是一种道德理想，不单是一种道德范畴，更是与经济利益、功利价值、效率问题联系在一起。公正是一种善，但这里的善，不能仅仅从道德伦理的角度去理解，而是一种广义的价值，“好”(goods)，是多种价值的一种合理配比关系。这种配比关系不是理论地推论或建构起来的，而是在实践过程中形成的，也是实践着的人们根据具体实践的要求来确定的，因此它绝不是一义的单纯的，而是多义的，复数形态的，不是绝对的永恒的，而是相对变动着的。公正的形式多种多样，有形式公正和实质公正、程序公正和实体公正、分配的公正与矫正的公正、过程的公正与结果的公正等，更是体现在各个社会生活领域，如经济方面的公正，政治方面的公正，教育方面的公正，性别方面的公正，有代内公正和代际公正，国内事务的公正和国际事务的公正，等等，但它的核心或实质，它的最基本的原则，从哲学价值论的角度看，就是一种主体间的特殊关系，是主体基本权利的平等性与具体待遇差异性的一种合理的统一，是权利和义务、权力和责任、所得与应得之间的一种合理的统一。

第四，社会公正作为一个价值范畴，一种价值观念，与一定的民族文化传统有着内在的关联，即使在同一时代，同样的生产力条件下，不同的民族的公正观也可能是不同的。对于同一种社会制度，不同阶级和阶层会出现不同的评价。但不能由此就认为，社会公正完全是主观的，是随着人们的评价为转移的。从人类的历史发展的大尺度上，从人的发展的高低层次上，不仅不同的公正观可以进行比较，不同的社会公正状态也可以进行历史的比较。这种比较，不是为了说明或证明以前的公正观是错误的，现在的才是正确的，才是真理，才是真正的公正，如果这样，那表明还是用一种知识论的方式来看待价值问题，方法上就是有问题的。这种比较只是为了说明，不同时代的公正观都有自己的合理性，都有自己存在的理由，同时也会有自己的局限性，随着历史的发展和人的发展是要被扬弃的。人的发展没有限量，历史不会终结，作为发展的人对人的发展条件的一种价值诉求，人们会不断地提出新的社会公正的理想，新的目标。试图发现一个永恒的真理，永恒的目标，不过是一代人一个人想完成整个人类在不断延续中才能实现的任务，这本身就是一种乌托邦的想法。

第五，一种社会制度的优越性，或者说不同的社会制度之间的比较，无论是历时态的比较还是同时态的比较，除了生产力的发展水平之外，社会公正的程度也是一个很重要的维度。这当然不是说越公正越好，因为如果脱离了当时的生产力发展水平和社会的经济条件，这里的“越公正”就可能是一种单纯的道德意义上的或理想意义上的公正，比如在实质平等意义上的结果平等，其实行的结果，就可能造成对生产力发展的阻碍，造成新的社会矛盾和冲突，最后不得不予以终止。换言之，社会公正作为一个历史的范畴，总是与一定的生产力发展水平和人的发展水平相适应的，社会进步到什么程度，既表现在社会的经济发展和政治发展达到什么程度，也表现为社会公正可能达到的高度和广度，表现为现实的人们对自己的社会关系的合理要求所达到的水平和深度。当多数的人们能够接受一定的制度安排，无论是经济利益分配方面的制度安排还在权利和权力关系的制度安排，就表明这种制度这种秩序还具有自己的历史合理性，一些精英人物想按照理想的尺度用一种更高的制度代替这种制度，不管他们的动机是多么高尚，也无论他们掌握了多大的权力，用多么革命的名义来强行推广这种制度，由于现实的经济发展程度和社会组织发展情况以及由此规定的人们的觉悟程度普遍跟不上，主体性意识和能力的发展程度不支持，从而不认同这种制度，反而用各种不同的方式来抵制，实践的结果肯定是不尽如人意。

第六，综上所述，社会公正既是实际的社会价值关系运动的一种表现，是与社会进步紧密联系的一种社会发展状态和人的发展程度的表征，因此是一种历史的范畴，同时也是创造历史的人们基于当时的经济政治发展水平的制约对现实的社会制度的一种评价，一种评价标准，一种价值观念，这种标准和观念既与当时的主体性发展程度有关，也与人们对于价值创造和价值分配的合理关系的理解和理想，也就是说是对所得与应得、权利与义务、权力与责任的配置情况的理解和理想有关。在存在着阶级和阶级对立的社会中，不同阶级的公正观是不同甚至对立的，代表着不同阶级和阶层的思想家们对公正的解释和规定也是对立的，统治阶级及其思想家们认为是公正的制度，被统治阶级及其思想家则可能就认为是不公正的，必须推翻的。只有那些代表着先进生产力、代表着先进的生产方式的阶级，由于其与历史发展的方向相一致，随着历史的发展，其力量也不断壮大，因而它所持有的公正观才能成为主流的公正观，以之为指导建立的制度，才能代替旧的不公正的制度。资本主义制度代替封建制度，社会主义制度代替资本主义制度，之所以具有历史的必然性，根本原因是经济运动和社会基本矛盾的运动，是作为先进阶级的力量压倒了落后阶级的结果。

第二章　社会公正的价值论透视

在第一章中我们对社会公正的历史发展作了简略的考察，本章则主要是从理论分析的角度对社会公正进行一种价值论的透视。对社会公正进行“价值论透视”，就是从价值论的视野去观察、思考、分析和研究社会公正问题。之所以如此，首先是因为社会公正本身首先或主要是一个价值论问题，是一种价值性现象或价值性存在，与之相关联的自由、平等、效率、权利、责任等也都是价值性现象，是人类在发展过程中也是为了更好地发展而形成的一些价值规定或规范。所以，这种角度和方法可能会有利于克服或避免以往一些研究方法的不足，更加有利于贴近于社会公正问题的本真实际。

从价值论角度考量社会公正问题的合理性

从亚里士多德开始，就把政治学和伦理学看作是实践的哲学，认为这是一个与理论哲学不同的领域，所遵循的原则也应该与之不同。这确实是一种很智慧的观点。但在后来的发展中，或许是由于精神活动与实践活动的分工所掘的鸿沟越来越明显，人们对理论理性的作用的自信越来越强化，实践哲学的原则被轻视和遮蔽了。因此之故，许多哲学家便使用理论哲学的原则来指导探讨属于实践哲学中的问题，想找到一种绝对的普遍性的东西作为论证基础，能够获得无例外的认同的基础。这从根本上就导致了一种错位，也弄偏了思考的方向。

我们知道，西方哲学中知识论的理性主义传统是一种古老的占优势地位的传统，在这种传统中，作为认识主体的人们之间的差异是被抽象掉或是被遮蔽了的。就像在经济学领域"经济人"的假设是一种基本的人性假设一样，在知识论传统中的人性假设则是一种"理性人"。理性是人的共同的本质，而理性服从着逻辑的规定，以合理性为基本的尺度，以真理为最高的目标，所以，只要发现了或找到了真理，它本身就具有一种征服人的力量，因而就能够实现自己。近代以降，随着自然科学的突飞猛进的发展及其社会功能的展示，这种观念更是深入人心，思想家们"把理性当作是一切现存事物的唯一的裁判者"[①]，"一切都必须在理性的法庭面前为自己的存在作辩护或者放弃存在的权利"[②]。启蒙学者们是如此，空想社会主义者们也是如此，有所不同的是，在空想社会主义者看来，"按照启蒙学者的原则建立起来的资产阶级世界也是不合乎理性和非正义的，所以也应该像封建制度和以往的一切社会制度一样被抛到垃圾堆里去。……真正的理性和正义至今还没有统治世界，这只是因为它们没有被人们正确地认识。所缺少的只是个别的天才人物，现在这种人物已经出现而且已经认识了真理"[③]。剩下的只是宣传这种真理，当人们都认识到其合理性时，其所指示所要求的那种公正的正义的社会自然就能够实现了。也正是因为这个信念，过去的许多哲学家都把主要精力放在如何"解释世界"上，只是在"解释世界"上做工夫，争短长。流风所被，今天仍有不少哲学家坚守此道而乐此不疲，许多争论仍是在哲学理论圈子

① 《马克思恩格斯选集》，第 3 卷，人民出版社，2012，第 643 页。

② 同上书，第 775 页。

③ 同上书，第 778 页。

里的争论，似乎这些问题争论清楚了，现实社会生活和实践中的问题也就解决了。其实不是这么回事，这不过是理论家们的一厢情愿而已。

理论活动，或者说人们对世界的理论把握的方式的突出特点是抽象化、理想化和简单化。它把十分复杂的现实对象现实问题通过抽象，舍弃掉许多所谓非本质的不重要的现象的东西，形成一种由若干个要素构成的简单的“模型”，在一种理想化的条件下考察其变化和运动，以便发现其运动的“规律”，找出其一定的“秩序”。理论活动的结果就是形成一定的“知识”，很显然地，这些知识就是理想化条件的对象、规律和秩序的知识，是理性加工过的服从于一定逻辑规则的知识。这些知识是由那些精神劳动者生产出来的，然后作为一定的社会知识为大众所接受所相信，在一些人看来，似乎只有这些知识所描述的“世界”才是真实的世界，只有这些知识所揭示的“秩序”才是客观的秩序。实际上，即使这些知识都是所谓的“科学知识”，它也是对客观的现实世界的抽象的片面的把握，而且也仅仅是对物的尺度的把握，是把不同的物的尺度按照一定的逻辑规则进行梳理的结果。现实的生活和实践所要解决的问题，所遭遇的情势，要比这些理论知识所描述的情况要复杂得多，具体得多，解决问题的方式方法也要具体灵活得多。之所以如此，是因为现实的实践和生活的过程，是现实的具体的主体根据自己的特殊的需要和能力，针对具体的问题和困境，形成一定的目的，寻找一定的手段和方法解决这些问题实现自己的目的的过程。俗话讲“书到用时方恨少”，就非常形象地表现出了这一点，这里的“恨少”，不仅表现在知识的全面性方面，同时也表现在具体性方面，表现在综合融通性方面，一到使用的过程，其缺点就都显现了出来。

不仅如此，实践的复杂性还表现在这是一个多主体互动的过程，是不同的个人结成一定的社会关系来进行活动的过程。不同主体之作为不同的主体，就在于各自都有自己的利益诉求，有不同的立场和看法，有不同的实践目的，采取着不同的实践方式和途径，因此，所谓“结成一定的社会关系”，绝不是简单地描述一个事实，而是说这些关系是非常复杂的，包含着各种利益和目的之间的冲突，而且是博弈性的不断变化着的动态组合形式。在实践的过程中，价值问题成为第一位的突出问题，成为一种“以太光”，在它的照耀下，各种存在都变换了色彩和比例。相对于实现自己的目的这个坐标，一切存在都转化为“条件”，各种可能都成为“路径”，都能够用“有利”、“不利”的尺度来进行衡量。同时，也不是只存在一个坐标，每个主体都以自己的利益和目的作为坐标，每个个人、家庭、集团、阶级等都构成了现实的主体，彼此之间既存在着主客体的关系又存在着主体间的关系，竞争中有合作，合作中又有竞争，如此等等。正是这种情况，使得价值问题难以有一个统一的标准，如同知识的真理性那样的标准，更多的是在主体间范围内、在更高一级的主体层面上形成一定的共识，一定的规范或“规定性”的标准。对于这些价值方面的问题，自然就不能套用知识论方面的范式来进行研究。

很显然，实践哲学领域的根本问题是价值问题，但在很长的时期内，受知识论传统的影响，价值问题一直被当作是一个知识的问题真理的问题来处理，并没有获得独立的地位。人们的许多争论和混乱都与此有关。按照罗素的说法，事实判断与价值判断的混淆自来是造成人类思想混乱的重要原因。而自休谟提出能否合理的从事实判断推出价值判断的疑问以来，这个问题就一直像梦魇一样地困扰着西方的哲学家们。应该说，发现了二者之间的差别，是人类思维的一个重大进步，但包括罗素在内的一些哲学家，仍是按照知识论的逻辑看待价值问题，将之指认为只表达主体情感的主观性的东西，这就一方面堵塞了对价值问题进行研究的路径，另一方面也为相对主义的滥觞洞开了大门，诚如宾克莱讲的那样，20 世纪是一个相对主义的世纪。后现代主义的主旨，也还是这种相对主义，只是达到了极致而已。真是应了“物极必反”的老理。

如果说在知识论传统中将认识者抽象为没有现实利害冲突、没有立场差别只是一个心眼要获得真理的“理性人”，这在以人类为统一认识主体的认知过程中有相当的合理性的话，那么在实践和价值论领域，主体的分化和对立就作为一个非常突出的基本事实而绝不能被抽象或遮蔽的，主体间的关系包括竞争、合作、协商、妥协，因交往而产生的共识，因形成一定的秩序而必须确立的规范等，在实践中都占有着相当的地位，起着相当的作用。从这个视角看去，价值本质上就是一种主体性现象，是一种因人而异、因时而变的现象，又是在一定文化中生成也只有在一定文化中才能理解的现象，但它并不因此就是主观的，与其他现象一样也具有一定的客观性事实的品格。主体的多元性决定了价值的多元性，多元主体所依赖的同一种文化的共同性又规定了一定价值的共同性。在这里，一个个人作为一个完整的价值主体，既与他所属于的共同体形成一种部分与整体的构成性关系，同时也保持着互为主体的主体间关系，因此，某种对象与他个人形成的价值关系同与他所属的共同体形成的价值关系，就是两种不同的价值关系，既不能用前者来否定后者，也不能用后者来否定前者。价值要通过评价活动来把握，因评价而彰显出来，但却不是依评价而转移。在特定的情势下特定的对象对于特定的主体到底有没有价值，有什么价值，有多大价值，并不依主体的评价而转移，相对于评价而言，它就表现出某种独立的客观性的品格。因此，我们既不能按照知识论中形成的那种普遍性、客观性的概念来理解价值的客观性问题，由于价值不合乎这种普遍性标准就认为价值是主观的，是由人们的评价或情感所决定的，也不能按照知识论传统的那种逻辑试图为价值寻求一种绝对的普遍的根据，能够鉴别或公度不同时代不同民族和不同个人主体的评价的一个元标准。

社会公正的问题毫无疑问是人们在经济生活、政治生活和伦理生活实践中遇到的一个重要问题，是一个很典型的价值问题。公正这个概念就是一种价值概念或价值性的概念。它既表现着反映着一定的主体际关系的状态，更蕴涵着一种肯定或否定的评价性意义，并作为一种评价标准来起作用。从历史上众多的讨论看，一些人认为公正完全是由人们的公正观决定的，既然人们的公正观是不同的，一个时代人们认为是公正的，在另一个时代就遭到批判，一定群体认为是公正的，另一群体则根本不予认同，所以不存在公正还是不公正的客观效准，甚至不存在公正这回事。这是主观主义和相对主义的观点。而另一些人则认为，存在着一种客观的普遍的永恒的公正标准，或者说关于公正或正义的真理，问题只在于如何发现它和论证它，只要发现了这种真理，诉诸人们的理性就能够获得普遍的承认和服从。这则是一种客观唯心主义的理想主义或乌托邦式的公正观。这两种观点看似决然对立，但它们却有着一个共同的误区，都在于陷入知识论的那种理式，没有真正地将之作为价值问题来探讨，也即是说没有从实践哲学和价值论的角度来进行考量。

我们主张从价值论的角度考量社会公正问题，还包含了这么一层意思，伦理学、政治学、法学、经济学等在很大程度上都属于实践的科学，都直接涉及和处理的是人们的实践、交往活动中的价值问题，哲学价值论自然也就构成了这些学科的共同的基础，也是彼此融通连接的一个通道和途径。然而，在近代以来形成的学科建制中，一方面，学科分工造成了一定的壁垒，界限成了一种鸿沟，统一的实践活动过程被裂解为不同的“领域”。这固然有利于从不同的方面深入进行研究，但同时也造成了相当大的弊端，即对许多问题无能再进行整体的综合的研究。具体到社会公正问题而言，经济学的研究主要侧重于财富、资源的分配，以提高效率为标的。法学主要从法的形而上的法理基础方面来着眼，寻求公正的最终根据。政治学则立足于政治制度的理性设计的基础或前提，主要从政治制度合法性的角度理解公正。伦理学关心社会公正，则更多地把它看作是一种道德理想来进行讨论。顺便说一句，在我们的一些伦理学文献中，把道德主要是当作一种精神活动，把道德价值当作是精神价值，这实际是违背了道德活动首先是直接地处理人际关系的实践性活动，伦理学原本就是一种实践性学问的规定的。另一方面，直接、间接、明显、不明显地受科学主义思潮的影响，这些学科的研究范式，无论从研究路线还是理论构造的方式上看，都明显地使用着一种以自然科学为原型的知识论或认知主义的范式，都把发现真理当作是研究的目的，更多地注重理论自身的完美性或形式的完备性。作为这些做法的哲学基础，还是传统的理论哲学或思辨哲学的观念，把理性发现的秩序当作是本真的存在，认定只要找到了宇宙的第一原理就能合理地推出整个存在的体系。因此，无视现实社会生活中人们之间的差别、矛盾和冲突，将人抽象为一种纯粹的理性，如马克思所说的那样，“把意识看作是有生命的个人”[①]，以为只要发现了社会生活和社会制度的最终的真理，发现了人类的真正的“应该如何”的理想，就能够得到人们的普遍认同和服膺，而一切理论研究的任务就在于发现这种最终的也是永恒的真理。而从价值论的角度看，实际生活的过程远非这么简单，在现实的实践和生活中，人们都是首先作为一定的利益主体而存在的，现实的利益之间的差异和对立，造成了人们在许多问题上的立场和观点的对立。这不仅是一种基本的事实，也是一种并非幻象或由谬误所导致的而是非常真实非常正常的现象。人们在价值方面的对立，并非一个理论的问题，如何消除这种对立，更不是理论的问题，不是一方是真理而另一方是谬误的问题，而是一个实践的问题，是在现实实践的过程中通过彼此的斗争、妥协才能解决的问题。同一社会的人们在公正观上的对立，说到底是现实的利益对立在观念上的表现，不同时代的人们在公正理论上的差别，也是实际的社会关系和利益格局发生了变化的产物。设想存在着一种最终的也是真

① 《马克思恩格斯选集》，第1卷，人民出版社，2012，第152页。

正的人人都能够认同的公正观，公正自身，相对于这种公正观，以前存在的与此不同的公正理论都是人类理性的迷误，不过是思辨哲学的一种虚幻的设想而已，正如设想存在着一种世界万物的本体，认识了这个本体就能够解释万物存在的秘密不过是思辨哲学家们的一种虚幻的梦想一样。

马克思创立的实践唯物主义主张从现实的人出发，认为人们的社会存在决定他们的意识，马克思主义价值论坚持这一基本原则，认为在人们的社会存在中，物质生产是最基本的实践活动，物质利益关系是最基本的社会关系。我们坚持实践唯物主义的基本观点，认为由于实际利益的对立人们的公正观也是对立的，否认在存在着实际利益对立的条件下能够有共同的公正观，人们的公正观作为一种价值观念既有历史性民族性同时也有阶级性，但也反对公正问题上的相对主义和主观主义。这是因为，人们只有结成一定的社会关系才能进行物质的生产，在一定的物质生产基础上产生了各种社会性的交往，在这个过程中，既有利益的差别和对立的一面，有相互竞争的一面，也有合作的一面，存在着一定的共同利益或整体利益。正因为这个缘故，他们在对于如何分配物质利益和各种其他的利益的问题上，在如何看待社会制度和社会秩序的问题上，在一定社会制度是否公正的问题上，也会存在着一定的共同点，形成一定的共识。社会统治阶级之所以能够把本质上是自己的特殊利益说成了全社会各阶级的共同利益，把一定的制度说成是具有普遍的合理性的公正的制度，并在一定程度上获得其他阶级的认同，这并不全是欺骗的结果，其现实基础就在于存在着这种利益的共同性，他们不过是夸大这种利益共同性，竭力遮蔽和隐瞒彼此利益的对立。因此，我们在强调由于存在着利益的对立导致了公正观的对立的同时，也不能只看到对立的一面而否认共同性，否认存在着公正观上的共识。同时，还需要看到，社会公正作为一种价值观，与历史文化传统也有着内在的关联，受着一定民族的总体的价值观框架的制约，这也是能够形成一定的共同的公正观的一个原因。相对主义和主观主义在破除绝对主义方面有一定的积极作用，但并不能促进对社会公正问题的深入理解，倒毋宁说是取消了对社会公正问题的合理的研究。

公正是一种规范性价值

人的各种活动都是指向自身的，是一种具有“为我性”特征的活动。我们平时常说人的活动是有目的的活动，无非是说这些活动中都包含着一种目的，各种努力都朝着这种目的运动。目的是现实活动着的人为了满足自己的需要而确立的，是人为的，又是为人的，是对行动结果的一种超前的观念把握。目的一旦确立，它不仅规定着人的各种努力的方向，而且是评价人的实际活动中的各种条件各个环节各种努力的一种标准。人类一切具体活动，无论采取何种具体存在形式，都只是作为人自身存在与发展的一种手段而获得意义，也相对于各种具体目的各种层次的目的而对活动的条件、手段、结果等进行着评价。无论在哪个层次上，达到了目的或实现了目的谓之成功，反之就是失败。所谓失败，也即是说此前的各种努力是“白费劲”，所进行的劳动是“无效劳动”或“无用劳动”。人的价值本质上是一种能够创造价值的价值，创造价值又是为了能够占有和消费这些价值。这样，在人的创造价值和占有消费价值之间，就形成了一个环形的过程。直接地简单地说，在创造、生产与消费之间，一方面是生产决定消费，因为只有生产出来的东西才能进行消费，消费总是在生产发展的基础上进行，生产发展到什么程度，消费也就在什么程度上进行。但在另一方面，消费又决定着生产，消费为生产提供了观念上的对象，提供了生产活动的目的，人们正是为了消费才去进行生产的。它们之间完全是一种互为前提相互作用的辩证关系，是人的活动过程中的不同环节之间的内在联系。在简单的孤立的自给自足的家庭小生产条件下，自己生产的东西自己消费，不同的生产者之间没有什么太多的经济联系，彼此就像是一个一个的土豆，他们之间的交往主要限于地缘、血缘和亲缘的交往，相对说来社会关系、社会管理和社会秩序等也都比较简单。而在社会化大生产的条件下，在商品生产成为社会主要的生产方式或主导性的生产方式之后，情况就不大一样了。商品生产是为他人而进行的生产，是为了交换而进行的生产，是需要以市场作为中介而进行的社会性生产。在这种条件下，生产的技术分工和社会分工都大大发展了，资源配置的问题、财富分配的问题突出出来了，人们进行选择的自由空间也大大拓展了，各种经济交往和社会性关系交织在一起形成了一个复杂的系统，这也就使得社会的管理问题、社会制度和秩序的问题都成为突出的问题，需要进行研究和精心设计的问题。但从最基本的层面看，还是价值创造和价值占有消费的问题构成了一个中心线索。人们为社会创造了价值，就需要得到社会的回报，以一种形式付出的，需要以另一种形式取回来，这正如经济学上的生产、分配、交换、消费构成的环型过程一样。只是这里的价值不单是物质价值或物质财富，也包括有利于创造价值的各种资源，如机会、荣誉、社会地位、基本权利和权力等，这也不仅仅是一个经济领域的问题，而是整个社会对资源的分配或配置的制度安排的问题。无论是哪一种社会，对这个问题解决得比较好比较公正，也就是说，在付出与获得之间，所得和应得之间，权利与责任之间，建立了一种较好的平衡，人们进行生产和创造的积极性主动性就会比较高，各种资源的利用率就比较高，广义上的社会活动效率也就比较高，发展也就比较快。

社会是人们交往活动的产物，是人们的各种活动的总和，人们之间只有结成一定社会关系才能发生与自然的关系，即人们总是结成一定的关系才能进行物质生产和财富创造的活动。而无论在生产实践过程中，还是在交往实践过程中，都需要有一定的规矩和规范。所谓“没有规矩不能成方圆”，直接地看是一种技术性要求，即没有规和矩就画不出方形和圆形，扩大地说这则是一种隐喻，意味着各种社会活动都要有一定的规范，否则就没有标准，就会乱套，就无法进行社会管理。

这些规范多种多样，但大致可以分成三类，第一类规范主要是生产性活动所需要的，比如我们平常说的技术性规范或技术性标准，就是从生产过程中直接产生的，是生产经验的一种总结和提炼。技术性规范往往特殊性比较强，不同行业甚至不同的生产活动领域都有自己的规范，是从事这类生产活动必须遵守的。这里说的生产性活动，包括物质生产，也包括精神生产，各有自己的不同的门类，各个门类都有自己的规范，而每种规范相对都有自己的边界或范围，这是与这类活动之对象的特殊规律及其规定的活动本身的特殊规律直接关联的。技术性规范直接地服从提高活动效率和效益的目的，其合理性问题也可通过效率和效益来进行比较直观的检验。相对来说争议比较小，比较容易达到一致，直接拿来横向移植的可能性最大。

第二类是社会交往的规范，是人们之间进行各种交往活动需要遵守的规范。这类规范可以称之为社会规范，它是人们的交往实践经验的一种总结，是为了解决交往中存在的问题维持一定的社会秩序而形成或确立的行为规矩。这里说的“形成”，体现了这些规范产生过程的自发性或自然性，比如许多规范就是人们通过习惯形成的，或者说风俗习惯就表现着这类规范；这里说的“确立”，则意味着是通过有意识的设计来制定和推行的纪律、法律、规章、制度等。这种社会规范，其合理性如何，不但要看其具体的效果，即维护和形成一定社会秩序的作用，更还需要从更高的标准来对之进行审视，因而由于人们的立场和观念不同，会出现较大的分歧和争论。

第三类是人们向往、期望的一些理想化的“模范”或“范型”，这些模范或范型可以是一种人格化的存在，也可以是一种境界或状态，还可以是一些理论化或观念性的东西。这种模范或范型往往是通过社会精英的文化创造而形成，通过社会权威系统地教化而确立，表现为社会意识形态的某种总体精神或基本理念。与社会规范相比，如果说社会规范都是一些比较具体、明确的规矩，那么这则是一些比较形而上的理论化观念性的东西，如果说社会规范主要是通过一定的具体措施来予以保证其权威性和有效性，那么这则主要是通过人们内心的信念、信仰来起作用，对自己的行为进行约束、范导、形塑，也是自觉认同一定社会规范的依据。自由、平等、民主、公正、正义、权利这些现代的价值理念，实际上都属于此类，它们尽管不是具体的社会规范，可却为现代法律制度、具体道德规范等提供着合理性的根据。

所有这些规范，都是人自己设立的，是为了规范人们的活动和行为而设立的。如果说技术性规范更多地在主客体相互作用的过程中发挥作用，或是认识客体，或是改造客体，或是创造新的客体，那么社会规范则主要是在主体间相互关系中发挥作用，是人们在社会交往中和竞争合作中解决纠纷的规矩，它们的工具性价值都比较明显。而模范，作为一种可仰慕、信仰的理想性的东西，作为社会规范的合理性的根据，往往被当作是一种目的性和终极性的存在，当作是一种内在价值甚至是其他各种价值的最终尺度。历史上的神、上帝、圣人，或现代的自由、平等、理性，就都曾承担过这种角色。但在实际上，这不过是人为自己确立的一种终极性尺度，而且往往是借助于一定的权力，或是宗教的权力，或是政治权力，或是话语权力和真理的名义而形成的所谓“终极性”规定，也是为了解决不同个人、不同地区、不同集团因价值标准的不统一而引起的社会性纠纷而作出的一种设计，一种规定。

在哲学价值论的视野里，我们把价值看作是一定的事物、存在等对于人的存在和发展的意义，能够满足或有利于满足人的存在和发展需要的，是有价值的，否则就是无价值的或是具有负价值的。这里说的一定的事物，既包括各种物，也包括各种事，既包括物质性的实体性的存在物，也包括精神性的人工创造的存在物，还有各种关系、倾向等，还包括人自身，总之，它们的价值都在于对于人的存在和发展的意义。从这个意义上看，各种规范也是一“物”，说一定的规范是好的，有价值的，无非是说它们有利于人的发展，有利于形成和稳定社会秩序，有利于提高活动的效率。这是说的规范的价值，包括那些“模范”、理想等的价值。规范价值不同于规范的价值。规范的价值，是把规范作为价值客体，看它对人有什么价值，而规范价值则不然。所谓规范价值，简略地说，就是由社会、历史、文化形成的一定规范所规定的价值。规范本身就构成了一种价值标准，同时也是人们的评价标准。比如一定的道德规范，就既是人们进行道德评价的标准，也是一定行为是否具有道德价值的标准。一定的法律规范，既是法官判定一定行为是否违法的标准，也是其是否违法的准绳。价值标准与评价标准的这种统一，是社会性地确立起来的，是作为一种文化现象而存在的。与直接满足个人或社会的需要而形成的非规范价值相比，如果说在这些非规范的价值中，主体需要及其获得满足的直接性、具体性、个别性、经验性，都非常突出和明显，多元性是主导性方面的话，那么规范价值则更多地表现为一种主体普遍性、社会统一性、文化规定性的特点，更多地需要通过主体间关系，包括同时性的不同主体间的交往关系、共同性与个别性的关系，也包括历史性的代际关系和文化传承关系来得到合理的理解和说明。文化作为一种人为的又为人的程序，这种程序在很大程度上就表现为一定的规范，各个方面的规范，正是学习、了解和懂得了这些规范，并能用这些规范去约束自己，评价各种现象，才算是实现了个人的社会化即“长大成人”，实现了从自然的人向社会的文化的人的转化。也正因为这些规范，人们之间才能相互理解、预测、期盼、相信，才能进行有效的交往和合作，社会才真正成为一个社会，一个有机联系着的社会。

任何社会都需要一定的规范，也都有一定的规范，以之作为人们行为、行动、言论、思维等的规矩和标准。对于不同时代的社会之间的差别，同一时代的不同社会之间的差别，同一社会的不同地区的差别，我们过去都沿着生产方式、生活方式、行为方式、思维方式这几个方面来讨论，这当然是对的，但这些方式之作为方式，就都直接地与规范关联着，通过一定规范体现出来，也即是通过一定的规范价值来体现出来。而在另一方面，这些规范又是历史的产物，历史的传承性和延续性也是很明显的。在规范中，体现着差异性与共同性、现实性与历史性的辩证统一。

各种社会规范，都具有某种超越个人需要、个体性价值标准的意义，其中的那些理想性的"模范"其超越性意义就更为突出明显，它们一方面是从社会整体和人类文明的高度对作为个体的人的一种范导和形塑，是人们在交往中为了使个人突破其局限而提升为社会性的文明人的一种文化形式。这是其一般意义的方面。另一方面也是社会统治阶级和思想家们为保证其统治秩序而进行的规定和论证。马克思说得好，任何时代占统治地位的思想都是统治阶级的思想，他们为了论证其统治的合法性，往往将自己的价值观说成是具有普遍性意义的，代表了人类文明的价值观。这是其特殊意义的方面。这两个方面往往交织在一起，其提升个人的功能与压抑个人的功能也结合在一起，无论在道德规范还是在其他制度性规范方面都是如此。

当一些思想家沿着理性主义的思路，忽视这些观念的社会历史根源和阶级基础，只从逻辑上进行推论梳理的时候，就可能把这些模范性的观念看作是价值的最终源泉或最终标准，认为只有此类价值才是从哲学价值论的角度所说的价值，是哲学价值论的真正的研究对象，而它们不仅不能从人们的具体需要中合乎逻辑的推出，倒毋宁说是规定人们的需要是否合理是否正当的根据。从马克思主义哲学价值论的角度看，实际的情况正好相反，这些模范或理念原本就是一种规范，是为了解决不同主体的价值标准之间的矛盾而产生的，是为了论证一定的社会规范的合理性而提出的，也是基于社会发展和人的发展的一定需要而存在并获得其历史的合理性的。离开了现实的社会发展和人的发展的需要，我们就根本不可能理解为什么不同时代不同社会的“终极价值”是不同的，为什么前一时代的“终极价值”能够为后一时代的“终极价值”所代替这样的事实。当代中国的哲学价值论固然应该深入研究这些具有普遍性意义的价值，需要站在时代的高度提出一些符合当代时代精神的价值理念，但更需要考察这些所谓“终极价值”生成的社会历史根源和本质，考察为什么这些在一定时代被当作是终极的内在的价值而在另一时代就不再具有终极性内在性的现实原因。否则就可能滑向或导致价值论上的唯心主义。

自由、平等、公正等这些概念都是一些历史的范畴，是人对自己的权利和发展的社会条件的一种规定性的概念，也是人的发展达到一定程度之后才能提出并作为一种规范的概念。它们与其说是一些描述性的概念，不如说一些规定性的概念，本身就包含着人们一定的期许，对人的发展“应该如何”的看法，或者说，一开始它们就是作为一定的价值概念和一定的价值观而存在的，是直接地与人的发展程度以及对发展的社会条件的诉求联系在一起的。正因为如此，我们不能脱离社会发展的实际状况和人的发展的具体阶段，去发现或揭示什么关于自由、平等和公正的所谓“永恒真理”，然后再反过来用这种所谓的“永恒真理”来衡量和裁剪社会现实。社会公正根植于社会现实实践，形成于人们之间、集团之间、阶级和阶层之间关于实际的利益、地位的相互斗争和妥协的过程之中，来源于对处理人们之间交往关系的规矩和制度的认可，同时又提供着这些规矩和制度的合理性的解释前提。它在本质上是发展着的人对人的发展条件的基本要求，是对人与人的关系状态的一种应然状态的期许，是人们对权利与义务、应得与所得、价值创造和价值享受的体制性安排的合理与否的评价标准。人们追求社会公正，就是要在人的世界中获得人所要求的人性价值，实现人与社会的和谐发展。社会公正从来不是一种超历史的抽象的东西，而是与社会发展和人的发展阶段相适应的，人们的社会公正观念从来也不能超越一定历史阶段的经济政治结构所规定的水平。

公正、公平、正义等是同一序列的概念，其间虽有一些细微的差别，但更多的是一种语用方面而不是实质上的差别。公正和正义在外文中原本就是一个词，而公正和公平，都涉及“公”，相对的是私，意味着在处理主体间关系特别是公共关系中的“平”和“正”。公平、公正又往往与合理相连而用，如公平合理，公正合理，但这里的合理一般不是指合乎真理的合理，而是一种合乎常理合乎情理的意思，是参与交往、涉及争执或争端的各方都能够认同和接受的意思。一般说来，尽管在不同的时代不同的民族，公正的具体内容可能有所差别，但多把公正公平当作是一种正价值或一种善来看待和理解。而在价值系列中，它们就属于一种规范价值，而且是属于那种为一定的社会性规范提供合理性根据的范畴。

既然涉及公共关系，就必然与一定的社会秩序问题联系在一起，这样我们也就可以明白，虽然公正有时也指涉着一种个人的品质，（在这个意义上的公正，至少在汉语中更合适的词应该是“公道”）或者说被当作是一种美德，麦金太尔就特别强调过这个方面，但更为主要的更大量的还是与社会制度安排相联系，被当作是评价社会制度的一种标准或尺度。当罗尔斯反复强调“公正（正义）是制度是首要价值”时，所突出的也就是公正与制度的这种关系。

任何社会的存在都需要一定的秩序，否则就难以形成一种共同体，就会在不同主体的对立和冲突中走向解体，而这种秩序正是依靠着一定的制度来支撑来保障。罗尔斯用无知之幕条件下主体之间的协约来解释制度的产生，实际上并不符合历史的事实。他自己也完全清楚这一点，他所谓的“原初状态”和“无知之幕”，都不过是为了论证他的两个公正（正义）原则而作出的一种思想设计或理想实验，是为了理论上或逻辑上的完备性而设想出来的东西。按照马克思主义的观点，人与人之间的社会关系受人与自然关系的制约，财富的分配总是以可分配的财富的存在作为必要前提，这是一方面，另一方面，生活在一定社会条件下的人们并不是原子式的同质性的存在，而是结成一定的家庭、分成一定的阶层和阶级、以一定的群体形式而展开自己的活动。社会活动就是这些不同的个体、群体、阶层的博弈过程，是不同主体间既有竞争又需要合作、既坚持自己的独立性又彼此交往体现出相互依赖性的过程，共同体为了不至于在内部成员之间的竞争和冲突中解体就必须确立一定的竞争规则、交往规范以及与之相适应的文化上的规定。这些规则、规范、规定的创生确立既有自发的一面，它们并非来自某个天才、圣人的设计，而是取决于当时博弈双方的力量对比，来自当时的特定历史情境、所要解决的具体问题以及解决这些问题的历史的和技术的条件所达到的水平。但同时也有理性建构和主体选择的一面，在特定的历史情境中面对着一定的具体历史问题，解决问题的路径和方案往往不是一个而是多个，理论家们对不同解决方案的利弊分析、理论论证及其争论，政治家们的智慧和彼此之间在妥协中达成的共识，也都在其中起着重要的作用。这是一个自发性和自觉性统一的过程，是有目的的选择和多种目的在相互磨合彼此抵消中达成某种共识的过程，是不同的制度设计在历史的竞争中既相互排斥又相互吸取的系统进化的过程。

无论是对一定制度的选择理由的论证，还是不同社会集团对一定制度的认同，以及后来的人们对既有的制度的批评，公正都是一个重要的价值维度，是一种重要的甚至首要的价值标准和评价标准。作为一种价值标准，它首先体现着一定制度作为价值客体对于所涉及的交往各方、博弈各方的利益关系，能够较好地照顾到各方利益和权利的制度，能够使权利与义务较好统一的制度，必然有利于解决当下的问题，有利于社会的安定，有利于规范竞争行为、提高合作水平，扩大交往范围，总体上就有利于社会共同体的稳定和发展。相反，一种不公正的制度，即使强制性的予以推行，也总是容易受到多方面的抵制和反抗，出现更多的矛盾和冲突，加重社会的动荡，增加制度成本，降低社会总体活动的效率。作为一种评价标准，它规定着人们对于一定制度的态度或理由，构成了一定制度的伦理基础和文化舆论的支援力量。当人们觉得一个制度是公正或比较公正的时候，也就是对于其有一种正面的评价的时候，就意味着比较认同这个制度，相应地也就比较愿意遵从这个制度，这就增加了这个制度的合法性和权威性，减少了执行方面的阻抗力量。

如此看来，公正作为制度的首要价值，首先和直接地表现为一定制度安排对于一定社会共同体的存在和发展的积极意义。这种意义必然要散射到体现各个方面，比如经济生活的方面，政治生活的方面，文化道德的方面等，当然也就可以从多个方面多种角度来进行研究和阐发。在这里我们应该注意的一个问题，就是囿于学科的分界而对公正的价值的分割，比如伦理学把公正当作是一种道德价值，而且仅仅当作是一种道德价值，政治学认为公正问题是政治学研究的对象，是自己的专门，如此等等，这种分割不利于对公正问题的深入全面的理解和把握，而且容易走向一种偏颇和形成遮蔽。

在一些人看来，用实际发生的效果或效用来说明和论证社会公正的价值，是一种功利主义的经验主义的思路，没有显示出社会公正的超越性意义，没有证明“正义原则自身的正义性”，他们试图寻找一种能够既具有最终性也具有自明性的逻辑论证，比如像罗尔斯所做的那样。其实，功利价值是一种人们在实际生活中遇到的最大量最基本的价值，是价值体系中处于基础性地位的价值。功利主义的缺点，不在于看到了功利价值及其重要地位，而在于只看到了功利价值，把一切价值都还原为同质的功利价值，把价值的多样性压缩到一个平面来进行比较。这样就使自己陷入了一种难以自拔的矛盾之中。相反的，如果试图脱离实际的功利价值，完全从一种超越的抽象的原则方面来进行证明，实际也是行不通的。

如果说制度作为对社会活动和交往行为的规范，本身就存在着提供一种社会性标准的作用，制和度这两个词原本就都有标准的意思在内，那么，公正就是作为一种规范制度设计和安排的原则，作为一种“元规范”而发挥自己的作用的，也是作为评价一定制度的评价标准而存在的。正因为这个缘故，对于公正的讨论往往具有很强烈很突出的形而上的、非功利或超功利的色彩，或是诉诸自然法，或是天理天意，或是诉诸人性，或是诉诸其他的什么，道德家们、理论家们似乎是在代表着人类来争论着探索着关于公正的“真理”，其实他们总是离不开一定的文化传统，离不开一定的社会集团的立场，无论他们是否自觉意识到这一点，这种联系都是存在的。人们在评价一定的制度是不是公正是不是合理的时候，作为其评价标准的公正观也总是与他们自己的利益存在着一定的关联。这里根本不可能存在什么“价值中立”，恰恰相反，人们在一定条件下所达成的共识，在很大程度上是一种价值性共识，是基于各自都必然要存在其中的社会共同体的利益或彼此的共同利益而形成的一种妥协的结果。从这个意义上说，公正不是一条线或一个点，而是一个范围一个区段，其高线或理想状态，是人们各得其所“都感到满意”，而其底线，则在于博弈中对立或冲突双方的“都可以接受”。

这里所说的“都感到满意”“都可以接受”，并不是整个社会的人们

“都感到满意”“都可以接受”，在社会生活中，永远都做不到这一点，也无须做到这一点，过去和现在无法做到，将来也无法做到。从方法论的角度说，那种把社会看作是无数个人的集合，因此每个人都有权利参与着制定契约，都有权利制定制度，认同和同意就是每个人都同意，这种方法本身就是一种抽象的理论哲学的方法。无论是古代还是现代，从来都没有过这么回事。在社会没有分裂为阶级之前，即使依靠习惯法和传统来进行社会公共事务的管理，管理阶层与一般的群众的地位也是不同的，他们至少能够在解释习惯法方面有着一定的自由空间，或者说，在遇到矛盾的情况下，哪些习惯更重要，哪些规则更需要优先考虑，主要还是由他们说了算。而在社会分裂为阶级之后，不同阶级和阶层处于不同的地位，制定规则的权力，颁布法律的权力，确立一定制度的权力，以及说明这些制度法律的合理性的话语权力，都是操在统治阶级的统治集团手中的。用马克思的话说，“统治阶级的思想在每一时代都是占统治地位的思想。这就是说，一个阶级是社会上占统治地位的物质力量，同时也是社会上占统治地位的精神力量。支配着物质生产资料的阶级，同时也支配着精神生产资料，因此，那些没有精神生产资料的人的思想，一般是隶属于这个阶级的。占统治地位的思想不过是占统治地位的物质关系在观念上的表现，不过是以思想的形式表现出来的占统治地位的物质关系。”[①] 但如果把统治阶级看作是铁板一块，那同样还是一种抽象的看法，因为统治阶级并不是作为一个整体直接地进行统治的，他们内部也有分歧，划分为不同的等级和利益集团，存在着各种矛盾和对抗性的力量。同样地，被统治的各个阶级之间也是有着分歧和矛盾的，任何一个阶级内部也不会完全一致。因此，对于如何看待现有秩序的利弊，如何进行适当的改进或改革，如何估量阶级力量和各种政治力量之间的对比，

① 《马克思恩格斯选集》，第 1 卷，人民出版社，2012，第 178 页。

都可能存在着不同的观点，存在着保守力量和激进力量之间的公开的或隐蔽的斗争。他们之间当然也存在着一定的共同利益，这是形成一定的妥协和共识的基础，但这种共识只能是一种异中之同，无论它们以怎样的理论和话语形式来表达，这一点都是无法掩盖的。“例如，在某一国家的某个时期，王权、贵族和资产阶级为夺取统治而争斗，因而，在那里统治是分享的，那里占统治地位的思想就会是关于分权的学说，于是分权就被宣布为‘永恒的规律’”，[①] 是公正的。

正如社会制度总是不断变迁不断完善一样，人们对于公正的认识和理解，人们的公正观也是在不断发展不断完善的。二者恰好形成一种相互作用的关系。随着人对自然关系的变化，生产力的提高，社会财富的增加，人们的社会关系也必然要发生相应的变动，人们对自己应该具有的社会地位和权利的理解都发生了变化，原来觉得“可以接受”的，现在就感到难以接受甚至无法忍受了，原来认为比较公正的制度，现在则认为很不公正，这样，变更制度的要求就产生了。当这种评价这种要求成为一种普遍性要求的时候，也就是既有的制度出现危机、内耗增加、冲突不断、乱象丛生的时候，是用新制度代替旧制度的时候。至于用什么样的手段，通过什么样的途径来实现这种变革，则取决于博弈各方的力量对比程度，取决于当时的具体的特殊历史情境。

总之，社会公正和人们的公正观都是历史的产物，是不同人们构成的社会群体、阶层或阶级在特定历史情境下进行的博弈过程中相互妥协的结果，它始终是与社会经济的发展程度以及人的发展程度相适应的。在以小农经济为主要生产方式，家庭构成最基本的生产单位，家庭关系成为最基本的社会关系的时代，以血缘为基础的宗法等级制度就是人们所能想到的也是最能接受的制度，被普遍地认为是公正的合理的制度。

---

① 《马克思恩格斯选集》，第1卷，人民出版社，2012，第179页。

只有在工业生产代替小农经济成为主要生产方式，以商品交换为核心的市场经济带动了人们的自由流动，使农村从属于城市，生人社会取代了熟人社会之后，人们对于权利和义务才有了新的理解，平等和自由才成为普遍追求的价值，建立在自由和平等基础上的公正和公正观取代等级制基础上的公正和公正观才成为历史的必然。

公正作为元规范所包含的辩证张力

公正历来就是人们追求的一种价值目标，尽管它的内容在不同时代不很不相同的。为了更好地理解这一点，我们就需要注意另一方面，即公正作为调节各种主体之间的冲突和各种基本价值之间矛盾的一种原则或规范，作为一种元规范，本身就是很复杂的，由多方面的内容构成的，其间就包含一定的辩证张力。

在具体社会发展阶段上，公正作为价值规范，始终表现为具体的、历史的、相对的公正，任何企图超越历史发展阶段，追求绝对公正原则的做法，非但不能有助于公正的实现，反而会使公正陷入僵化而得不到切实的实践。明确公正的辩证义涵是研究公正问题的基本前提。

第一，**理想公正与具体公正的张力**。就人类社会发展趋势而言，始终表现为一方面是对理想公正状态的无限趋近，这反映着人类社会发展是一个由低级向高级上升的进化过程。另一方面是各种具体公正问题的持续存在，则说明公正的实现具有相对性。因而，理想公正与具体公正之间张力的本质，可以看作是公正是绝对性与相对性的统一。

“绝对”一词，主要表达事物所具有的一种完整性、不变性、终极性等特征，绝对的事物是指任何条件下都普遍适用、永恒唯一的事物。公正作为对身处社会所做出的价值判断，其绝对性始终表现为对理想社会状态的终极向往，现实中只表现为无限趋向绝对公正但不能与之相交。这里所指的公正的绝对性，主要是就人类社会发展的终极目标、终极模式来谈的。公正首先是人们对自身所处社会的存在状态，对自己的应得与既得之合理尺度以及对自身权利和义务是否对等所做出的一种价值判断，更简单地说，是对社会理想模式的积极向往。就人类社会的历史进程而论，向绝对的公正状态之无限趋向是其终极发展目标和理想存在模式；尽管在具体发展阶段上，不同社会由于种种原因会产生这样或那样的具体公正问题，但最终都会随着时间的推移和社会的不断发展而逐步得到扬弃。在人类社会发展演化过程中，公正的完整模式应是：由原始朴素的公正社会，发展到公正问题逐渐直到充分展现出来的不公正社会，再到由公正问题充分展现出来的不公正社会向公正问题日趋消解的理想公正社会演进的漫长历史过程。虽然说在特定社会阶段上，公正难以完整实现出来，但向绝对公正状态的单向演化，是人类社会永恒追求的发展模式，直至马克思主义指出的共产主义社会。“共产主义是私有财产即人的自我异化的积极的扬弃因而是通过人并且为了人而对人的本质的真正占有；因此，它是人向自身、向社会的（即人的）复归，这种复归是完全的、自觉的而且保存了以往发展的全部财富的。这种共产主义，作为完成了的自然主义等于人道主义，而作为完成了的人道主义等于自然主义，它是人和自然界之间、人和人之间的矛盾的真正解决，是存在和本质、对象化和自我确证、自由和必然、个体和类之间的斗争的真正解决。”[①] 当然，实现共产主义社会仍将是漫长、艰辛的历史过程。但不管怎样漫长、艰辛，共产主义一直在指引着社会主义中国的前进方向。可见，对公正绝对性的追问与界定，是人类美好愿望的体现，但是如果从根本上脱离了公正的具体现实性、历史性，幻想通过抽象理性试图建构起一

① 《马克思恩格斯全集》，第42卷，人民出版社，1979，第120页。

套能有效解决现实社会中利益冲突与对抗的公正原则，则就会陷入形而上学，充其量只能算是思辨哲学在公正问题上的一次唯心主义式的自娱自乐。

相对于理论工作，公正更具有实践的品格。作为一种价值观念，公正本质上是实践的。在具体实践中，不同的利益主体基于不同的利益诉求所形成的冲突、对抗，主要是由于利益主体在社会中的不同社会地位造成的（对权力、资源、机会等物质因素占有不均）。而解决这种利益冲突、对抗的根本方法，需通过具体的实践行为。马克思认为，对公正的认识与实现属于人的自身权利的满足，但这种权利的满足是不能超出特定社会的具体经济结构之外来谈的。“权利决不能超出社会的经济结构以及由经济结构制约的社会的文化发展。”[①]因而，作为对人类社会存在状态的价值判断，公正具有相对性特征：对于不同社会发展阶段而言，公正都是历史的、具体的，对人类社会发展的不同阶段而言，都有其特定内涵。“蒲鲁东先生不了解，人们还按照自己的生产力而生产出他们在其中生产呢子和麻布的社会关系。蒲鲁东先生更不了解，适应自己的物质生产水平而生产出社会关系的人，也生产出各种观念、范畴，即恰恰是这些社会关系的抽象的、观念的表现。所以，范畴也和它们所表现的关系一样不是永恒的。它们是历史的和暂时的产物。”[②]公正作为一种社会价值判断和道德观念，属于社会的观念系统，社会观念体系又是受社会基本的经济关系、社会发展水平的高低等物质因素决定的；而就人类社会不同的社会发展阶段来看，显然在社会经济结构、经济状况（生产资料归谁所有、产品如何分配等）等具体的经济物质因素方面存在着本质上的差别。如此一来，在特定的社会发展阶段上，公正范畴就必然表现为具

---

① 《马克思恩格斯文集》，第 3 卷，人民出版社，2009，第 435 页。

② 《马克思恩格斯选集》，第 4 卷，人民出版社，2012，第 415 页。

有不同的内涵及原则规定。

第二，应然公正与实然公正之间的张力。无论从道德上的权利与义务的关系看，还是从制度安排方面的应得与所得的关系看，公正都既意味着一种理想化的状态，又包含着现实性的品格。理论家们，包括哲学家、伦理学家、法理学家、政治学家，可能会惯于使思维在抽象的理论天空中翱翔，偏好于设计出一种理想化的公正理念，或者在纯理论的逻辑层面上进行争论，寻求一种具有终极性的公正理论，而现实地从事着各种实践活动的人们，为现实的利益、权力、荣誉、地位而竞争和博弈，受着私利、欲望、狭隘的偏见、阶级立场、党派政见、宗教信条的左右、针对着具体的博弈情势而进行着自己的选择。这当然并不排除一些理论家抱有关注现实问题的情怀，也不排除一些从事着实践的政治家、企业家怀有崇高的理想，但从总体上看，当精神生产越来越成为一个相对独立的领域之后，思想家们就总是倾向于从应然的层面来讨论公正问题，他们又操控着当时的话语权，影响着一个时代的意识形态，流传下来就构成了一种文化传统。这就造成了一种假象，似乎当时的社会状况就像他们在著作中所写的那样。其实无论是历史上还是现实生活中，都根本不是这么回事。任何时代的实际的权利状况和权利的观念都不能超出那个时代的经济发展水平和社会结构所规定的人的实际发展水平，任何时代的人们都是根据自己的实际生活状况、实际所得到的利益和享受的权利来形成他们关于应该有什么权利、应该获得什么利益和地位的观念的，即使对现实状况的不满和批判也是建立在现实状况的基础上并以之作为自己的超越对象的。也就是说，虽然在理论领域思想家们尽可能地从理想的角度讨论公正应该是如何，而在实践活动领域，人们并不是单纯地根据理论家们开出的人类终极的理想状态来比照现实，而是一方面根据现实需要和利益来决定他们是否同意接受一种制度，一种政策，但在另一方面，又从文化传统中和理论上吸取着有利于自己的论据，论证一种制度安排是不是公正，是不是合理。这就使得在一定时代的流行的多种竞争着的公正概念中，总是存在着理想化的应然与现实化的实然之间的张力，它们之间的竞争不过侧重的方面有所不同、所处的区段有所差别而已。

第三，群体生活的秩序性要求与个体的权利主张之间的张力。公正、公平、公论等都离不开一个“公”，总要涉及不同主体之间的关系，制度原本也就是为了调节一定群体或共同体内部人们在交往中的矛盾而设立并规范这些人们的活动或行为的。由此也就决定了人们所持的公正概念，或是更加侧重于群体的秩序性要求，或是更加侧重于个体的权利主张。当个人的存在更多地依赖于群体，人的依赖性关系是社会关系的主要倾向的时候，公正概念的内容中就更突出的是群体的秩序性对个体服从的要求，在柏拉图的公正观中就可以明显地看出这一点。而在以物的依赖性为基础的人的独立性成为社会关系的主要倾向的时候，人们可能就更愿意接受从个体权利出发来规定公正的逻辑，公正概念的内容就更侧重于要求整体如何合理地对待个体的权利，自由主义的公正观就是其表现。在当代理论争论中，自由主义与社群主义可以看作是两大派别，而实质上他们的主张正是公正概念自身的这种张力的一种表现。

第四，历史维度中的公正与现实维度中的公正。公正的概念总是既包含着肯定的关于应该如何的规定，同时也包含着否定的即对不公正的历史状况的批判，对公正的制度的要求不仅要合理地对待现实与未来的人际关系，而且要对历史上的不公正予以一定的补偿性或矫正性的处理。“从逻辑上说，正义原则是考虑和衡量历史不正义的前提，历史不正义必须由此得到甄别和认定。”[①] 但在另一方面，公正又是一个历史的范畴，必

---

① 韩水法：《正义的视野》，载姚洋主编《转轨中国：审视社会公正与平等》，中国人民大学出版社，2004，第 498 页。

须历史地看待历史上的问题，不能拿今天达到的对公正的理解来简单地评价历史。而且，历史是无法割断的，即使认定了历史上某些处置是不公正的，补偿的期限应该以什么时间作为一个界限？还有，历史上的不公正有些是可以补偿的，有些则是无法补偿的。如何处理这个矛盾，也是一个很难办的问题。这种历史维度与现实维度的不一致，也形成公正概念中的一种紧张和张力，需要在其中保持一定的平衡，而不应走向极端。

正是由于公正概念自身包含的这些张力，造成了人们之间关于公正的持久争论的重要原因，但也通过这些争论推动着公正概念的历史发展。换言之，这些矛盾只有在人类的时代更替中得到暂时的解决，试图一劳永逸地解决这些矛盾或排除这些矛盾，本身就是不可能的，而且只能陷入更大的矛盾。

第三章　马克思主义公正观辨析

马克思恩格斯确实对于社会公正、正义等问题谈论得相对较少，而且在许多地方还是用一种讥讽的口吻从否定的意义上来进行批判的，比如将这类诉诸公平、正义的讨论称之为“陈词滥调”“空话”，这在批判普鲁东、拉萨尔和杜林等人的观点时表现得尤为明显。于是在不少人看来，在社会公正问题上马克思那里没有什么资源，有的甚至怀疑马克思主义有没有关于社会公正问题的理论，还有人认为马克思主义反对从公正、正义这种属于道德范畴的角度理解和批判资本主义社会，反对从这个角度理解现实社会问题。还有一些问题的逻辑和上面的想法看法有着一定的相似性或共同性，比如，强调马克思主义是科学，揭示了历史发展的基本规律和根本动力，以生产力发展作为衡量社会关系和社会制度进步的根本标准，那么还是否有必要再引入公正（正义）这个尺度？公正仅仅是一种抽象的道德观念抑或是与人的发展（权利）状态相关联的一种考察社会制度的维度？如果是后者，那么它与生产力维度之间又是什么关系？马克思认为的（社会）平等与消灭阶级联系在一起，这是否意味着，在阶级消灭之前的社会中就根本不存在平等和公正与否的问题，任何对平等和公正的讨论都是没有意义的，是对不合理的现实的粉饰？再比如，判定马克思主义中有没有公正观的合理判据是什么？是严格局限于马克思恩格斯留下的现成文本字句还是更侧重于依据马克思主义的总体精神、基本方法和逻辑理路对他们留下的关于公正问题不同说法的完整把握，包括后世马克思主义者的研究和发展？是主要着眼于马克思恩格斯关于公正问题话语的“形式的系统”还是更侧重于其“内容的系统”，而且是发展着的“内容的系统”？如此等等。这些问题都是需要我们深入思考认真回答的。

正如历史上的改革或革命思潮兴起都打着公平正义的旗号批判既有制度的不公正一样，公平正义问题与社会主义思潮和运动也有着内在联系，甚至可以说是社会主义运动高扬的一种核心价值。只要有不公正，社会主义就不会死灭。确实如此，无论我们总结国际共产主义运动的经验，还是谋划建设中国特色社会主义的方略，都不能也不应缺少了公平正义这个维度，绝不能也不应忽视社会主义这个具有本质性意义的方面。因此，必须立足于当代实践发展的新高度和理论研究的新成果，重新解读、重新理解马克思主义经典作家对于社会公正问题的论述，在马克思主义的立场和方法指导下对现实社会公正问题进行深入研究，并对一些相关的错误观念、错误理论进行批判。

历史语境与马克思恩格斯对于社会公正问题的真实态度

众所周知，资本主义作为一种新兴的生产方式以及文明形态，之所以能够在较短的历史时间内获得很大程度的扩展播散，一些人甚至将之当作是“理想王国”，其深层根据和关键之处就在于它极大地提高了社会生产力，创造了巨量社会物质财富，为解决人类有史以来就存在的“匮乏”问题提供了希望，而它最受诟病也最引起集中批判的，则是它造成的严重社会不平等和社会不公正。在批评资本主义的各种思潮中，最激烈也最具激进性的当数空想社会主义。

马克思恩格斯青年时期就深受空想社会主义思潮的影响，也是激烈揭露和批判资本主义社会不公正现象的队伍中的人。但他们没有满足和停留于此种批判，经过艰苦的科学研究，他们创立了自己的理论体系，可毫无疑义，正像马克思主义哲学是黑格尔哲学的“合理内核”的真正继承者一样，马克思主义也是空想社会主义合理因素的真正继承者。如果说，像当时的许多思想家一样，空想社会主义者们都是立足于抽象的“人性”“正义”等“道德真理”来批判资本主义和论证社会主义的合理性必然性，那么马克思恩格斯并不是反对他们对资本主义的道德批判，更不反对他们对资本主义不公正现象的无情揭露，而是不满于他们仅仅停留在道德批判的层次，马克思恩格斯认为立足于道德义愤的批判无论多么强烈也不能代替科学的分析。他们不仅非常慎用这类词语，而且经常对这种诉诸道德义愤的做法采取讥讽挖苦和极端厌恶的态度，究其原因，除了认为使用公平不公平这些名词会“引起一种不可救药的混乱，就好像在现代化学中企图保留燃素论的术语会引起的混乱一样。”[①] 更主要的还是因为“空想主义者的见解曾经长期支配着19世纪的社会主义观点，而且现在还部分地支配着这种观点。法国和英国的一切社会主义者不久前都还信奉这种见解……社会主义是绝对真理、理性和正义的表现，只要它被发现了，它就能用自己的力量征服世界”[②]。对这种背景和语境不作具体的分析，就难以把握马克思恩格斯对于社会公正问题的真实态度和精神实质，相反，甚至会得出他们不仅没有关于社会公正的理论，而且是反对和拒斥从社会公正角度讨论问题的结论。看到马克思恩格斯对公平正义的讥讽就认为他们没有社会公正的思想甚至根本反对社会公正之类的概念，就像设想马克思恩格斯由于反对空想社会主义和其他社会主

① 《马克思恩格斯全集》，第18卷，人民出版社，1964，第310页。
② 《马克思恩格斯选集》，第3卷，人民出版社，2012，第788页。

义流派所以他们也反对社会主义一样，逻辑上是很荒谬的。

对于承认、挖掘和研究马克思主义公正观来说，“文本依据不足”的问题还不是最主要的，必须要越过的最大障碍是这么一种情况：在我们长期竭力宣传所形成的信念中，马克思主义是科学，是关于社会历史发展的科学理论，而公平、正义等都属于道德观念、法权观念，属于价值观念，关于公正不公正的判断属于价值判断，科学与价值属于完全不同的两套系统。比如马克思就明确指出过：“你们认为公道和公平的东西，与问题毫无关系。问题就在于：在一定的生产制度下所必需的和不可避免的东西是什么？”[①] 恩格斯也说过：“希腊人和罗马人的公平认为奴隶制度是公平的；1789 年资产者的公平要求废除封建制度，因为据说它不公平。”[②] 所以它们是因人而异的。不仅如此，马克思在《哥达纲领批判》中嘲讽拉萨尔“公平的分配”时还说过这样的话：“什么是‘公平的’分配呢？难道资产者不是断言今天的分配是‘公平的’吗？难道它事实上不是在现今的生产方式基础上唯一‘公平的’分配吗？”[③] 前一句好理解，无非说它是资产者根据自己的公平观作出的价值判断，后一句却麻烦大，因为，若承认“今天的分配”“事实上”是公平的，而且是“现今的生产方式基础上唯一公平”的分配形式，那就等于承认资本主义剥削是公平的，公正的，既如此，无产阶级及其劳动人民的反抗就失去了合理性，以剥夺剥夺者为目标的革命运动就缺乏了正义性，马克思主义作为无产阶级的思想武器也就无法成立。也就是说，科学和价值之间非但不同而且会发生冲突和相互否定。这也正是后世马克思主义者在指认马克思主义的实质时出现“科学主义”论和“人道主义”论分歧的重要原因，前者主张马克思主义必须拒斥公正之类的价值概念和价值判断，即使共

---

① 《马克思恩格斯选集》，第 2 卷，人民出版社，2012，第 47 页。

② 《马克思恩格斯选集》，第 3 卷，人民出版社，2012，第 261 页。

③ 同上书，第 361 页。

产主义社会也不是什么真正公正的社会；后者则认为马克思主义中最核心的东西是人道主义，最能引起后世学人重视的不是他对资本主义的科学分析，因为许多分析都已经被证明过时了，有些甚至在当时就不正确，而是他基于人的异化理论对资本主义不公正现实的批判，直到今天也没有过时，为一切不满于现实状况并着力进行批判的人们提供了用之不竭的理论资源和道义力量。

在我们看来，科学（事实、真理）与价值确实是不同的两个维度，发现事实判断和价值判断的差别是人类认识的一种进步，但把二者的差别和矛盾当作是绝然对立的、不能相容的，认为在事实与价值之间存在一条鸿沟，则是形而上学思维方式的一种表现，也是执迷于传统思辨哲学或理论哲学的认识论中心主义的思维模式的表现。马克思通过引入科学的实践观，创立了实践唯物主义，以实践思维或实践观点的思维方式超越了传统的理论哲学思维的固有局限性，在哲学主题、哲学使命、理论立场、运思方式等一系列问题上都实现了重大转向。马克思恩格斯作为科学社会主义的创始人，其对空想社会主义的合理因素以及局限性的分析，其无产阶级立场的自觉确立，其对资本主义历史进步中加剧了人的异化的不公正性或非正义性的批判，其对历史发展规律和资本主义生产方式的科学分析，都是为了论证人类解放或进入“真正的人的历史”的可能性的目的，在他们那里，正像其个人人格是革命家和理论家的统一一样，其理论也是科学性与革命性、真理与价值、真理观与价值观的有机统一。这两个方面或两个维度虽然会在不同场合不同问题上有所偏重，甚至有时会表现出一定的抵牾和紧张，但在总体指归上是统一的，当然是一种辩证的统一。任何将之割裂并对立起来的做法，都是一种偏颇，任何否定这两个维度总想使之归结为一的做法，也势必会造成一定的歪曲。

实践的观点是马克思主义哲学首要的、基本的观点。实践作为人的生命存在方式，决定了人的活动不同于物的存在的类属特征，即具有超越物的存在的单一确定性，根据自我确立、自我建构的意义系统而进行选择的多义性和非确定性特征；实践作为人的感性活动、现实物质生产和物质生活的总体性范畴，构成了社会存在的实质内容，既是全部社会关系的基础，也是人的现实生活的定在。马克思多次强调他的观察方法是从现实的人、现实的个人出发，而现实的人就是从事着各种感性活动即实践的人，是受着具体社会关系和环境制约又通过自己的活动改变环境的人，是通过自己的选择活动满足自己的生存和发展需要的人，是通过社会分工和交往分为不同阶层、不同阶级的人，是受社会存在规定形成了一定的思想意识又在这些思想意识的指导下进行选择活动的人。现实的人既是历史的前提又是历史的结果，既是历史的观众又是历史的“剧作者”，是受动性和主动性、被决定性和选择性的统一。利益和价值构成人们进行选择的客观根据，而价值观念和评价则是人们进行选择的主观依据，所谓“立场”不同，说到底不过是人们的实际利益所规定的价值诉求不同而已。脱离了人的世界和社会，以及脱离社会和世界的人，都是思维抽象的结果。而传统哲学思维正是以这种人和世界的抽象对立为前提，人是抽象的人类思维，是抽象的主体，哲学家自视为人类思维的代表，试图发现世界的本源和本质，寻得最终的根据，以此进行推理，即可得到真理的体系也即是超越时空的凡是人都得认同、都得遵循的普遍的、永恒的绝对真理。对自然界是如此，对社会历史、对人性、对道德、对自由平等公平正义莫不如此。很显然，传统哲学是一种认识论中心主义的哲学，把认知关系当作是主体客体间首要的甚至唯一的关系；它以抽象的统一主体为基本预设，无论是把主体当作是抽象的人类主体还是理性的个人或个人的理性都是如此，以为只要发现了真理，无论是自然真理还是道德真理，就必然能够得到人们普遍的认同和同意，真理依靠自身的力量就能够实现为现实。这种预设虽然在认识论范围内有一定的合理性，但在实践哲学领域，在处理实际的社会实践问题的过程中，这个前提根本无法成立，因为人们的利益分化以及对立是一个基本的事实，就像列宁曾指出的那样，即使是几何学的真理，如果违反了人们的利益也会遭到反对。实践哲学的视域和方法，就是建立在承认这种多元主体现实存在并各自以自己的利益为出发点而进行博弈性活动的经验事实的基础上的，认为无论理论思想多么抽象、多么远离现实，实际上，都可以从社会物质生活自身的矛盾以及受此决定的不同阶级阶层间的矛盾中找到其根源。确实，由于各种原因，马克思没有创立比较系统的哲学价值理论，而且为了防止与他创立的政治经济学的价值概念相混淆，非常慎用非经济学意义的价值概念。但同样确实的是，在马克思恩格斯对具体的社会问题的分析中，存在着丰富的哲学价值论的思想，特别是其实践唯物主义的方法和内在逻辑，为后世的研究者建立马克思主义价值论提供了重要指导思想。

马克思主义公正观的两个向度及其方法论原则

公正观当然是价值理论和价值观的重要内容，但正如“价值观”这个概念存在着双重的意义一样，马克思主义公正观也包含两个方面的内容，一方面是作为“价值观念”的公正观，也就是作为无产阶级的评价标准的公正观，它又分两个层次，低层次的或作为“最低纲领”的是与现实经济关系和权利关系相联系的评价标准，高层次的或作为“最高纲领”的则是作为社会主义运动目标和理想的公正观，这就是消灭私有制、剥削和一切阶级差别后所达到的自由个性基础上的真正的平等和实质公正的公正观。二者内在联系但又原则差别，前者是确立现实策略的基础，后者则是最终理想，绝不能将它们混为一谈，也不能以一个否定另一个。

另一方面则是作为价值理论对公正问题的基本看法的公正观，是立足于历史的辩证的实践的唯物主义思维方法分析了公正问题的历史和现状而所形成的基本理论观点。这两个方面当然无法绝然割裂，但它们之间的差别也不是无关紧要的：前者主要是评价标准和价值判断，后者则主要是一种对公正问题的理论说明；前者突出的是无产阶级的利益诉求和理想形态，后者侧重的是基于历史发展情况对不同阶级不同阶层不同时代的公正观的合理解释；前者展现的是不同阶级立场和利益诉求的对立性，后者着重于对不同阶级及其利益诉求的历史合理性及其局限性的实事求是的科学分析。前者只有建立在后者的基础上，才能获得其深厚的理论支撑和历史底蕴，才不至于成为空洞僵死的无法变通的教条，后者也须站在无产阶级立场上才能具备一种彻底唯物主义的精神气质和理论优势。很显然，马克思主义作为真理（科学）与价值、真理观与价值观的统一，不仅表现在它同时具有科学的维度和价值的维度，也表现在对价值现象的理解中始终保持一种科学分析的态度。所以，在马克思恩格斯那里，既有对资产阶级自由、平等和公正观的虚伪性、虚假性的辛辣嘲弄和揭露，对资本逻辑造成的人的各种异化现象的无情批判，也有对这些（权利）观念产生的现实基础及其对于实现人的政治解放、促进了人的独立发展的历史功绩的充分肯定，既有对资本开辟国际市场实行殖民地政策的罪恶表现出的道德义愤和谴责，也有对资本主义生产方式在全球性扩展的历史必然性及其进步性的科学说明，既有对建立在等价交换基础上的平等和公平的缺陷所进行的揭露，也有对这种缺陷的不可避免性和如何克服其局限性的历史分析；既有对人类解放理想的真诚憧憬、热情歌颂，也有对实现这些目标的历史条件和现实过程的科学分析以及对无产阶级应该采取的革命策略的严肃审查，如此等等。正是在这些看上去似乎是相互矛盾着的论述中，包含了丰富的辩证法和思维智慧，为我们研究社会公正问题提供了重要的方法论前提。

根据马克思主义哲学的总体精神和这些年来我们努力研究马克思主义价值论的成果，我们认为，马克思主义对待公正和公正观的方法论原则至少包括如下几点：

第一，不能从抽象的人性、理性等为基础来确定公正不公正的标准，并将之当作是一种一经发现就永恒不变的“绝对真理”。相反，要根据一定历史时期经济的发展水平以及由之制约的人们的实际地位和权利结构来揭示不同公正观的实质及其历史变迁。虽然可以说公平正义一直是人类普遍追求的关于人际关系和社会秩序的合理状态，是应得与所得的合理关系的一种期盼，是个人的权利和义务的合理配置，但由于“权利决不能超出社会的经济结构以及由经济结构制约的社会的文化发展”[①]所以，社会对人们权利的规定，人们对权利的理解，以及思想家们对公正问题的理论研究，都具有一定的历史性。一些道德学家、神学家、法学家力图发现关于这个理想的公正的一般规定，但在不同时代、不同的经济发展阶段，思想家们的规定和论述却是不同的，即使在同一个社会同一个民族，受着各自利益和社会地位的决定，人们的公正观也不仅不同甚至截然对立。在前资本主义社会，人们受着血缘和地缘关系的制约，处于人对人依赖关系的阶段，受此规定，等级制就被看作是公正的，甚至是天经地义的；只有在大工业和市场经济成为社会主导性生产方式的条件下，在法律上保护私有财产、维护交换者平等自由的权利才被当作是公正的基本要件，等级特权则被看作是不公正和非正义的。而在空想社会主义者看来，这种按照启蒙学者所谓自由平等的原则建立起来的“资产阶级世界也是不合理的和非正义的，所以也应该像封建制度和一切更早的社会制度一样被抛到垃圾堆里去。”[②]这个事实说明，公正观作为一种价

---

① 《马克思恩格斯选集》，第3卷，人民出版社，2012，第364页。

② 同上书，第778页。

值观念，作为一种价值评价的标准和价值判断，尽管它直接来源于法权观念和道德理想，但它又与经济发展的不同阶段、与人们的经济地位和利益联系着，正如没有超历史的权利和权利观一样，也没有超历史的公正和公正观。

第二，马克思说：“全部社会生活在本质上是实践的。凡是把理论引向神秘主义的神秘东西，都能在人的实践中以及对这个实践的理解中得到合理的解决。”[①] 许多讨论公正问题的理论家和思想家，包括马克思之前的和现当代的罗尔斯、诺齐克等思想家，他们之所以总是立足于抽象的人性、人的理性、人的自由权利等来寻求问题的答案，就是因为他们总把这些问题当作是理论的问题，而从来没有把它当作是实践的问题。从实践的角度看，不同公正观是不同主体（阶级、阶层、民族等）的利益诉求的抽象表现，不同的公正观之间的分歧和对立，表面上看是不同理论观点的对立，实际是不同的利益主体如阶层阶级集团等的不同利益诉求之间的对立，这种矛盾和对立的解决，不是理论的事情而是实践的事情。在现实的社会实践生活中，无数的个人之间要通过合作互助，结成一定的社会关系来进行交往，但这些个人从来都不是作为孤立的同质的个人而是作为有差别的个人并结成不同的集团、阶层、阶级来行动的，他们站在不同的立场上，有选择地继承不同的文化传统或文化传统的不同方面而形成自己的公正观和价值观，进而对现实的社会秩序、利益分配制度进行一定的评价，作出一定的价值判断，形成自己的态度。只要社会还存在着不同的集团、阶层和阶级，存在着不同集团阶层等的利益冲突，就不可能有统一的公正观。这是从古到今的一个基本历史事实。那种忽略这个事实，或者把这个事实解释为人们还没有发现关于公正的“真理”只是根据自己的偏见而相互辩难的暂时现象，力图依据个人原子

---

① 《马克思恩格斯选集》，第1卷，人民出版社，2012，第135—136页。

主义方法构建一种真理性的公正观以求获得最大共识并获得对问题的最终解决的做法，不过是唯心主义思辨哲学在公正问题上的具体表现，是乌托邦主义的具体表现。

第三，公正观作为法权观念、道德观念的最高抽象，作为评价各种制度、规范之合理性与否的最高标准和原则，绝不是直观的思维方式和抽象的逻辑推理能够胜任的，只有辩证思维才能揭示其中的奥秘所在。我们这里只选取三个最具有典型意义的方面来进行简略的讨论：1. 公正观与公正的关系。公正观作为人们评价一种制度、一种社会现象是否公正的标准，是一种观念性的存在，是人们进行评价的标准，人们的公正观不同对同一制度是否公正的看法和判断也就不同，这是一个不争的事实。但这些不同价值判断之间能否进行比较呢？能否说某种价值判断比其他的判断更加合理一些呢？这个更加合理的“标准”是什么呢？换句话说，现在讨论公正问题的人大都承认，公正是制度的首要价值，那么这作为首要价值的“价值标准”是否就是人们的评价标准呢？价值标准与评价标准是否同一呢？如果不同一，这个价值标准又是什么呢？经过这一追问，就会发现二者并非一回事，实际上，历史上许多人也并不认为二者是同一的，比如诉诸“自然法”或认为还存在一种“神的正义”，都是将之当作规定评价标准的“标准”而使用的。而在马克思主义者看来，“这个公平却始终只是现存经济关系在其保守方面或在其革命方面的观念化、神圣化的表现。”[①] 我们不能仅仅停留在观念层面或理论层面，而需要透过不同的公正观发现其真实的基础，即社会经济关系，还需要再进一步分析这种经济关系的形成发展及其历史合理性问题。真正能够作为这个标准的，是这种经济关系是否与当时生产力的发展要求相一致，也即是与人的需要体系和能力发展的实际水平相一致，而这种一致本

① 《马克思恩格斯全集》，第18卷，人民出版社，1964，第310页。

身就是历史地变化着的。这就为不同时代社会制度的比较提供了一个历史维度，既避免了公正问题上的相对主义，也避免了唯心主义和乌托邦。

2. 公正的一般与特殊的关系。社会生活是复杂的，是由人们活动的许多领域或方面构成的，而在各个领域各个方面都存在着各种性质不同的有价值的物品的分配问题，各种有助于价值创造和实现的条件的分配，包括权利和义务、付出和收益、机会与资格等的规定和配置，还包括对一些错误行为、违法行为的惩罚和对不合理分配的矫正，因而也就有各种不同形式的分配制度。无论这些制度是自发形成的还是人为设计的，都有一个是否公正的问题，并非像哈耶克所主张的那样只有自发形成的秩序才是天然合理公正的秩序。这也就是说存在着各种不同形式的特殊的公正，如经济公正、政治公正、教育公正、医疗公正、法律公正等，此外还存在着作为支配各种特殊公正的总原则的一般公正。按照辩证法，一般公正既不同于特殊公正，又不能离开这些特殊公正，一般就存在于特殊之中，同时又影响和规定着特殊的公正。任何对特殊公正的讨论，都无法离开对公正的一般理念一般原则并以之作为一种理论前提，而对公正的一般原则的研究也需要注意其对于各种特殊公正的覆盖性或普遍适用性问题。从历史和目前的研究情况看，许多人对二者的这种辩证关系是缺乏自觉的意识的，这是导致理论失误的一个重要方法论原因。比如，一些研究者抛开各种特殊公正及其历史发展情况而抽象地讨论公正的一般原则，对于具体的各种制度的发展历史、对于历史上和现实中各种不公正现象的表现及其形成原因缺乏应有的了解，把视野仅仅局限于以往思想家们关于公正理念的设想和论证以及相互辩驳之中，即局限于关于公正的观念史的研究中，似乎从中就可以发现关于公正问题的“真理”。这种研究方法实质上是马克思所批判的把观念当作现实的唯心主义方法，依此路径，是绝然难以有效推进对公正问题的研究的，更不用说促进社会不公正现象的解决了。

3. 形式公正与实质公正的关系。马克思在《哥达纲领批判》中分析按劳分配原则的局限性时讨论过形式平等和实质平等的关系问题，在他看来，按劳分配不过是市场经济时代等价交换原则的一种具体表现形式，即使到了社会主义社会，原则与实践已不再冲突，确实按照劳动这个统一尺度，根据每个人为社会提供的劳动来分配相应的生活资料，从形式上看每个人都是平等的，但由于每个人在劳动能力、赡养人口多少方面的不同，实际上人们拥有的可享用的生活资料还是不相等的。这个矛盾和缺陷只有到了共产主义阶段才能解决。这种讨论不仅与公正问题直接关联，而且具有非常重要的方法论意义。具体来说，第一，平等与公正密切关联，不能仅仅从形式上着眼，还得注意实质性的内容或效果。这一点对于任何制度、规则的评价都是适用的，是具体问题具体分析的方法论的要求。比如，资本主义社会是资产阶级在经济政治文化各个方面都占有优势的社会，是资产阶级居于统治地位的社会，尽管它在法律上规定每个人每个公民都具有平等的权利，如拥有私有财产的权利，自由选择学校的权利，选举和被选举的权利，自由批评政府的权利，等等，这些规定比起封建社会把某些特权合法化的规定来，明显是比较公正的，就其使用统一尺度对待所有人来说，在形式上也是公正的，可在实质上，只有资本家、有钱人能够享受这些权利，法律保护私有财产对于一无所有的穷人来讲不过是一句毫无意义的空话。第二，形式公正与实质公正不是两种公正，而是公正的两个方面或两种属性，任何一种公正如经济公正、教育公正、法律公正，任何一种公正实现的任何一个环节，都包含着这种差异和矛盾。这是因为，“权利，就它的本性来讲，只在于使用同一尺度；但是不同等的个人（而如果他们不是不同等的，他们就不成其为不同的个人）要用同一尺度去计量，就只有从同一个角度去看待他们，从一个特定的方面去对待他们”，“把其他一切都撇开了。”这就会造成许多问题和弊病，而“要避免所有这些弊病，权利就不应当是平等的，而应当是不平等的。”[①] 这个矛盾是权利自身的一种矛盾，也就是公正的形式方面和实质方面的差异和矛盾，或者说是形式公正和实质公正之间的矛盾。按照马克思的意思，这个矛盾或弊病即使在扬弃了市场经济、国家掌握了全部生产资料、完全贯彻按劳分配的条件下都是无法避免的，在搞社会主义市场经济条件下就更是如此。顺此观之，那种把起点公正、过程公正当作是形式公正，而把结果公正（平等）当作是实质公正的划分是有问题的。起点、过程、结果是一种时间区段上的划分，是同一个公正实现过程的不同环节的划分，不能混同于形式公正和实质公正的划分。如果承认起点和过程（在形式上）都是公正的，那么最终的结果，无论如何就都应理解为是公正的（在形式上）。这正像体育竞技运动，尽管结果要分出胜负，但只要规则规定和执行规则中都比较公正，最后无论谁胜谁败大家都认为是公正的一样。第三，形式公正与实质公正作为公正的两个方面两种属性，既有差别又相互规定相互作用。实质在这里具有“目的性”和“原则性”的意义，是在一定范围内讨论形式规则合理与否、是否应该修改、如何修改的一种依据，形式公正作为实质公正的一种具体的现实的体现形式，尽管总存在着这样那样的缺陷和不足，可又是实质公正存在的一种必要条件，也是实现实质公正的某种保证。法律制度的完备、法治社会的建设都是一个历史的、渐进的过程。

社会公正是自由与平等的合题

纵观人类关于公正问题的思想发展史，把平等和自由与公正联系起来并作为主要内容进行讨论，主要是近代启蒙运动以来的事情，是人类

---

① 《马克思恩格斯选集》，第3卷，人民出版社，2012，第364页。

社会发展到现代文明阶段的事情，在此之前，比如在奴隶社会和封建社会，那些思想家们倒是认为建立在不平等基础上的等级制才是自然的公正的，柏拉图、亚里士多德、阿奎那等是如此，中国儒家的三纲五常也以等级不平等为基础。近代启蒙思想家们适应市场经济和民主政治的时代要求，竭力论证自由、平等是不可剥夺的天赋人权，只有符合人人平等自由原则的制度才是公正的合理的。在现实政治中，资产阶级以自由、平等、博爱为旗帜，联合广大贫苦群众，推翻了君主专制和封建等级制度，实现了人的政治解放，促进了生产力的极大发展，这是它的历史功绩，也使得自由平等这些思想原则产生了世界历史性的普遍影响。对此马克思给予了高度评价，同时也进一步分析了造成这种情况的原因，“每一个企图取代旧统治阶级的新阶级，为了达到自己的目的不得不把自己的利益说成是社会全体成员的共同利益，就是说，这在观念上的表达就是：赋予自己的思想以普遍性的形式，把它们描绘成唯一合乎理性的、有普遍意义的思想。进行革命的阶级，仅就它对抗另一个阶级而言，从一开始就不是作为一个阶级，而是作为全社会的代表出现的；它以社会全体群众的姿态反对唯一的统治阶级。它之所以能这样做，是因为它的利益在开始时的确同其余一切非统治阶级的共同利益还有更多的联系，在当时存在的那些关系的压力下还不能够发展为特殊阶级的特殊利益。”①资产阶级在革命成功成为统治阶级之后，它的特殊利益与社会全体群众的共同利益发生了分裂，与工人阶级、农民阶级的利益发生了冲突，由此决定，它作为统治阶级，必然要从原来倡导的自由平等原则进行撤退，甚至可以说在一定程度上背叛了这些原则，新的阶级压迫和剥削代替了革命时期关于自由和平等的承诺，资本的自由取代了人的自由并导致严重的人的异化。尤其在资本的原始积累时期，人的异化达到了骇人的程

① 《马克思恩格斯选集》，第1卷，人民出版社，2012，第180页。

度，周期性的经济危机造成整个社会的阵发性痉挛和疯狂，这也正是社会主义思潮蓬勃兴起风起云涌的最直接最深刻的原因。由于工人阶级斗争和社会主义运动的冲击，在生产力不断发展特别是借助于科技革命而实现的生产结构变革的基础上，西方发达资本主义国家不断调整和改革自己的制度，比如建立了社会保障和工资谈判制度，人们的生活水平和工作条件都有了很大改善，妇女、黑人等相继得到了选举权，自由、平等、民主的原则在形式上获得了相当程度的普遍化，从而使得社会阶级矛盾得到了很大程度的缓和，社会秩序比较良好。正是这些变化和发展，为西方发达国家资产阶级意识形态和价值观念的输出和传播，使得其作为“具有普遍意义的思想”获得了广泛的基础。

青年时期的马克思恩格斯，也曾沿袭启蒙传统和人道主义立场，高扬自由、平等的价值，激烈批判限制个人自由的普鲁士国家法律是非正义的，而在创立了历史唯物主义实现“两个转变”之后，他们超越了先前的立场，反对脱离社会经济关系这个现实基础，从抽象的人性论以及道德和法权的层面讨论自由、平等、公正这些概念及其相互关系。在马克思恩格斯看来，自由、平等并不是什么天赋的人权，而是市场经济成为社会主导性生产方式这种现实在观念上的反映，是现代市场经济时代的价值观念，它们的实质内容是在等价交换的基础上要求交易双方具有平等地位和按照自己的意志进行交易的权利，反对一切等级特权和超经济剥削，在其扩大的意义上，平等和自由成为公民作为公民的一种资格要求，一种获得了法律规定和保护的公民权利。这些权利确实是资产阶级首先提出的，是一种“资产阶级权利”，相对于无产阶级革命的最终目的即消灭私有制、消灭阶级本身实现人类解放的共产主义来说，必须超越这些权利要求，不能把争取这些权利写在自己的旗帜上。但这些权利规定作为人的“政治解放”的成果和确证，却具有普遍性的历史积极意义，完全可能也很有必要作为无产阶级争取解放斗争的一种武器，特别是对于在资本主义社会中进行合法斗争的无产阶级政党来说，拒绝利用这些现成的武器，简直就是一种愚蠢。对于尚未获得政治解放的无产阶级来说就更是如此。即使在无产阶级取得了胜利实现了按劳分配的社会主义条件下，也必须看到“在这里平等的权利按照原则仍然是资产阶级权利，虽然原则和实践在这里已不再互相矛盾。”① 很显然，马克思恩格斯并不否认自由、平等作为现代文明基本价值范畴的必要性和正当性，他们反对和批判的只是资产阶级思想家们对自由、平等概念的唯心主义理论解释，揭露的是资产阶级在成为统治阶级后为维护自己的特殊利益对自己曾经承诺过的这些原则的背叛，揭露的是只有无产阶级才可能真正贯彻这些原则，实现每个人的自由全面发展或自由个性的“真正的人的历史”。

现代意义上的社会公正与自由和平等有着一种内在的联系，它们都属于一种规范价值，作为概念也都是一些规范性概念。把自由和平等作为人的基本权利，作为一种具有普遍性的价值，是启蒙运动以来的事情。在此之前，尽管思想家也讨论过自由和平等的问题，比如在古希腊，思想家就普遍认为，自由和平等只限于自由民，奴隶是没有这些权利也不配享受这些权利的。在资产阶级反对封建等级制的革命中，作为革命的阶级，它代表着整个受压迫的各个阶级的利益来行动，与此相适应，它的一个理论旗帜就是“天赋人权”，把追求自由和平等当作是每一个人与生俱来的基本权利。在这些资产阶级的思想家看来，封建制度之所以是不合理的不公正的，是违背人性的，就是因为它不符合平等和自由的原则。经过资产阶级革命的洗礼，自由和平等的观念可谓是深入人心，成为现代社会最基本的价值。然而，就是在这些最基本价值的规定上也充满了不同的理解和歧见。

---

① 《马克思恩格斯选集》，第 3 卷，人民出版社，2012，第 363—364 页。

卢梭曾说人生而自由却无处不在枷锁之中，这句名言揭示了关于自由问题的深刻的内在矛盾。人生而自由，是说从人的族类本质上看，人是一种自由的存在物，但在现实中却处处都受到限制，感到不自由。但这种限制既有自然的原因也有社会的人为的因素，既有历史性的暂时性的也有永恒的永远无法摆脱的。正因为有限制不自由，人才渴望自由，把自由当作是一种理想，设定为一种“应该”，成为一种追求的目标，也是人们评价现实的社会关系的一种标准。但由于成了一种理想，就难免将之想象化理想化，变成了脱离现实条件的彼岸性的一种难以企及的东西。许多理论家都把自由看作是人的本质，无非是为了论证人们只有按照自由原则生活才是“应该”的，才是合理的，甚至也是必然的。马克思在《1844 年经济学哲学手稿》中也把自由自觉的劳动看作是人的族类本质，现实的劳动违背了这种本质性规定才表现为异化了劳动，未来社会能够扬弃异化实现人的本质的复归，这种思路明显地还是受着人本主义的影响，与后来发现了唯物史观后的相关论述有着一定的差别。

对于平等也是一样的道理。若是套用卢梭的话，也可以说人生而平等但无处不在不平等的境遇之中。因不平等而渴望平等，而把平等理想化却又使之成了一种可望而不可及的乌托邦式的东西。

这些都表明，就实然的现实的状态看，人总是受着各种各样的限制总是不自由的，人们之间总是不平等的，既有自然因素造成的不平等也有社会因素造成的不平等，因此就产生了冲破限制争取自由的渴望和努力，产生了争取平等的斗争。从价值的应然的角度看，人们在观念上把自由和平等规定为一种“本来就应该如此”的状况或境界，把它们当作是一种“内在价值”，不过是为了论证实践中这种争取自由和平等的行为的合理性。就实然的现实的角度看，人们能够获得何等程度的自由和平等是与历史发展社会进步的程度相一致的，首先是由生产力发展、科学技术发展以及相应的社会关系的发展水平决定的，而且在不同的人之间的实现是很不平衡的，比如说，在生产力有了一定发展但又发展不足的条件下，一些人的自由就建立在另一些人的不自由的基础上，一部分人的发展以另一部分人的不发展为代价，这种不平等不仅是必需的，而且也是有历史积极意义的。而从应然的道德的理想的角度看，既然平等是一种正价值，是应该的善的东西，那么任何不平等作为平等的对立面和否定，都是不应该不公正不合理的，即使现实中无法消除，道义上也是应该予以批判和谴责的。这种矛盾不仅存在于对自由和平等的讨论中，还存在于许多相关的方面。

当休谟第一次揭露了事实判断与价值判断的矛盾，认为从事实判断推不出价值判断之后，这个问题就一直困扰着西方的理论家们。康德自觉地划分了人作为理性的存在与作为感性的存在、应然判断与实然判断的区别，保持了某种理论上的合理性，而黑格尔则不满于康德的这种二元论，嫌康德式的仅仅是“应该”的判断是软弱无力的，认为凡是合理的都是要存在的，因为合理的东西有一种合乎必然的品格，自己一定是要实现的。在西方现代哲学开展的“拒斥形而上学”运动之后，对传统哲学的一元论理性主义、还原论思维方式进行了相当程度的反拨和批判，而与“语言学转向”直接关联的所谓“元规范”研究范式则进一步助长了价值主观主义和相对主义的倾向。如果说罗尔斯的《正义论》标志着规范理论研究范式的某种复兴，但其受到的攻讦和批判则表明在思辨的理论哲学内部进行讨论并不能使问题得到合理的解决。与他们不同，马克思主义哲学立足于人类的实践活动，主张从现实的人的现实的实践出发来理解思维的发展和思维发展中的矛盾，历史性地看待这些矛盾的产生及其暂时的解决，从而为理解两个尺度的统一提供了一种合理的方法论基础。

在马克思主义哲学看来，人类的发展过程就是不断地争取自由和平等的过程，是不断地消除或改造非人性的社会存在条件的历史过程。生产力作为人的本质力量的突出表现，它的每一步发展都意味着人对自然的束缚的破除即自由能力的提高，同时也对人与人的关系首先是生产关系提出了新的要求，为克服社会关系方面的束缚实现社会关系方面的平等提供了可能的条件。自由和平等既表现为人的发展的内在要求，是人的发展的一种理想，同时也受着实际的发展条件的制约，表现着这些条件所达到的水平和人的这些要求能够实现的程度。在生产力的发展还处在比较低级的阶段，人的依赖关系是主要的占主导地位的关系的时候，这既反映着人对外部自然的依赖性，也反映着人对自身自然即血缘关系的依赖性，身份等级制就成为一种带有必然性的东西，也是被看作是合理的公正的东西。只有随着生产力的发展和市场经济实践成为普遍性的存在，在人对物的依赖性基础上的独立发展成为人的发展的基本现实之后，人的主体性得到了相当的觉醒和发展之后，把不平等固定化的等级制才变得如此不合理以至成为难以忍受的非人性的东西，也只有在这个时候，自由和平等的观念才成为理论上最合理的为人们所普遍接受的观念，成为人权的基本内容。然而，这些观念就其抽象的一般形式上是共同的普遍的，但在不同的阶级那里又有着不同的甚至对立的理解，因为他们的利益要求是不同的。资产阶级的平等权要求消灭封建等级特权，是要求在金钱面前人人平等，而无产阶级的平等权要求消灭阶级本身。马克思明确指出："各阶级的平等，照字面上理解，就是资产阶级社会主义者所拼命鼓吹的资产和劳动的协调。不是各阶级的平等——这是谬论，实际上是做不到的——相反的是消灭阶级，这才是无产阶级运动的真正秘密。"[①] 恩格斯在剖析了杜林的抽象平等观之后写道："无产阶级平等要求的实际内容都是消灭阶级的要求。任何超出这个范围的平等要求，都

① 《马克思恩格斯全集》，第 18 卷，人民出版社，1964，第 15 页。

必然要流于荒谬。”[①] 马克思恩格斯认为无产阶级的平等观是真正的科学的平等观；同时，在马克思恩格斯看来，自由、平等这些观念也都是历史性的，也是有阶级性的，没有普遍的永恒不变的平等观念，正如没有普遍的永恒的正义（公正）观一样。只有把它们放在人类实践的基础上和历史的长河中来观照，才能得到合理的理解。

如果我们不是拘泥于马克思恩格斯的词句而是把握其真正的科学精神和辩证方法，并用这种方法来分析自由、平等、公正这些价值观念，分析它们之间的内在差异、矛盾及其辩证关系，指出西方当代思想家的相关理论的合理性及其局限性，进而得出合乎时代的结论，我们的收益或许要比那种空喊坚持马克思主义实际只是停留在坚持马克思的词句上的做法大得多得多，也更能获得其他理论学说的尊重。

如前所说，公正作为一种元规范既规定着制度的设计和确立，同时也通过评价影响到制度的施行，实际上这也就意味着，公正是作为一种价值调节原则来发挥自己的作用的。在现代社会，自由和平等都被视为一种基本的价值，是公民具有的一种基本权利。至少可以这么说，在现代社会条件下，讨论公正绝不能离开它与自由和平等的关系。

我们知道，自由和平等的关系问题一直是西方现代哲学探讨的主要问题，尽管他们并不认为自由和平等是决然冲突不能相容的，但都认为二者孰更优先的顺序是至关重要的，他们的争论也就是由此而展开的。他们争论的焦点，可以说就是关于二者孰更为优先的顺序问题。这种争论既表现在自由主义内部，更表现为自由主义与社群主义之间。作为一种文化价值观念传统，西方现代自由主义内部一直存在着两种不尽一致的理论倾向，这种倾向性分歧主要表现在“个人自由”与“社会平等”的不同偏重。正如万俊人先生概括的那样，“在西方现代自由主义

---

① 《马克思恩格斯选集》，第3卷，人民出版社，2012，第484页。

内部，一直存在着一个有待解决的内在困难：是否必须在自由与平等之间作出一种价值选择？由于自由与平等两者都是自由主义所承诺的现代价值目标，进行一种两者择一式的决断显然是不可能的。那么，问题就在于，如何确定两者在整个自由主义价值观念体系中的秩序和地位？”[①] 比如，哈耶克就是一位自由至上主义的代表。在这位曾获得过诺贝尔奖的经济学家看来，个人自由是至高无上的价值，任何不是出于自由而是出于其他目的比如平等而对自由的限制都是缺乏正当性的，不能容忍的，任何对以个人自由选择为基础的自发的自由扩展秩序的干预都可能导致专制和奴役，导致对个人自由的威胁。他坚决反对计划经济和社会主义，认为这是理性的致命的自负，是走向奴役之路。而在罗尔斯的《正义论》中，他通过精心设计的两个正义原则和一系列论证，形成了他的分配正义理论，力图在自由主义框架内实现最大可能的平等。“这也是其正义理论被称为‘新自由主义’的原因之一。”[②]《正义论》发表之后不久，罗尔斯的在哈佛大学的同事诺齐克发表了《无政府、国家与乌托邦》，以权利理论反对罗尔斯的分配正义理论，形成了他的个人权利和自由不可侵犯的持有正义理论或资格正义理论。在他看来，个人享有的自由权虽然是平等的，但每个人由于机会、能力、性格、环境等各方面的差异，不可能在同等的程度上行使与发挥自由权，那些更有效和更大限度地行使了自由权的人，自然也就获得了更大地占有财产的资格。他认为，社会正义是一个程序，它不受程序最终状态的影响。政府的合法干预只限于保障每个人都能够按照公正的程序行使自己的权利。不论个人行使权利的过程造成的财产差别如何悬殊，只要这一过程符合正义的程序，国家和政府都无权对财产资格进行分配和再分配。罗尔斯通过关照处境最差群

---

① 约翰·罗尔斯：《政治自由主义》，万俊人译，译林出版社，2000，第565页。
② 同上。

体表现出对平等的偏爱；而诺齐克则看重自由优先、权利至上。

针对西方社会个人主义和自由主义流行造成的弊端，20 世纪 90 年代初，西方 50 多名学者和政治家签发了一篇题为“负责的社群主义政纲：权利和责任”的政治宣言，明确反对西方社会占统治地位的个人主义的自由主义，弘扬与个人主义自由主义相对立的社群主义。宣言指出：“排他性地追求个人利益必然损害我们所赖以存在的社会环境，破坏我们共同的民主自治试验。因为这些原因，我们认为没有一种社群主义的世界观，个人的权利就不能长久得以保存。社群主义既承认个人的尊严，又承认人类存在的社会性。”①宣言最后倡导“用社群主义的观点处理我们这一时代所有重大的社会的、道德的和法律的问题”。

社群主义是在批判自由主义基础上兴起的政治哲学理论，其主要代表有麦金太尔、桑德尔、丹尼尔·贝尔、麦克·华尔采、戴维·米勒以及查尔斯·泰勒等。麦金太尔在其代表作《德性之后》中认为，罗尔斯和诺齐克之间的争论反映了人们的合法权利和基本需要的矛盾，他指出：“我们的多元文化中找不到适当的衡量方法或理性标准来判定合法权利与基本需要之间的是非。”“这两种类型的主张确实不可通约，并且，‘衡量’道德主张的说法不仅不合适，而且使人误入歧途。”②其实，这也正是现代道德混乱、无序和危机的根源。因为自由主义的实质是个人主义，主张个人自由优先，因而它不是摆脱道德危机的正确道路；所以，麦金太尔倡导社群主义，认为摆脱道德危机的正确道路是回到以共同体为基础的生活。

社群主义从根本上说是主张平等优先于个人自由。在他们看来，首先，作为社群的成员，都有成员资格，这种成员资格体现了人与人之间

---

① 该宣言载美国《负责的社群》杂志，1991 年冬季号。

② 阿拉斯代尔·麦金太尔：《德性之后》，龚群、戴扬毅等译，中国社会科学出版社，1995，第 310 页。

的平等。也正是这种平等，才是缔结社群的基础。在价值观方面，社群主义强调普遍的善和公共利益，认为任何个人自由和权利都离不开所在的社群。个人权利既不能离开群体自发地实现，也不会自动导致公共利益的实现。相反，只有公共利益的实现才能使个人利益得到最充分的实现。所以，公共利益才是人类最高的价值。

面对诺齐克和社群主义的批判，罗尔斯进行了回应。他在 1993 年出版的新著《政治自由主义》中，把他围绕“公平正义”这一核心理念所建构的自由主义道德哲学改写成一种以“政治的正义观念”为核心理念的政治哲学，从“道德建构主义”走向“政治建构主义”。[①]他认为，“正义”是政治自由主义的基本观念和问题，这是现代多元化自由民主社会的基本要求和政治认同。政治自由主义所寻求的“公共理性”，是当代多元化社会最合适的正义观念，当然，这个“公共理性”和社群主义的普遍的善和公共利益根本不同。这里，自由优先于普遍的善和公共利益。罗尔斯还区别了民主社会与社群主义的共同体的区别，并且指出有效合作与秩序良好的社会必须以理性的社会公民为前提条件。作为自由而平等的民主社会公民，必须具备正义感和善的观念这两种基本的道德能力，以便能有效参与社会合作。

综观他们的争论，尽管他们在自由和平等谁更根本谁更优先的问题上互不相让，而从方法论的角度看，则都坚持着一种理性主义一元论的思维方法，认为从一个基本范畴能够推出整个概念体系，因此整个概念体系的合理性问题也就归结为作为起点的基本范畴的合理性的问题。而这在很大程度上不过把价值问题当作是知识和认知问题来处理的一种表现。

在相当长的一个时期内，许多人都认为，各种正价值或各种善（好）

---

① 约翰·罗尔斯：《政治自由主义》，万俊人译，译林出版社，2000，第 571 页。

之间，像诚实、勇敢、忠诚、谦虚等，都是和谐地存在的，自由、平等也是一样。如果说有矛盾和冲突，那只能是正价值与负价值的冲突，如善与恶的对立，好与坏的对立，诚实与虚伪的对立，不可能想象各种善的事物之间怎么还能对立，就好像是好人之间都能和谐共处一样。但现代的研究发现，事实上并不是如此，至少在一些善之间，在特定的条件下也是可以发生矛盾和对立的。与价值的一元论主义相反，英国政治哲学家伯林则持一种价值多元论的立场。在他的《自由论》中，伯林认为，真、善、美、自由、平等、正义等都是人们追求的价值，但这些价值经常是冲突的。伯林指出："不管是政治平等、有效的组织还是社会公正，都常常与哪怕是很少量的个人自由不相容，当然更与无限制的自由放任不相容；公正与慷慨、公共忠诚与私人忠诚、天才的需求与社会的需求也会发生猛烈冲撞，这些已经是老生常谈，从这种老生常谈很容易做出这样的概括：并非所有的好事都是相容的，更不用说人类的所有理想了"。[①] 伯林认为，在各种绝对的要求和价值之间做出选择，是人类一个无法逃脱的特征，而这种选择常常是各种价值和利益之间妥协的结果。"一个人或一个民族在多大程度上有如其所愿地选择自己生活的自由，必须与其他多种价值的要求放在一起进行衡量；平等、公正、幸福、安全或公共秩序，也许是其中最明显的例子。因为这个原因，自由不可能是不受限制的。"[②] 在马克思主义价值论看来，价值作为一种主体性的现象，是随着主体的不同而不同的，主体的多元性决定了价值必然是多元的。即使是同一个主体，由于现实条件的限制，他所希望获得的各种价值之间也会发生冲突，这是人们在现实实践中都经常遇到的一个困境，也是实际选择中难以避免的矛盾。因此，试图将各种价值排列出一个客观的

---

① 以塞亚·伯林：《自由论》（《自由四论》扩充版），胡传胜译，译林出版社，2003，第240—241页。

② 同上书，第243页。

唯一合理的秩序，认为发现了这个秩序就把握了价值的真理，这只不过是形而上学的空想。

现在我们简单分析一下自由和平等的关系。作为现代社会最基本的价值，自由与平等都是值得倾力予以追求的，但是，它们并非总能和谐的存在，不仅如此，在一定条件下它们还会出现对立，甚至可以说如果不加以限制必然会出现冲突。比如，自由意味着在法律规定的范围内按自己的意志行事而不受他人的干预，而只要是法律没有规定加以禁止的事情，就都可以去做。但每个人的先赋条件不同，做事的能力不同，各自人生的机遇不同，这些都是一种无法加以先行规定或强行消除的因素，所以，虽然人们在行为中都没有违反自由的原则，也都没有违反法律的规定，最后结果还是会形成一定的不平等。这种不平等的累加，则会形成更大的不平等。而社会为了防止不平等的扩大，就需要限制一些人的自由，现代法律的不少条文都是因此而设立的。同时，无论是自由和平等，都有一个形式的规定与实质的内容（结果）之间的差别问题，作为一种权利，法律和制度规定了你有这种权利，不等于你有能力实现和享受这种权利，人们之间的天赋的素质等是不一样的，也就是说不平等的，平等作为一种权利就在于以同一个尺度来衡量。但对于实际上人们能力、素质的不同也只能默认。而每个人在这个范围内自由地运用自己的先天的和后天获得的能力，则必然会加剧这些不平等。二者之间出现冲突是一个客观的事实，面对这个问题，不是简单地设定或规定谁更应该优先，以谁来统一谁，而是需要在二者之间找到一定的平衡，寻找一种解决矛盾的合理方式。而公正的制度就是这样的方式。从这个意义上说，社会公正是自由和平等之间矛盾的一种调节器，公正就是自由和平等的一种合体。

首先，公正与平等内在关联，甚至可以说以平等地对待每个人作为基础，承认人们都是平等的，法律应该赋予每个人同等的权利，都能够在一定的条件下自由地运用自己的能力来追求自己的幸福。但在另一方面，公正又承认人们之间实际的不平等是一种客观的事实，也是无法改变的事实，正如人们之间的差异是一种客观的而又无法改变的事实一样，强制性地改变这种不平等倒是一种不公正。其次，公正与自由也内在关联，它承认每个人都有按照自己的理解自由地追求自己的幸福的权利，有按照自己对好生活的理解进行选择安排自己生活的权利，甚至包括处理自己的生命的权利。一个公正的制度就在于它承诺要保护人们的这种权利，并为实现这种权利创造一种社会条件，使之免受他人的干预。但是，都坚持自己的自由权利的人们之间会发生竞争和冲突，甚至可以说必然会发生矛盾和冲突，自由的原则与平等的原则之间也会出现矛盾和冲突，正因此才需要制度和一定的游戏规则。公正的制度就是为了合理地化解这些矛盾、软化钝化这些冲突而存在的。作为自由与平等的合题，公正原则就意味着，一方面为了平等而适当地限制自由，不能让不平等无限扩大，超过合理的限度。另一方面又为了自由而适当地允许不平等，特别是要反对那种平均主义式的平等。之所以如此，因为只有这样，才能使社会共同体保持一种争而不乱的秩序，使博弈的各方都能感到比较的满意，至少是能够认同和接受，从而既充满活力又减少社会运行中的阻抗力量。

西方思想家们囿于思辨哲学的模式，或以某种神圣化的存在，如上帝（法），如自然（法），或以个人自由作为基础，试图绝对性地规定公正，找到一种关于公正的所谓绝对真理或永恒正义，而在马克思的实践哲学看来，这种目标设定及其思维进路本身就是不合理的，公正（观念）作为一种道德和法权观念，是从经济关系中产生出来的，无论是自由、平等还是其他权利都受着一定时代的经济结构、阶级力量对比和文化发展情况的制约。正如马克思说的那样，不仅“统治阶级的思想在每一个时代都是占统治地位的思想”，而且统治阶级内部的斗争也直接影响着“思想的生产和分配”，“例如，在某一国家的某个时期，王权、贵族和资产阶级为夺取统治而争斗，因而，在那里统治是分享的，那里占统治地位的思想就会是关于分权的学说，于是分权就被宣布为‘永恒的规律’。”[①] 如果我们透过意识形态宣传和争论的迷雾，那就能够看到，第一，思想家们关于自由、平等与公正关系的争论，无论看上去多么抽象多么远离社会现实，实际上折射着不同派别的经济政治利益，代表着不同集团的价值诉求。第二，公正作为制度的价值，作为评价制度的一种尺度，从来都与制度对权利的规定及配置相关联，从这个意义上说，公正是自由与平等的一种“合题”，是根据维护社会秩序的要求和当时的实际情况处理自由和平等矛盾的方式的一种合理性及其对这种合理性的承认。与平等有形式平等和实质平等的差别一样，自由也有一个形式自由和实质自由的差别问题，即法律所规定的个人自由权利与个人实际上能够实现这些权利的能力及条件的差别问题，前者可以通过法律的形式进行规定，在法律上是人人平等的，但后者则由于个人先赋的及后天条件的差别必然是不平等的。这是自由权利的内在矛盾，也是自由与平等的矛盾。因此，即使在合法地运用个人自由而致使了社会差别和不平等现象过于严重时，社会共同体为了避免严重的内部冲突而导致解体，为了防止社会秩序的崩溃，就需要在制度和政策方面采取措施限制一些人的自由，比如设置累进性所得税和高额遗产继承税。相反，在人人可以平等享受的社会福利和旨在照顾收入平等的政策等影响了投资和劳动积极性导致效率下降时，则可能采取降低税率鼓励投资和消减福利的措施；在平均主义泛滥的条件下，强调公正就需要打破用结果平等否定机会平等而形成的“伪公正”，突出保证机会平等适当拉开收入差距（不平等）的积极意义，而在等级特权横行的条件下，强调公正则主要就是突出基本权利

① 《马克思恩格斯选集》，第1卷，人民出版社，2012，第179页。

的平等；如此等等。第三，从实践的角度看，至少在现代民主社会条件下，无论是一定制度的设立或是对一定制度的改革，往往是不同集团和社会力量博弈的过程，尽管各自都以公正与否作为自己主张的立论基础，最后结果却都表现出不同主张的调和或妥协。所以，作为评价制度的公正标准就不是一条线，而是一个范围或区间，其上限是各方都比较满意，下限则是各方都还能接受，凡是落到这个范围的，基本就是公正的。罗尔斯的“重叠共识”，哈贝马斯倡导的“交往理性”“协商民主”“合法性”，这些思想都可以看作是对这种情况的一种反映或折射。总之，我们既不能单一地用平等或自由来规定公正，或者机械僵死地给平等和自由排出一个固定不变的顺序并以此来作为公正的“绝对真理”，也不能离开对公民的自由和平等权利的规定及实现状态来空洞地讨论公正问题，至于那些根本排斥否认自由和平等是现代文明的基本价值的做法，更是违背了马克思主义的基本精神。

第四章　制度设计与社会公正的期冀

当罗尔斯说“公正是制度的首要价值”的时候，他实际上包含了这样的意思，即公正不单是一个伦理学的范畴，主要不是一个个人道德的问题，而是一个与一定社会的制度安排、制度建设密切关联的政治哲学和社会哲学的问题，是一定制度的合法性合理性的根据问题。任何社会都需要一定的秩序，否则就会在人们的相互冲突中走向分裂和瓦解，而制度是社会秩序的纲纪，缺乏制度的社会秩序是不可想象的。但制度不是中性的，有好的或比较好的制度，也有坏的甚至很坏的制度。好的制度之所以是好，在于比较能够促使人们激发出其创造价值的积极性，在于能够化解、钝化人们之间的矛盾和冲突从而减少社会财富和资源的浪费，在于能够形成较强的社会凝聚力和向心力，质而言之，能够在保障社会成员的基本权利与维持社会的合理秩序之间达到一定的平衡，在社会成员的个体福祉和社会整体的福祉之间实现良性的循环。这样的制度也就是比较公正的制度，这样的社会就是比较公正的社会，从而也是充满了活力和生命力的社会。

社会有机体与社会活力

一、社会有机体的活力和生命力

社会是什么？或者说什么是社会？怎么理解社会这个概念？在一些人看来，这似乎不是一个问题。他们觉得提出这个问题纯属多余，是搞理论的那些人的一种语言游戏，为了把自己和自己的工作神秘化而生造出来的假问题。其实不然。感性经验上不成问题的在理论探讨中就可能成为问题，理论家们在什么是社会这个问题上的争论也不是无谓的争论，它意味着不同的理解思路和思维方法，意味着不同的社会观以及可能得出的一系列不同结论。

经验论与唯理论是西方哲学中的两大传统。经验论不仅表现在认为经验是一切认识的来源和基础，它也包含着某种“本体论的承诺”，在一些经验论者看来，只有能够直接感知、为经验所证明的才是存在的或实在的东西。依此而论，在社会活动的领域，只有个人及其活动和利益是可以感知的，也才是真实的，由于人们无法感知社会，“社会”这个概念、这个词就不过只是一个名称，社会利益云云也就是一个说法。以哈耶克为代表的一些学者不赞同“社会公正”的概念，认为社会不是一个主体，不能用社会整体利益的名义限制个人的自由，也不能希求社会（政府）能够公正地分配权利和义务，他们的理论根源就是这种经验论的思维方式和社会观。相反，在一些唯理论者看来，理性所把握和建构的世界秩序才是本真的实在，是具有必然性的东西，感性对象受着偶然性的支配，是偶然的集聚体和虚幻的现象，循此而言，依理性法则建构的社会法律则是正义真理的化身或代表，理性所规定的社会秩序和整体利益对于个人存在具有优先性的意义，个人只有按照这些法律和规则行事才能是真正意义的个人。像黑格尔，他就把个人看作是历史意志和必然性自我实现的工具，把国家看作正义的现实实现。马克思从实践唯物主义出发，批判了这种把社会与个人对立起来的错误观点，在他看来，社会是人们活动的总和，历史是人们活动的时代延续，离开了具体的一个个的现实个人的活动，历史什么也没有做，什么也不会做。这是一方面，另一方面，现实的个人和家庭在合作和交往中又产生了共同的普遍利益，"随着分工的发展也产生了单个人的利益或单个家庭的利益与所有互相交往的个人共同利益之间的矛盾，而且这种共同利益不是仅仅作为一种'普遍的东西'存在于观念之中，而首先是作为彼此有了分工的个人之间的相互依存关系存在于现实之中""正是由于特殊利益与共同利益之间的这种矛盾，共同利益才采取国家这种与实际的单个利益和全体利益相脱离的独立形式，同时采取虚幻的共同体的形式"。[①] 马克思反对从抽象的人出发的方法，主张从现实的个人出发，但这种现实的个人并不是经验论意义上的一个一个的孤立原子式的人，原子式的个人同样是抽象的人，就像把人看作是纯粹的理性存在一样，是把人当作抽象的人。因为人就生活在社会中，生活在与其他个人的交往关系中，人就是人的社会，人的现实生活过程，人的个体性和社会性、独立性与相互依赖性、自我认同与社会认可、人们的分工和交往、特殊利益与共同利益，构成了一种完全是辩证性的关系。因此，既不能像经验主义那样用感性个体的真实性否定社会的真实性，也不能像唯理论那样把个人理解为社会整体的逻辑元素，而应该从人们的感性活动即实践出发，分析这种感性的实践活动的复杂结构和多种多样的形式，在这个基础上揭示整个社会的宏观结构及其演化的机制和规律，揭示这些机制和规律与人的发展内在关系。

唯物史观是马克思的伟大创造，但唯物史观的丰富内涵绝不是通常理解的生产力决定生产关系然后又决定上层建筑能概括的，这最多只是关于社会基本结构的理论。如果没有一种更宏大的关于社会整个有机系

---

① 《马克思恩格斯选集》，第1卷，人民出版社，2012，第164页。

统的概念做基础，就可能把关于这种本来是揭示社会静态性的结构图式当作是整个社会系统自身，就无法理解复杂的社会运动过程。实际上，马克思坚持从现实的人出发，分析了人们的物质生产和再生产、精神生产和人自身的生产，以及社会关系的再生产过程，分析了分工如何将人们分成不同的阶层和阶级，如何通过多种多样的交往活动将社会生活的各个方面联系在一起，一句话，是在研究了整个社会系统之后才发现或揭示了社会基本结构的。马克思超越了当时流行的机械论的思维方式，采用了一种系统的辩证方法，认为社会是一个有机系统，各种要素之间表现出一种有机的相互作用相互依存的整体性关联。把社会看作是一种有机体，并非马克思的独家发现，孔德和斯宾塞就都提出过社会有机体的思想。有机论思想作为对机械论思想的一种反拨，作为对简单地把自然科学主要是物理学方法用来研究社会现象、试图建立一种社会物理学的倾向抗争而出现的。马克思将之融于自己创立的唯物史观中，从而将自己的新唯物主义从思维方式上与以往的机械直观的唯物主义自觉地区分开来。社会有机体理论是马克思的唯物史观的一个重要组成部分，尤其是一种重要的理解和认识社会形态发展的方法论。

在马克思的社会有机体系统的视野里，第一，任何一个社会，任何一种社会形态，都是从自己先前的社会母体中孕育出来的，也都要经历发生、发展、成熟、灭亡的历史过程，都具有历史的暂时性。因此，把现存的社会阶段固定化，看作是普遍的永恒不变的，不过是形而上学思维进行玄想的结果。第二，社会是由一定的个人构成的，个人是社会的细胞，而这些细胞又不是孤立地存在着，它们就存在于一定的组织中，如家庭、村社、部落之中，并与这些组织形成一种相互规定相互作用的关联性。试图把社会归结为个人，从个人的状态推论出整个社会的状态，这种方法不过是物理学原子主义的还原主义方法在社会历史领域的照搬，是不懂得社会生活复杂性的表现，也根本无法揭示社会生活的复杂性。

第三，社会的组织和结构并不是一成不变的，它们都有自己产生的历史，是人们在实际生活中和现实交往中为了处理和解决一定的矛盾而形成的。当个人和个别家庭利益与社会公共利益之间形成了尖锐的矛盾，当社会分裂为不同阶级之后，代表公共利益的社会组织就慢慢地演变成了高居于社会之上的存在物，这就是国家。国家就是从管理社会公共事务的组织演变而来的，是私有制和分工的产物，是社会阶级矛盾尖锐化不得不如此的结果。国家一产生，又开始了自己的演化过程，从简单到复杂，形成了各种部门，控制着社会的各个方面。第四，分工是社会有机体演化的重要环节，也是社会发展程度的重要标志。生产过程中的技术性分工一方面使生产过程裂解为不同的环节，不同的方面，同时又使得整个生产过程的结构性关联越显重要，有机性特征越是突出。生产过程的社会性分工越是发展，就越是要求有一定的交往方式与之相匹配，表明生产的社会化程度的不断提高，表明整个社会的有机化程度的提高。第五，社会作为人们各种活动的总和，无论具体形式如何，人都是社会活动的主体。物质生产、人的生产和精神生产都是人的活动不同形式，是社会分工造成的不同门类或领域，它们之间既有相对的差别，又密切地联系着，相互渗透相互作用相互配合，正如生物机体的不同器官，既承担着不同的功能，又只有相互配合才能发挥作用，维系着社会机体的存在和发展。社会的生产系统、交通系统、通信系统、交换系统、消费系统、教育系统等，都是在社会分工的基础上形成的，它们共同构成了社会，任何一个系统发生问题，都会导致社会有机体的正常生活秩序的紊乱。各种制度和规则，都是人们的社会交往过程中产生的，是为了维护一定的社会秩序而存在的。随着科学技术的发展和生产力的提高，生产、交换、消费、交通、通信、教育等都会发生相应的变化，各种制度和规则也必然要发生变化。这种变化的过程，实际上就表现为一定的社会矛盾的凸显以及通过改革来实现社会的自我调节自我完善的过程，是社会有机体自组织性的一种具体展现。当一定社会组织因僵化而硬化，不能适时地进行这种调整和变革，它就会在社会冲突中走向灭亡，为新的社会组织所代替。

从社会有机体的观点看，生产力不过是人们在实际生产过程中形成的能力，它是一种功能性概念而不是实体性概念。而且，生产力作为社会生产力，即作为一定社会的进行生产的能力，并非任何一种单独的生产过程所具有的，而是多种生产过程通过不同的分配、交换、流通、消费诸环节的中介，在社会交往和相互作用的过程中形成的一种共同的力量。所以，一个社会的物质生产力的发展水平，不仅表现为所能创造的物质性产品的总量，也表现为技术分工和社会分工发展的程度、产业结构的具体性质和生产有机构成的现实情况、生产的社会化程度和效率状况、科学技术与生产之间的转化速率，等等，而精神生产和人才的生产，以及社会关系的生产，都与物质生产过程发生着内在的密切联系。简单一点说，生产力表现的就是一个社会的活力或生命力，一种社会形态的活力和生命力，所以马克思才说，“无论哪一个社会形态，在它所能容纳的全部生产力发挥出来之前，是决不会灭亡的”。[①]

因此，我们对社会结构的理解，需要在马克思社会有机体理论的语境下，把社会结构看作是有机体活动的解剖结构或静态结构，而不是直观地将之理解为一种实体性结构或机械性结构。否则就会出现下面两种偏差：一方面，将非常复杂的社会生活简约化为生产力、生产关系、上层建筑三大领域或三大板块及其关系，它们的矛盾也就成了一种刚性碰撞的关系，这种刚性碰撞的关系就是剥削阶级和被剥削阶级的殊死斗争的关系；另一方面，则是从动力学的角度理解社会发展问题，社会似乎成为一架机器，通过动力传导而向前进，这样，社会发展规律也被看作

---

① 《马克思恩格斯选集》，第2卷，人民出版社，2012，第877页。

是一种类似于机械运动的那种因果决定论的规律。只有像马克思那样达到一种“思维的具体”，比如，像分工如何造成了社会有机系统各种功能的复杂性，教育如何形成了社会有机体的遗传机制，各种交往活动如何将整个社会的不同方面不同领域联系在一起，交通工具和通讯手段的发展在促进生产和交往形式发展中所起的重要作用，经济管理和社会公共事务管理如何保证了整个社会的秩序从而为扩大再生产提供了重要条件，这些非常重要的环节和方面才能不被省略掉、不被抽象过程中蒸发掉，而只是剩下几个表示实体性结构要素的概念，几个表示社会板块或领域的概念，使丰富的社会生活被简化为几个板块之间的简单逻辑关系，极端复杂的社会有机系统的演化过程被归结为几条类似动力学的决定作用与反作用的规律；才能不使作为任何社会都自然而必然具有的改革，亦即社会有机体自我调节自我完善的功能性机制，全然处在理论视野之外或被放在基本框架中的十分边缘的位置，从而可以合理地解释社会各种改革存在的必然性和必要性，合理地揭示社会有机系统运动的现状，解释复杂的社会生活现实，同时也使那些攻击马克思主义理论的人无法找到借口。

实际上，在马克思那里，生产就是再生产，是生产过程的各个要素在不断的循环中动态地组合和变化的过程，是生产、分配、交换、消费各个环节先行继起彼此配合又相互作用的过程。物质生产过程不仅是生产出具体的产品，而且生产出人们之间的一定社会关系，生产出一定的主体，这些社会关系和主体回过头来又成为生产活动能够继续下去的社会条件。马克思所说的生产力，是一定的生产方式的功能性表现，也是衡量一定生产方式的结构是否合理的一种尺度，所谓一定生产关系不适合生产力的发展，无非说是这种生产方式的结构，即生产过程中各个要素的构成方式，如占有方式和使用方式、分工合作和管理的形式、分配和交换的制度等，成了阻碍既已获得的技术、工具、资源等功能的合理发挥的桎梏。生产力和生产关系构成了生产方式，但这里的“构成”绝不是一种实体性意义的“构成”，而是一种逻辑意义的构成。现实存在的作为经验的对象只是具体的生产活动本身，是各种经济活动本身，而生产方式则是对这些活动的一种概括和抽象，是为了区分它们的不同而进行的分类。生产力和生产关系则是进一步的抽象，是对生产方式的功能方面和结构方面所作出的抽象。这种抽象看似是远离了具体的生产活动，实则是抓住了生产活动的本质。生产力，从哲学的角度看是人们改造自然的能力，是人的本质力量的外化表现，从经济学的角度看是一定社会的经济活动达到的水平，它是一定社会的各种经济活动、各种生产活动和交换活动即各种生产方式错综复杂地叠加交错在一起而形成的结果，其中，分工、技术和交换构成了其内在的几个重要方面，也是区分生产方式的性质或生产力发展的不同阶段或形态的质的方面。社会生产力之所以成为一种客观的力量，主要不在于如我们以往理解的那样是因为劳动的几个要素都是物质性的，而在于生产所依赖的技术手段和工具，分工发展的程度以及由此规定的合作、交换和交往所达到的水平，都是历史的形成的，因此是一代人所无法选择的东西，在于现实的生产力是整个社会经济活动的过程，是无数个别的生产活动综合在一起的结果，是一种社会化了的共同的力量，因此表现出了一种不依任何人的意志为转移的特征，生产力的发展阶段之间也体现出一种“不可跨越”的性质。

马克思在分析生产过程的各个环节的有机联系时曾经指出：“我们得到的结论并不是说，生产、分配、交换、消费是同一的东西，而是说，它们构成一个总体的各个环节，一个统一体内部的差别。生产既支配着与其他要素相对而言的生产自身，也支配着其他要素……一定的生产决定着一定的消费、分配、交换和这些不同要素相互间的一定关系。当然，生产就其单方面形式来说也决定于其他要素……不同要素之间存在着相互作用。每一个有机整体都是这样”。[①] 其实，不仅生产内部不同要素之间是有机的联系，生产过程与其他社会要素之间的关系也是如此，由此才构成了社会有机整体。在现代社会条件下，社会的有机化过程在加速，有机联系的程度在提高，新的分工门类不断产生，各种市场如资本市场、劳动力市场、人才市场、商品市场、期货市场、股票市场等的联系更为密切，各种交易机构、中介组织象雨后春笋般地冒了出来。文化的产业化和产业的文化化趋势在相互激荡中不断加强，精神生产的作用十分突出而且全面渗入到物质生产过程中去，对各种物质性资源的依赖也特别明显，彼此的界限变得越来越模糊。在这种社会现实面前，以往的僵硬而机械的划分全然失去了意义。各种物质产品的文化意义、科技含量、精神因素越来越彰显了出来，人们生活需要中的社会性精神性的方面也越来越成为突出的甚至是主要的方面。劳动和生产的概念已经越出早先的体力劳动和物质生产的狭隘范围，生产力也不能再简单地理解为物质生产力，科学技术不仅是第一生产力（要素）而且极大地改变了现代生产的产业结构，生产过程中智能性因素的极大加强、对各种创新性成果的要求把人才问题、教育问题提高了特别显眼的位置。科学与技术的全面结合，科学技术与产业的内在渗透，文化产业化过程的加速，交换和消费环节在整个经济过程中作用的加强，消费过程中精神因素的突出，这一切都使得整个社会生产呈现出一种越来越整体化的趋势和特征，物质生产、精神（文化）生产、人（才）的生产以及社会关系的生产全面地融合在一起，社会的各种资源、社会的各种生产，社会生产的各个环节有机地统一为一个过程，使得生产力变成了一种社会大生产力。这就告诉我们，必须用社会有机体理论才能理解社会生活的复杂性，才能有效地指导我们的改革运动。

---

① 《马克思恩格斯选集》，第 2 卷，人民出版社，2012，第 699 页。

二、社会活力的释放、促生与管理

任何一个社会都是由无数个人构成的共同体，这个共同体的存在和发展都依赖于它是否具有足够的活力，能否保持旺盛的活力，活力就是它的生命力，是它的生命源泉。一个民族，一个国家，在它充满活力的时候，也就是其迅速发展的时候，相反，在它缺乏活力的时候，就是它因为各种内耗、僵化而无所作为停滞不前甚至出现动荡和分裂的时候。在历史上经常发生这样的事情，一些经济文化发展水平都比较高的民族，为发展水平较低的民族所打败所征服，一些人口国土都比较大的国家为较小的国家所打败，如宋朝之于元朝，明朝之于清朝，罗马帝国之于日耳曼民族，其中一个重要原因，就在于后者保持了足够的活力和凝聚力，保持了应对外部环境和内部危机的反应能力，而前者则反是。这也是社会作为有机体存在的一个明显的证据。

社会活力和生命力首先表现为它的生产能力，物质财富的生产能力，精神财富的生产能力，人才的生产能力和吸引人才的能力，其次也表现在它自我调节自我管理的自组织能力，表现为它对付外部挑战和内部危机的应变能力。这些能力，一方面取决于微观层面的细胞活力，另一方面则受制于宏观层面的结构和组织管理制度。这两个层面又相互依赖相互作用，完全表现为一种有机性的联系。

无论在哪一个社会，哪一个国家，个人都是最基本最基础的存在，构成了社会有机体的细胞形态。但这些个人又不是原子式的孤立存在，他们之间发生着各种的关系。个人首先生活在家庭之中，先是作为子女存在于父母为主的家庭之中，而后又自己组织家庭生儿育女。家庭构成了最基本的社会组织。家庭不仅是一个生活单位，在相当长的历史时期内，它还是主要的生产单位，教育单位，交往单位。家庭之间的关系既表现为生产关系，因为一定生产资料的占有和社会财富的分配都是以家庭为单位而实现的，又表现为广泛的社会关系，各种亲戚关系、地缘邻里关系等都是与家庭联系在一起的。由一定的家庭构成了社区和社群，人们的经济地位、社会地位直接与他的家庭地位相关联，人们的身份也首先是由他所在的家庭来予以确认。在现代社会，家庭的作用有所减弱，但仍然承担着重要的生活和教育的功能。个人进入学校、企业、公司、机关等，又建立了各种职缘关系和社会关系，任何个人都生活在这各种关系构成的网络之中，他的自我确认、自我满足都与其他成员的社会承认直接关联在一起并互为前提。所以，自由主义所设定的那种作为前提的孤立自足的个人是根本不存在的，个人是社会的产物，是社会关系中的存在，正如任何细胞都是一定机体组织中的存在一样。

但在另一方面，我们又必须承认个人的独立主体地位，他有独立的意志，能够进行自由的选择，家庭不过是个人存在的一种形式，对于各种社会组织他可以进入也可以退出，他不仅是自在的，更是自为的，是自觉的自在自为的存在，如此等等。在这个意义上，“细胞”的说法只是一个隐喻，无非是说个人是最基础最基本不能再分的完整存在。社会机体的活力，最主要的也是取决于作为细胞存在的个人主体的活力，这种活力不单是一种意志力，或主动性积极性，更包含着个人实际具有的各种能力，正如马克思说的那样，完整的个人，他的各种需要和能力都得到全面发展的个人用哲学的语言讲，人的需要是人的“定在”，即有了一定的规定性的特殊存在，人的需要就是人的本性，正是通过需要，既表现出了人的依赖性，是依赖于一定的对象才能存在的，又表现出人的为我性和能动性，因为需要体现着我和我所需要的东西的差异，规定了我获取这些所需要的对象的动力，规定了我的利益与其他人的利益区别，等等。能力与需要一体两面，需要是一定能力前提下的需要，没有一定的审美能力就没有审美的需要，对于不会欣赏音乐的人来说再动听的音乐也是没有意义的；能力又表现为能够满足自己需要的能力。需要为能力规定了目标和方向，能力使这些目的得以实现，使需要得到满足。人的需要是不断分化不断发展的，能力也是不断分化不断发展的，能力的发展促进了新的需要产生，新的需要又要求发展出新的能力，如此等等，构成了人的生活现实，表现出人是一种主体性的存在，是自觉的自在自为的存在。

社会的活力从终极的意义上说，就是由构成社会的这些个人的活力来决定的，因为它本身就是由这无数个人的活力组成的。这也就是人的发展和社会的发展一致性或同步性。然而社会作为无数个人构成的整体，它与个人又有着不同的质的规定性。每个人为了满足自己和自己家庭的需要，把自己的各种能力调动起来积极进行活动，尽管每个个体都充满了活力，可这些活力施展的方式和运行的方向却是不同的，在许多情况下还是冲突的。正如恩格斯所说的那样，“在社会历史领域内进行活动的，是具有意识的、经过思虑或凭激情行动的、追求某种目的的人，任何事情的发生都不是没有的意图，没有预期的目的”，而“许多预期的目的在大多数场合都互相干扰，彼此冲突，或者是这些目的本身一开始就是实现不了的，或者是缺乏实现的手段”“无论的历史结局如何，人们总是通过每一个人追求自己的、自觉预期的目的来创造他们的历史，而这许多按不同方向活动的愿望及对外部世界的各种各样作用的合力，就是历史”。[①] 当由于人口规模的扩大，分工和私有制的出现而出现了阶级的分化之后，人们之间的冲突就不单是单个个人和家庭之间的冲突，直接地表现着不同阶级和集团之间的冲突。换句话说，一定条件下的利益冲突采取了一种自觉的形式，这正如战争中的双方都以消灭对方为自己的目的一样。而共同体为了不至于在内部的冲突中走向解体，就必须采取一定的行动来限制冲突各方的行为，为了防止无数个人行为及其结果的相互抵消而造成的巨大浪费，就必须制定出一定的行为规则。社会作

① 《马克思恩格斯选集》，第4卷，人民出版社，2012，第254页。

为共同体，其维护统一的需要和保持稳定的需要，社会统治阶级为了自己的特殊利益，就必须对那些处于被压迫阶级的人们利益和活动进行限制，一部分人的发展只能建立在另一部分人不发展的基础上，一部分人的自由必须建立在另一部分人的不自由的基础上，一部分人的权力只能以另一部分人的服从为前提。这固然是历史发展到一定阶段不可避免的结果，是人类发展必须付出的代价，但同时又必然要造成对占人口多数而且承担着社会生产任务的人们积极性的压制，造成相当程度的社会活力的戕害和活动效率的损失。当这种矛盾和对立越来越尖锐的时候，解决矛盾的时机也就成熟了，通过激烈的革命或暴动，打碎旧的经济制度和政治制度，使社会处于一片混乱和动荡之中，然后重新建立新的秩序。

革命的任务就是要解放生产力。打碎了桎梏生产力发展的生产关系和经济政治制度，将被以往那腐朽的经济政治制度压抑的社会活力释放了出来，通过各种生产要素的重新组合，为这些活力的发挥和使用创造出了新的条件，从而造成新的繁荣，使社会进入到更高一级的发展阶段。还不仅如此。在新的社会条件下，已经获得满足的需要本身、满足需要的活动和已经获得的为满足需要而用的工具又引起新的需要，这种新的需要又催生出了新的能力。这既是生产自身发展的一种必然，导致着生产不断地向更高的水平发展，也是社会发展的一种必然。从我们前面对社会制度史的考察就可以看出，后起的制度，制度的新陈代谢的过程，总的来说，从总的趋势上看，总是越来越趋向于更加公正，越来越有利于人的不断觉醒的自由和平等的要求，越来越有利于为更多的人发挥自己的能力提供更合理更适宜的条件。从奴隶制度到封建制度，从封建制度到资本主义制度，基本上都是沿着这个方向不断前进的。社会主义革命和社会主义的改革更是如此，它不仅是解放生产力，更是发展生产力，即不仅要把一切可以调动的积极因素都调动起来，把一切可以利用的资源都利用起来，使物的因素与人的因素达到一种更合理的配置或结合，更还在于以人为本，把人当作最重要的社会资源，生产力发展中的最活跃的因素，尽量提高人的发展水平和各个方面的能力。这种以人为本的价值取向，是社会主义制度优越性的最根本的体现，尤其在当代资本逻辑肆虐、人的异化现象触目皆在的情况下，更为显得可贵和重要。

社会活力的催放和促生，既有自然的自发进行的一面，也有自觉进行的一面，其中重要的一点，就是教育事业的发展。教育是社会有机体的一种遗传机制，是代际经验传递的基本途径，是人才生产和培养的重要形式。如果说，在前现代社会，与当时的物质生产的狭小规模相适应，教育，无论是官学还是私学，都表现出一种小生产的模样，主要是培养精神贵族为主要目的的话，那么在现代社会，教育无论在内容上还是形式上都发生了很大的变化。现代学校作为教育的主要形式和主流途径，大批量地规模化地进行着各种人才的生产，将人类以往积累的知识和经验，将科学技术发展最新的成果，在较短的时间内集中而有序地传授给青少年，同时也让他们了解和熟悉现代生活所需要的基本规则、培养他们作为一个公民所应该具备的各种基本素质。教育事业的发展，为提高人民群众的能力和促生社会的活力，起着十分重要的作用。与此相适应，受教育的权利也成为每个公民及其子女的基本权利，因为这种权利方面的不平等，一些人没有得到受教育的机会，那就等于剥夺至少也是削弱了在现代社会生活的基本能力和参与竞争的机会，直接造成了人们起点上的不平等。

细胞层面的活力是整个社会活力的基础，但仅仅在这个层面还只是一种潜在的活力，要将这种潜在的活力转化为现实的活力，还需要将这些活力有效地管理起来。抽象地说，任何社会都希望自己充满活力，任何社会管理者都希望社会能够具有旺盛的生命力，能持久地存在下去。但现实的情况是，细胞层面的活力与社会稳定之间总会存在一定的矛盾。在前现代社会，这个矛盾会更加明显和突出，也多采取一种整体上旨在削弱细胞活力的政策，比如通过各种手段将人们固定在一定的地点或工作领域，通过各种机构和措施限制人们的自由交往和选择，杜绝和禁止各种社会性组织的出现，以便分而治之，巩固其政权。其结果，社会表面上是比较稳定的，但这种稳定却建立在僵化的体制和缺乏活力死气沉沉的基础上，使社会不仅难以得到迅速的发展。进入现代社会，可以说市场经济和民主制度为解决这个矛盾提供了一种有效的方式。市场经济作为一种资源配置的方式，在等价交换的平等原则下以一种无人身非人格化的客观机制来进行各种资源的分配，使得各种资源包括人力的资源都能够自由的流动，使得每个人都既有自由选择的权利也必须承担起相应的责任。市场经济是契约经济，也是法制经济，各种法制保证着契约的执行或落实，这就使得个人的自由与社会统一的尺度获得了一种较好的结合，从而极大地释放出了社会细胞的活力，进一步又通过市场竞争激活了各种主体的活力，同时又形成了一种争而不乱活而不乱的秩序。民主制度则既为管理社会的权力提供了合法性的基础，又为对权力的有效监督和制约提供了有效的制度安排，使人民大众的基本权利与政治权力的矛盾找到了一个椭圆式的暂时解决的方式。可以这么说，市场经济是民主制度的现实基础，市场经济的发展形成了一个发育健全的市民社会，极大地训练和提高了人们合理地行使自己权利的意识和能力，从而激发和提高了人们参与社会公共生活的积极性，为人们主体意识的觉醒和主体能力的发展提供了有利的条件，使人们能够从传统的臣民合理地转化为现代公民进而为政治生活和社会生活的民主化提供了广泛的社会基础和人才的准备。正是在这个意义上，市场经济就绝不能简单地理解为是一种经济模式，绝不仅仅是一种资源配置方式，它更是一种新型的社会文明方式，是人的发展和社会发展不可逾越的历史阶段。

社会制度与社会秩序

一、社会制度是社会秩序的保障

社会有机体的发展，既需要微观层面的活力，又需要对这些活力实行有效的社会管理，减少各种力量在相互冲突和彼此抵消中造成的社会资源的浪费，减少效率的损失。这个过程，也就是社会对分散着的具有不同的方向力量进行整合的过程，是形成合理的社会秩序的过程。

社会秩序是人们的社会生活的一种内在规定性。按照马克思的说法，社会生活是人类的生活。人是一种社会性的存在物，只有在社会中，在社会性的劳动和生活过程中，他才能成为人。人既是历史活动的前提，也是历史活动的产物，人的五官感觉和进行感觉的各种能力，思维能力和行动能力，都是在社会性的历史活动中形成的。同时，只有在社会生活中，在与其他人的交往中，从对他人的观照和比较中，人才建立起了自我的概念，才能把自己的生活当作自己的对象来加以反思和思考，才能在一种类的普遍性的意义上来加以把握。正因为这个缘故，一群共同生活着的人们，人们的共同群体性的生活，必然地内生地要求着一种秩序，无论这种秩序是什么性质的，也无论它是通过什么途径建立的。没有这种秩序，群体生活就无法维持，共同体就建立不起来，即使建立起来了也会因为彼此间相互的冲突而导致解体。这不是一种逻辑的推论，而是以大量的历史事实作根据为历史所证明的。

人类是从动物中进化来的，一些高等动物的群体生活，或者说动物社会—如果也能够叫作社会的话—构成了人类社会的史前史，其中就都暴露出一定的秩序征兆或萌芽。动物主要为了自己的肉体需要以及自己的幼子而进行“生产”，即寻找各种生存资料，生命的保存和种的繁衍（以性交配为前提）形成了动物生活的两大任务，前者表现为所获得的食物分配，后者体现为与雌性交配的机会分配，都是按照一定的规则和秩序进行的。尽管说这些“规则”和秩序更多的是自发形成的，是一种自然性的东西。比如，为了竞争群落的首领，或竞争与雌性交配的机会，雄性动物通过一种公开的打斗而决定输赢，打斗中落败的一方就甘愿居于臣服的地位。恩格斯在《家庭、私有制和国家的起源》中就指出：“高等动物的群和家庭并不是相互补充，而是相互对立的。埃斯皮纳斯非常清楚地说明了，雄性在交配期内的忌妒是怎样地削弱或者暂时瓦解任何共居生活的群”“而成年雄者的相互宽容，没有忌妒，则是形成较大的持久集团的首要条件，只有在这种集团中才能实现由动物向人的转变”。为了能够持久地保持集群生活，人类最古老、最原始的家庭形式就只能是群婚制，“即整群的男子与整群的女子互为所有，很少有忌妒余地的婚姻形式”。[①] 与此相适应，在原始社会的氏族中最初也就只能实行母权制，以便识别自己的子女。而这种家庭关系婚姻关系就是当时最主要的社会关系，家庭制度也就是主要的社会制度，由此维系着当时的群体生活的秩序。

如果说人类在最原始的阶段，为了进行共同生活就需要一定的秩序，那么在现代社会就更是如此。因为在原始社会，生存的压力迫使人们“以群的联合力量和集体行动来弥补个体自卫能力的不足”，而在现在社会，在生存压力解除之后，个人的自愿和意志、对权利和义务的考虑，就成为他们组成一个团体、一个社群的主要因素，这就更需要一定的规则，一定的章程，以便形成一定的纪律和秩序。从否定的方面说，没有秩序的集群，就不是一个共同体，而只是一种散乱的偶然组合，即使存在，也一定是短命的暂时性的。

秩序作为共同体存在的一个必要条件，作为人们的社会生活的一种内在规定，与个体的自由、活力之间形成一种对立统一的辩证关系。一

① 《马克思恩格斯选集》，第4卷，人民出版社，2012，第41—42页。

方面，作为个体存在的人，他的生命存在的基本需要、意志、偏好等，规定了他是一个特殊性的存在，他的活动首先是从满足自己的生存发展需要为中心而发动的，如果说发展程度较低的阶段满足生存需要是优势需要，那么发展到了较高阶段维护自己的自由、平等和自尊等权利的需要则会更加突出，这难免就会与其他的个人发生一定的矛盾和冲突，这是一种自然的必然趋势。而群体为了维护整体的存在，为了构成群体的各个成员的共同利益和共同发展，就必须防止这样的矛盾和冲突，至少必须将这些冲突限制在一定的范围之内，因此就需要对各个成员的自由活动进行一定的限制，就必须确立一定的规则，必须保持一定的秩序。个体是群体的组成部分，个体的自由只能在社会群体中才能得到实现，共同体即使在其是真实的集体条件下，它代表的共同利益同时就包含了每个个体的利益，但这并不能构成个体无条件地服从群体需要的条件，因为个体也是一个主体，他同他所属于的群体之间既存在一种构成性的部分和整体的关系，也存在着一种互为主体的主体间关系，所以，他不仅会反思批判共同体既有的规则以及对他的要求，而且还会对共同体应该如何如何提出一定的要求，也就是说，在这种互为主体的主体间关系中，他与共同体之间表现为一种彼此平等的关系。共同体的规则并不具有天然合理的绝对命令的神秘属性，共同体成员个体发展的程度越高，主体意识越是觉醒，就越是要对共同体的神秘性进行“祛魅”，会把共同体及其规则看作他们自己的共同意志的表现，而不是什么凌驾于他们之上的神圣存在，从而对一些过时的束缚了个人发展的规则进行质疑和批判。正是因此，所以历来的统治者和统治集团都防止出现这种危险的局面，想方设法压制对共同体规则神圣性产生怀疑的异端思想。在社会存在阶级分裂的条件下，这种情况会更为突出。但在另一方面，个体作为社会的人，他从一生下来就存在于一定的共同体中，他对自我的意识，他的道德观念和各种价值观念，他的人生观，等等，都是在一定的社会共同体中获得并得到确立的。正如麦金太尔所指出的那样，个人总是作为特定的社会身份的承担者来与环境打交道，来开始他的生活，“我从我的家庭、我的城市、我的部落、我的民族承继了他们的过去，各种各样的债务、遗产、合法的前程和义务。这些构成了我的生活既定部分，我的道德起点。在一定程度上，正是这一切使我的生活有它自己的道德特殊性”，总之，“我的生活故事是永远被包含在我得到我的身份那些社会共同体的故事中，我的出生就带着一个过去”“一种历史身份的占有和一种身份的占有是重合的”。[①] 正是这种联系，使得自我的认同与对共同体的认同总是联系在一起，为个人小我向共同体大我的转化提供了可能。从共同体的方面看，其成员的活力释放、创造的各种财富，直接地都是共同体的财富，是共同体发展的重要动力源泉，其成员的主体意识，包括自我约束能力的提高和责任意识的加强，也为共同体维持一定的秩序和建立更合理的秩序提供了基础。

一般说来，任何人的生活都需要一定的秩序，因为秩序才能给人以一种稳定感和安全感，才能对前途作出一定的预测从而制定自己的行动计划，问题在于秩序并不是一种抽象的存在，它总是与一定的制度联系在一起，是一定的具体制度规范下的秩序。制度是秩序的纲纪，制度的性质规定着秩序的性质。人们在共同体中的地位，责任和权利，都是由制度来规定的。比如在传统的等级制封建大家族中，礼教或礼数就是一种制度性存在，所谓的夫为妻纲，父为子纲，长幼有序，规定了丈夫有支配妻子和孩子的权力，妻子和孩子则必须服从丈夫和父亲，即使像婚姻这样的大事，也要听从父母的安排。哥哥对弟弟也有一定的权力，弟弟必须服从和尊敬哥哥，如此等等。正是有了这些制度的支撑，家族生

---

① 麦金太尔：《谁之正义？何种合理性？》，万俊仁、吴海针、王今一译，当代中国出版社，1996，第21页。

活才能形成一定的秩序。家族如此，国家更是如此，若是没有一定的财产制度，你的我的分不清，就容易引起众多的纠纷；没有一定的官吏任命制度，官吏就没有一定的权威，人们也就会不服从官长的命令。

制度是社会秩序的保障。这个命题至少有两个方面的含义，从一般的层面说，任何秩序都依赖着制度，或者说秩序来源于制度。制度的最基本的功能就是形成一定的秩序并维持这个秩序。社会生活不是一次性的暂时性的，而是持续不断地进行着的流，构成社会共同体的人们不断地产生着新的需要和能力，各种集团的力量对比总是处在一种此消彼长的过程中，因此总会出现新的不平衡，总会出现新的矛盾和冲突。而通过一定的制度，规定了人们的权利和义务，规定了人们自由选择的范围，规定了不同集团的权力界限，这样就形成了一种明确的规矩或程序，因而也形成一种缓冲机制和整合机制，为人们提供了一种判断是非对错的标准，也为人们形成合理的预期提供了基础。正因为制度的这种作用或功能，使社会能够形成一定的秩序，而且能够在一定的时间区段内维持着各种社会力量的平衡，维持着这种秩序。这里我们之所以说在“一定的时间区段内”，就是说随着各种社会力量对比的重大变化，最终力量足够大的一方，就要改变原来的制度，从而就形成了新的秩序，旧秩序为新秩序所代替。从特殊的一面说，制度之为制度，就是为了人们提供行为标准和判断标准的，是为了让人们遵守的，因此，公开化、统一化和稳定化就是本身的要求，这相对于共同体的首领、领导人的意志、兴趣、关注点、道德观念等来说，相对于那些临时的政策和措施来说，就表现出一种具有客观性品格的力量。所以，制度化在某种意义上就既是约束社会公众的，也是约束共同体的首领和领导人的，即使在封建专制制度下，制度对于皇帝也有着一定的约束力。在现代社会，民主也不仅是一种工作作风，更是一种制度化的要求，仅仅是公开、透明，就直接形成了对管理者意志构成了制约，从而保障了较为稳定的社会秩序。

一定的人们的活动构成了社会，但如果只是狭义地把社会作为以民族国家为单位的社会，似乎在作为一定人们的个人与民族国家之间直接地联系着，并形成两个对极，这往往就存在着一定的抽象化的危险。因为在这种理解中，大量的中间环节被省略了，许多现实的社会组织、共同体都不见了，没有阶级没有阶层没有集团，复杂的社会结构和社会关系系统被简化为个人—国家的两极性结构。西方的许多理论家们往往都是在这种简化的抽象基础上或前提下来讨论问题，从霍布斯、洛克、卢梭到现代的罗尔斯、哈耶克、诺齐克等人，如麦金太尔所正确指出的那样，整个自由主义就是建立在个人主义的基础上的，本质上就是个人主义。这也就是马克思一再批判地从抽象的人出发的结果。就是我们一直强调集体主义的理论家们，往往也是沿着这种抽象化的路子进行思维的，比如把国家看作是家庭的放大。两者的区别只在于从个人—国家这种简化结构的不同极的角度来进行思考，侧重点不同而已。实际上，在个人和作为民族国家的社会之间，首先是家庭，其次是各种群体形式，如社区，企业、公司、机关、学校，人们因为地缘而被作为行政区划的村、乡、县、省，因经济地位不同而形成的各种阶层、阶级，因职缘而形成的各种行业、圈子，等等，一句话，在个人与国家之间，存在着大量的这种中间性的环节。正是这些中介性的组织，使得个人之间分化了，被分为具有不同需要不同要求不同利益不同发展水平的存在，而不是具有同样的要求和利益的原子式的个人，国家社会也不是均质分布的结晶体，而是包含着各种不同质的因素、不同利益诉求的集团、阶层、阶级的矛盾统一体。

在这种理解的前提下，当我们说人是社会性的存在、人们的社会生活是需要一定秩序的这句话的时候，就意味着这么几层意思：第一，这些秩序并不是同一的，而是说多种多样的，在活动的不同领域，生活的不同方面，社会的不同层次，存在着不同的制度，不同的秩序。第二，这些制度和秩序，都是一种历史性的产物，是社会分工发展以及相应的合作需要的结果，是人们的交往活动的产物，它们不仅彼此之间存在着差异，每一个制度每一种秩序也都有自己本身的历史阶段的差别，比如家庭制度，在不同的历史阶段就是不同的。第三，这些制度和秩序，有的是自发性地形成的，或者自发性一面比较突出，而有的则人为的设计和建构的结果，或者建构性的特点比较明显。而且自发性的东西中有自觉性，自觉性的东西中也有自发性，都是在承袭着历史的传统、针对具体出现的问题，在不断地探索和试错的过程中得到发展和完善的。哈耶克一味地崇尚自发的扩展秩序，是过度地夸大自发性一面的结果，相反地，只看到理性设计和建构的作用，实际上也是把某一种小共同体当作是整个社会的结果。第四，整个社会国家的秩序和制度，既包括了这各种不同的有差别的制度和秩序，在多民族的国家中，各个民族的具有自己地方特色的制度和秩序，也都是这个国家的制度和秩序的组成部分，但国家的制度和秩序，又是在一定程度上超越这些局部的个别的制度和秩序，是对它们具有整合作用和调整作用的制度和秩序，是调整和规定着不同阶级、不同阶层、不同集团之间的利益关系、权利和义务关系的制度和秩序，是在不同地区、不同等级层次的权利和义务、权力和责任之间寻求一种暂时平衡的制度和秩序。

总之，各种秩序，从最根本的意义上说还是指主体间关系的秩序，而主体的形式不限于只是个人，家庭、集团、阶层、阶级都是主体，各个企业、各个公司也都是主体，即使是作为行政区划而形成各个地区、各个地区的政府，甚至各级政府中的各个部门，在一定意义上也都是作为一种主体而存在的。自由选择作为主体的一种权利，也不仅限于个人，还包括其他的主体形式，而作为一定的政府部门的权力，在一定意义上也包括在内。只有在这些权利和义务、权力和责任之间达到了比较合理的配置，对各种权利和权力的界限作出合理的规定和划分，其形成的制度才可能保持活力与秩序的有机统一，才能把细胞形态的活力、各种主体的活力有效地整合为一种整个社会的活力，提高整个社会活动的效率，在发展与稳定之间保持必要的平衡，达到一种良性循环的状态。

二、社会制度的权威性及其来源

社会秩序总是与一定的制度联系在一起的，制度是社会秩序的纲纪，也决定着一定的社会秩序的性质。在一般的意义上说，秩序是一个更为宽泛的概念，自然界的各种存在和现象，都有自己的发展规律，存在着一定的秩序。任何系统之作为系统，都必然存在着一定的秩序，否则将无法作为一个系统而存在。在自然界的现象中，秩序与规律联系在一起，规律就是事物运行的秩序。制度则为人类社会领域的活动中所专有，所独有，所特有。原因无他，就是因为社会活动领域是人的活动的领域，正如恩格斯所说的那样，与自然界的各种运动不同，“在社会历史领域内进行活动的，是具有意识的、经过思虑或激情行动的、追求某种目的的人；任何事情的发生都不是没有自觉的意图，没有预期的目的的”。[①]所以，为了形成一定的秩序，就必须规范人们的行为，必须有一定的制度，无论这个制度是由某个首领人物或理论家提出的，还是经过一定的机构大家民主讨论的，或者是自发形成的习惯性的东西。正是由于有了这些制度规范着人们的行为，社会才能形成一定的秩序，维持一定的稳定局面，为生存和发展提供必要的条件。但制度又不同于规律，作为法律的Law也不同于作为规律的Law，中国古人讲的“道法自然”，西方传统中的自然法理论，实际上不过是古人为了论证现实的法律和制度的合理性而采取的一种论证策略。制度是人们制定出来的约束人的行为的东西，它只是一种律则，一种规则，一种规范，规律则是一种铁则，谁也无法

① 《马克思恩格斯选集》，第4卷，人民出版社，2012，第253页。

违反，谁也不想违反，违反是因为无知，而不是成心有意。制度规则则不然，它恰恰是可以违反的，也是可以改变的。正因为这个缘故，才有维持制度的权威性的问题。

制度作为一种规则与规律不同，可又要以规律为基础或前提，技术方面的制度是如此，社会方面的制度也是如此，凡是不符合社会发展规律的制度，不符合人的发展规律的制度，即使强行推行和维持，也是难以持久的，必然是短命的。制度的发展和变迁也有自己的规律，随着实践的发展和人的能力的提高，随着新兴的代表着先进生产力的阶级集团的力量的壮大，那种普遍地束缚了人的能力和权利、压抑窒息着社会的活力、阻碍生产力发展和社会进步的制度就必然要被改变，要被新的制度所代替。这一点又是谁都不能违反的，是一种客观的不以人的意志为转移的规律。

制度具有历史变迁的特点，但这并不说明权威性是可有可无的，相反，唯有具有了权威性，制度才能称之为制度，才能起到制和度的作用。借口制度总是随着具体情况的变化而变化的，以比较随意的频率频繁地变更制度，必然就会损害制度的权威性和稳定性，造成民众的不信任心理，诱发人们的投机主义和急功近利的短视行为，造成社会秩序的紊乱。所谓政策多变失信于民，就是这个道理。当然，为了保证制度的权威性和稳定性，保守消极，当变而不变，也会造成社会矛盾的激化，最后也还是得变。问题的关键就在于把握一个“当”字，当与不当，关键又在于民心。民心思变，变就是合乎民心，就是变得其所变得其时，就是当；民心思定，强行去变，就是违背民心。中国古人曾云，得民心者得天下，失民心者失天下，又说天听自我民听，天视自我民视，毛泽东讲“人民就是我们的上帝”，说的都是这个道理。当然，口头上承认这个道理是一回事，在行动中贯彻这个道理又是另一回事；想了解民心得民心是一回事，是不是真正了解了民心真正得到了民心又是另一回事。再进一步说，民心原本就不是容易了解容易把握的，因为民众不是一个人，而是分为不同的等级、阶级、集团，他们的利益和观点不仅不同，在许多情况下还会出现冲突。若是制度上不能够让各种集团的利益诉求都能得到一定的表达，不同的意见和观点相互争论，只依靠个别的领袖人物去了解民心民意，即使是天纵英才，也必然会遭到官僚机构的众多的欺瞒和扭曲，必然会造成众多的遮蔽，即使想顺应民心，也是“难矣哉”了。这也正是人治必然为法治、君“主”制必然为民“主”所代替的一个历史原因。

任何制度，无论是政治的还是经济的制度，无论是国家制度还是一个单位的制度，都需要有一定的权威性。权威性对于制度是如此重要和必要，以至可以说它是制度的一种本质规定和生命所在。没有权威性的制度，就不再是制度，或者说只是写在纸上贴在墙上的空文，而不是相关的人们所遵从的真实的制度，不是在实践中发挥着效用的活的制度。那么，制度的权威性又是如何来的呢？一般说来，制度的权威性有两个来源。第一个来源是强力或暴力或压力。这种强力或暴力虽然具有多种形式，有的是直接的，有的是间接的，有的是公开的，有的是隐蔽的，但其实质则是一个，这就是要求社会成员必须遵从。在这一方面，法律制度是最典型最突出的表现，所谓的“严刑峻法”，其严其峻，都表现着一种凛然而不可侵犯的权威性，而这种权威性就是靠着暴力来作为后盾作为保证的。

制度权威性的第二个来源是人们的认同或共识。这种认同或共识，或者是由于某种共同的信仰和道德的信念，或者是出于一定的习惯，或者是意识形态宣传和教育的结果，或者是直接地起源于制度订立过程的民主性，总之，形成了这种认同或共识，认为制度是公正的合理的，因此也就具有了权威性。在这种情况下，遵从制度就不仅仅是因为被要求，而是觉得应该，不是因为不敢，而是由于不愿，不是因为不能，而是因为不肯。

很显然的，前一种权威主要表现为他律，后一种权威就主要是诉诸内心的自律，前一种权威的作用比较直接、见效也较快，后一种则相对比较间接、见效也要慢得多，前一种比较省事，后一种则比较麻烦，在利益冲突比较厉害的情况下，可能就更是如此。正因为这些原因，以往的统治者们往往优先选择前一种，把主要精力放在如何以暴力的强力的手段维持一定制度的权威性上，这就是专制。但即使在专制时代，统治阶级和集团也都是两种手段共同使用，很少有只用暴力进行统治的。换句话说，即使是专制的制度，也需要从理论上论证它的合法性和合理性，在宣传上把它说成了公正的，比如，利用自然界的和社会的一些现象把等级制说成是天然合理的，公正的，用天无二日论证人无二主的合理性，编造天尊地卑的神话证明男尊女卑是符合自然性的，如此等等。实际上，这些宣传和论证在使人们认同等级制度的公正性方面确实也起到了相当重要的作用，它既是与那个时代生产力的和人的发展水平发展阶段相适应的，在人对人的依赖性的阶段，自然的宗族血缘关系对其他社会关系都起着一种“以太光”的作用，等级制确实存在着历史的合理性正当性，人们也比较容易认同，同时也塑造了固化了人们的等级心理，把这种等级制度看作是天经地义的，把服从听话当作是一种美德，借此维持着封建的等级制度的权威性。

一些理论家尤其是一些道德理论家，总喜欢从伦理主义的角度看问题，贬低强力的作用抬高教化的意义，贬低他律夸张自律，一味地强调应该，这就容易陷入浪漫主义的乌托邦境界。其实，无论是在历史上还是在现今时代，强力或暴力并不只是恶只具有消极的意义。按照马克思主义的观点，国家是从原始共同体的解体中产生的，是阶级矛盾不可调和的产物，国家的存在总是与一定的暴力、强制联系在一起的，而且只要国家还存在，这一点就不能缺少。即使在没有阶级分裂的条件下，强制恐怕也还存在，一定的他律对于确立制度的权威性也仍然是必要的。道德家总爱设想人人都应该如何如何，其实是不符合历史的实际的。人与人总会有差别，总会有矛盾，再公正的制度，也会遇到一些人的不认同和反对，因此就总需要一定的强制和他律。

问题不在于要不要强制，而在于，如果一种制度很不公正，为少数人的利益而损害多数人的利益，少数人享有特权多数人只有服从的义务，那么，即使使用强制和暴力为维持其权威性，来强行推行，那也很难维持长久。意识形态宣传固然有很大作用，但民心毕竟是不可欺不可侮的，靠着瞒和骗可以在短时期起作用，长久了也是不行的。唯有比较公正的制度，能够使多数人的利益和要求都得到一定程度的满足的制度，使权利和义务的配置相对比较平衡的制度，才能获得人心，才可能得到普遍的持久的认同，才能保持自己的权威性而得到较好较普遍的遵从。民主制较之君主制的历史合理性就在这里，民主化之所以能够成为世界性的潮流的原因也就在这里。

制度的公正性也就是制度的合法性问题。在当今时代，几乎可以说，任何一个民族都在现代化的过程中实现着不同程度的“祛魅”，“一切固定的僵化的关系以及与之相适应的素被尊崇的观念和见解都被消除了，一切新形成的关系等不到固定下来就陈旧了。一切等级的和固定的东西都烟消云散了，一切神圣的东西都被亵渎了。人们终于不得不用冷静的眼光来看他们的生活地位、他们的相互关系”[①]。以往被理论家们罩在制度问题上的神圣光环全然消失，他们为论证一定制度的公正性即合法性所设置的具有永恒性的各种尺度都被否弃，人们所能够诉诸的只能是自己的权利和义务的合理关系，以此来形成对于一定制度是否具有公正性和合法性的共识。至于在这个过程中各个民族的公正观的差异，只能用各

① 《马克思恩格斯选集》，第1卷，人民出版社，2012，第403—404页。

自发展的不同阶段来解释，用各个民族的文化特点来说明，用它们的民族成员在权利和义务的理解上达到的水平来说明。公正毕竟是一个历史的范畴，是随着人的发展而不断发展的。

以制度创新来保障社会公正

任何社会的存在，都需要一定的秩序和制度，制度就是维系社会秩序的纲纪。制度是人们实践和交往活动的产物，是为了更好地进行社会交往活动所必须制定的规范和规矩。社会作为一个有机体，其细胞就是个人，一定数量的个人以及他们的交往活动就构成了现实的社会。一个社会有机体的生命力，既取决于其细胞的活力，即构成这个社会的众多个人的活动能力，包括生产积极性、创造能力、交往能力等，也取决于这个社会管理这些细胞的自组织能力、自调节能力，取决于这个社会的制度和秩序。社会有机体的生命力，就是这种在一定制度管理和调节下的整体活力的表征，是细胞活力和整体秩序的相统一的表现。社会有机体的发育程度或发展程度，同样也取决于其细胞即个人的发展程度，取决于其结构分化的复杂性程度和管理协调的秩序化整合力。换言之，社会越是发展，其分工就越是细密，合作和交往也越是必要和重要，也越是需要用制度来规范、来整合具有离散性质的各种活动，以形成合理的社会秩序。

制度的好坏直接决定着社会的稳定和运行秩序，但制度并不是天上掉下来的，它就是人们总结实践经验和长期摸索的结果。从人类的历史发展来看，制度的形成，既有经验积累、自发形成的基础，也有理性设计、合理规划的一面。无论是自发性经验性的继承沿革还是理性的设计，都遵循着一定的原则，这就是社会公正或社会正义。从制度的发展史来看，制度总是沿着越来越公正的趋势演进的。正义（公正）是制度的首要价值。

第一，制度设计首先必须考虑到正义即社会公正。这是由制度设计的目的规定的。设计制度的基本目的是确立一定的社会秩序，保障社会稳定和良性运行。社会总是由无数的个人构成的，彼此之间存在着利益的冲突，存在着竞争，有竞争才有压力和活力，才能产生效率。但这种活力是细胞层次的活力，这种效率是局部的效率，若无一定的制度和规矩，社会各个成员之间、各个局部之间的恶性竞争就会导致整个社会的无序，导致整体效率的损耗和下降，严重的甚至导致社会的解体和崩溃。为了维持争而不乱、活而不乱的秩序，就必须确立一定的制度，而只有公正的制度才能更好地实现这个目的。“由于社会合作，存在着一种利益的一致，它使所有人有可能过一种比他们仅靠自己的努力独自生存所过的生活更好的生活；另一方面，由于这些人对由他们协力产生的较大利益怎样分配并不是无动于衷的（因为为了追求他们的目的，他们每个人都更喜欢较大的份额而非较小的份额），这样就产生了一种利益的冲突，就需要一系列原则来指导在各种不同的决定利益分配的社会安排之间进行选择，达到一种有关恰当的分配份额的契约。这里所需要的原则就是社会正义的原则，它们提供了一种在社会的基本制度中分配权力和义务的办法，确定了社会合作的利益和负担的适当分配。”[①] 不考虑社会公正的立法和制度设计，产生的只能是恶法，只能导致周期性混乱的产生。

第二，公正是人们评价制度的首要标准。人们评价一个制度是不是合理，是不是认同这个制度并遵从这个制度，首先是看它是不是公正的。相反，人们反对、批判或抵制一个制度，首先和主要的理由也是它是不公正的。尽管说人们所持的公正观是不同的甚至对立的，但他们都总是

① 约翰·罗尔斯：《正义论》，何怀宏等译，中国社会科学出版社，1988，第7页。

首先诉诸公正，这就说明了公正的基础性、原则性地位。

第三，公正是制度权威性的根本来源，也是制度生命力的基本保障。任何制度都意味着对人们的一定约束，所以必须有一定的权威性才能被贯彻实施。这种权威性可以源于道德感召力，如制度维护和执行者以身作则的榜样性力量，更多的是源于某种强制力，对违反制度的行为予以强制性的惩罚，所谓严刑峻法即是。但从根本上看，制度的权威性来自其公正性以及由此而来的人们的较普遍的认同。从历史上的情况来看，一种制度越是比较公正，就越是可以减少强制性力量的威慑，而一种制度越是缺乏公正性，就越是需要强力来维持，但主要依赖强力来维持的制度总是短命的、不能持久的。

现代制度经济学的研究表明，一种制度越是比较公正，就越能得到多数人的认同和遵行，就越有利于人们产生合理的预期，避免与限制交往中的机会主义动机和短视行为，扩大交往规模和提高交往频率，减少与缓解个人之间以及个人和群体之间的冲突，降低社会交易成本。同时，也能减少社会管理机构，有效地降低制度维持成本，从而提高社会活动的整体效率。从这个角度说，公正的社会制度不仅是维持社会公正的利器，是维护社会稳定和秩序的基本途径，也是提高和增进社会活动效率的基本途径。

以制度创新来维护社会公正绝不是一句空洞的口号，也不是一种权宜之计，它与我们基本的社会理想，与我们全面建设社会主义现代化国家的目标，与我们正在探索的解决现实社会问题的根本途径和治国方略的转变、社会运行机制的转变，都是联系在一起的。

我们知道，社会主义思潮是以批判资本主义社会的不公正的方式登上历史舞台的，社会主义观念传入中国为当时先进的中国人所认同、所接受，其中最吸引人、最打动人的地方就是它是一种更为公正的制度，是一种能够消除严重社会不公正现象的制度。尽管我们在理解和探索社会主义的过程中出现了一些失误，但社会主义作为一种文化资源和制度资源，在现实的中国仍然具有非常重要的价值，是我们进行社会动员的一种巨大力量。我们进行改革开放从一开始就强调必须坚持社会主义原则，在提高劳动效率、解放生产力、增加社会财富总量的同时保障基本的社会公正。党的十六大提出的全面建成小康社会的目标、十九大提出的开启全面建设社会主义现代化国家新征程，不仅意味着生产力的持续发展和经济上的富裕，而且意味着社会的公正和良好的秩序，意味着人的基本权利的实现和创造更能促进人的全面发展的条件。简而言之，我们所说的小康社会与社会主义现代化是标志着走出社会主义初级阶段而进入发达阶段的社会，是富裕的、公正的、文明的社会。社会公正是其中的应有之义。

中国现在面临的一个重大问题，是处理好改革、发展、稳定的关系，稳妥地实现社会运行机制的转型，形成法治型的既充满活力又有较好的自组织、自调节能力的社会。我们当前深化改革的一个重要内容和基本方面就是，深刻总结四十多年来改革开放的经验教训，从制度设计和制度创新方面着手，加强制度的配套建设，尽量减少制度漏洞和缺环，尽快改变经济体制改革与政治体制改革不同步、不平衡而造成的社会公正问题，加快教育体制和医疗体制改革，建立健全社会保险制度和社会保障体系，深化农村体制改革和户籍制度改革，严惩各种腐败，使宪法赋予公民的基本权利真正落到实处，使社会弱势群体的基本生活和基本权利切实得到应有的保障。只有这样，才能从根本上解决或缓解社会不公正现象以及可能引发的各种问题，为维持社会既充满发展活力又有比较稳定的秩序奠定坚实的基础。

中国的改革是从打破平均主义的“伪公正”的制度设计理念、侧重激发活力提高劳动效率开始的。经过四十多年的改革，我们逐步建立和完善起来的社会主义市场经济体制极大地解放和发展了社会生产力，推动我们在实现共同富裕的道路上稳健前行。现在我们面临的基本的、主要的任务是，从社会整体全面发展的角度利用制度来整合已经激发出来的各种活力，使之能够形成合理而有效的“合力”，实现活力与秩序的有机统一。中国社会的持续发展，在很大程度上取决于我们能否及时地实现这种理念上的转变，进而实现社会运行机制的转型。

对于中国这样的后发达国家，一方面封建社会的传统形成了沉重的、无法摆脱的负担，另一方面现代化任务的急迫性又使得它们无法像发达国家当年那样比较从容地实现自然的转化，所以就特别需要依靠政府推动和发挥理性设计的力量，将制度设计、加强制度建设放在突出地位。毛泽东在1949年中共中央召开政治局会议时语重心长地说：“中共二十八年，再加二十九年、三十年两年，完成全国革命任务，这是铲地基，花了三十年。但是起房子，这个任务要几十年工夫。”[①] 所谓“铲地基”就是废除旧中国的封建制度、官僚资本主义制度，“起房子”就是建立新中国的社会主义制度。邓小平总结历史教训，曾深刻指出，“我们过去发生的各种错误，固然与某些领导人的思想、作风有关，但是组织制度、工作制度方面的问题更重要。这些方面的制度好可以使坏人无法任意横行，制度不好可以使好人无法充分做好事，甚至会走向反面”“克服特权现象，要解决思想问题，也要解决制度问题”[②]，“制度问题不解决，思想作风问题也解决不了”[③]。党的十八大后，以习近平同志为核心的党中央创新治国理政的伟大实践，以新理念引领中国发展，通过一系列深刻的思想判断和重大的战略部署，形成了社会主义制度优势的认识飞跃，即社会主义制度优势不仅要体现为有利于发展生产力，而且更要体现为有利于提高国家治理效能。他深刻指出：“制度是关系党和国家事业发展的根

---

① 《毛泽东文集》，第五卷，人民出版社，1996，第141页。
② 《邓小平文选》，第2卷，人民出版社，1994，第332页。
③ 同上书，第328页。

本性、全局性、稳定性、长期性问题。我们扭住完善和发展中国特色社会主义制度这个关键，为解放和发展社会生产力、解放和增强社会活力、永葆党和国家生机活力提供了有力保证，为保持社会大局稳定、保证人民安居乐业、保障国家安全提供了有力保证，为放手让一切劳动、知识、技术、管理、资本等要素的活力竞相迸发，让一切创造社会财富的源泉充分涌流不断建立了充满活力的体制机制。”①

我们现在面临的较多的社会不公正现象，尤其是大面积的腐败，在相当程度上是与我们的制度不健全、制度不合理联系在一起的，制度的原因是带有根本性的原因。我们应该对此有充分的认识，抓住这个主要原因，对症下药，将制度建设，包括广开言路集思广益、广泛吸取发达国家制度建设的经验、尽量设计适合中国国情和时代精神的制度体系、清理和废除那些过时而不合宪法的文件和规定、严格执法惩治各种违反制度和法律的行为，同时积极培育国民的公民观念、法治意识和公共精神，作为国家和政府的核心工作之一，作为全面建设社会主义现代化国家的核心内容之一。唯有如此，才能从根本上解决或遏制社会不公正现象，为我国社会的长治久安和持续发展奠定坚实的基础。

---

① 习近平：《在庆祝改革开放40周年大会上的讲话》，人民网，2018年12月18日。

第五章　制度实施与社会公正的实现

社会有机体的发育或发展过程是一个不断地进行着新陈代谢的过程。这种新陈代谢不单是细胞层面的，更是组织和结构层面的，通过对社会制度的经常性的改革，用新的社会制度替代了旧的过时的社会制度，使社会达到一种新的阶段和水平。改革就是社会有机体的一种自我调整的机制，是在应对外部环境和内部矛盾的挑战的过程中保持社会有机体的动态平衡的一种机能。从这个意义上看，改革绝不是哪一个社会或社会形态所特有的现象，而是伴随着整个人类发展的始终，是任何社会任何一种社会形态都必然存在的现象。只不过在有些社会比较明显和自觉，在有些社会不太自觉比较缓慢和隐蔽罢了。

制度的自重效应和维持成本

在上一章我们讨论了制度设计与社会秩序、社会公正的关系，制度是社会秩序的纲纪，要维持一定的社会秩序就得有一套制度，制度要具有相应的权威性，有效地约束和规范人们的思想和行为。但是，无论任何制度都不是一种一经确立就自动运行自我保持的东西，它需要有相应的社会机构和组织来支撑，要用相当的力量来维持，这就是人们所说的制度的“自重效应”。

“自重效应”这个概念是研究制度问题的一个很重要的概念，是制度经济学借用现代航空航天科技的一个概念。比如发射卫星要使用火箭，火箭是一种运载工具，它携带着一定的燃料形成一定的动力，把卫星送到预定的轨道。但火箭自身就具有一定的重量，燃料自身也有重量，它们加在一起就是火箭的“自重”。设计火箭的功率，首先得考虑所运载的卫星的重量，同时也要考虑它的自重。正因为这个缘故，火箭自身就不是越大越好，因为火箭越大，可携带的燃料越多，其功率会越大，但其自重效应也越大，所以，在缺乏特种材料和燃料的条件下，就无法制造出火箭，或者说制造出来的东西无法投入使用，没有实用价值。将这个道理运用于制度问题的研究，人们发现，制度是用来维护社会秩序的，但制度自身也有一种“自重效应”，需要相应的维持成本，如果自重效应太大，维持成本太高，就表明这种制度的设计很不经济，很不合理，应该用更为合理经济的制度来代替。

在历史和现实生活中，一些制度之所以难以维持下去，需要用新的制度来代替，一个重要原因，也就是因为维持成本太高，才遭到人们的普遍反对，不仅是被管制的群众的反对和反抗，也包括管制者统治者护法者们的不满，从而弃置不用的。比如，随着新的生产工具的出现和生产力的普遍提高，奴隶制遭受了奴隶们的普遍反抗，出现了大量的逃亡、暴动和经常性的破坏农具、消极怠工等，要强行维持这种制度，就得设置更多的监工、使用更多的暴力、付出更多的成本。而相对说来，那种废除了奴隶身份，将一定的土地通过租给他们而收取一定地租的组织生产的形式，就容易为对立双方所接受，甚至能够得到一定程度的欢迎，根本的一个原因就是它比较简便比较经济。在这种条件下，奴隶制为封建制所代替就成了一种具有必然性的趋势。同样的，殖民体系和制度在二战之后全盘崩溃，其中一个重要原因也是由于其维持成本太高，使得宗主国都感到太不划算难以维持的缘故。我们过去把殖民体系的崩溃的原因只归结为殖民地人们的反抗，实际上是有一定片面性的。殖民地自从开始就遇到强烈的反抗，但在遭到多次镇压之后，倒是反抗的力度在不断减弱，而且西方帝国主义国家的军事镇压能力、统治和管理的经验都比以前提高了许多，仅从力量对比的角度看，那殖民体系是不会崩溃的，尤其是不会普遍地崩溃的。极其重要的原因，是因为现代科技革命的影响，西方国家的经济增长方式已经发生了历史性转变，以前的依靠外延式扩大再生产的粗放经营方式为依靠高科技含量资本密集式的集约化经营方式所代替，国际竞争的战略制高点已经发生了历史性转移。在这种历史条件下，殖民地的历史地位大大降低，对于推动经济增长的作用大大下降，而维持成本又居高不下，因此西方帝国主义国家才普遍放弃了殖民地统治的。

一般说来，任何一个制度或一套制度，都有自己的自重效应，都需要付出一定的维持成本。这个道理其实并不复杂，因为制度从来都不会自动地起作用，总需要一定的机构一定的人员来监督执行，相应地，国家必须赋予这些机构和人员一定的权力，提供必要的办公地点和设备，支付一定的工资，等等。为了防止这些权力的滥用，又需要设立一套监督制度，包括财务的、人事的，定期的、临时的，如此等。这些都构成了制度的维持成本。而且，正如美国社会学家帕森斯所揭示的那样，官僚机构都存在着一种自我扩张的冲动，各级行政组织以及各个部门，都极力扩张自己的管辖范围即权力范围，争资金，争编制，争级别，原来一个处很快就分化出几个处，每个处下面又要增设几个科。制度的这种自我膨胀，势必又不断地增加其自重效应和维持成本。同时，由于部门林立，彼此的关系也变得日益复杂，相互推诿、相互掣肘的现象日益严重，造成了很大的效率损失。加上防不胜防的权力寻租和各种腐败，更是形成了双重的效应，不仅耗费了大量的社会财富，而且因为自身的低效率而造成全社会的活动效率的损失。越是权力比较集中、对社会各个方面管理越多的制度，这种情况就越是严重和突出。

就一项或一个制度来说，如果制度设计得比较公正，照顾到了相互竞争的各个方面的利益诉求，相对地就越是能够得到各个方面的认同和遵从，其监督执行的阻力就越小，制度的维持成本也就越低。相反，如果这个制度设计得不公正，只照顾到了少数人的利益，对多数人造成了损害，势必会引起他们的广泛的反对或漠视，制度的权威性也就难以保证，这就越需要用强制的力量来推行和维护，其制度成本也就越高。在这种情况下，增加制度维持成本还只是一个方面，更为重要的是这种制度不仅不能起到“定分止争”缓解社会矛盾的作用，还可能造成更大更激烈的矛盾和冲突，经济的纠纷会演化为社会冲突，因为由于对制度的不信任而诉诸用自己的力量来解决矛盾，用各自认为是公正的办法来解决冲突，结果就会使得这些矛盾演化为社会性的大规模的冲突。

人们之间在利益、立场和价值观方面出现差别和矛盾是任何社会都难免的，即使价值观相同，由于资源的有限性，人们之间出现一定的竞争也是必然的。从历史发展的情况看，在人口比较少、社会规模比较小的条件下，比如在以氏族或部落为人群共同体的时代，其内部管理的工作相对比较简单，矛盾也比较少，主要依靠一些传统的习惯、禁忌，而这些传统的习惯和禁忌往往都具有一种神秘和神圣的光环，再加上部落首领的威信，一般就能够解决内部的各种纠纷。而在人口增加、部落联合为国家、社会分裂出不同的阶级之后，人们之间的矛盾和冲突不仅大量增加，而且这些对立和冲突的性质也发生了变化，如马克思所说的那样，“随着分工的发展也产生了单个人的利益或单个家庭的利益与所有互相交往的个人的共同利益之间的矛盾”“正是由于特殊利益和共同利益之间的这种矛盾，共同利益才采取国家这种与实际的单个利益和全体利益相脱离的独立形式"[①]。尽管说国家在许多情况下表现为一种"虚幻的共同体的形式"，但毕竟也只能由国家作为共同利益的代表。为了防止各个地区、阶级、集团因冲突而导致社会共同体的分裂和瓦解，它就必须以一种超出个别利益和派别的姿态来制定和颁布一些法律和制度，以此作为解决冲突和矛盾的效准或公器，禁止各自按照自己认为是公正的行为来行事，比如家族复仇或报复。也就是说，制度，无论它的具体内容是如何特殊，一开始就是作为一种公共衡平的尺度来出现的，也是作为一种公共衡器来发生作用的。正因为这个缘故，公正也就成为评价一定制度的首要的标准，是人们"赋予"制度的一种"内在的"价值或者说是天然的价值。还是因为这个缘故，凡是颁布一种制度，无论它的内容是多么的偏离公正，它的制定者颁布者拥护者总得想方设法说明和论证它是"公正"的，要废除一个制度，最大最好的理由，也是因为它不"公正"，集团性的有组织地违反破坏一项制度，最充足的理由也是它不"公正"。

如此看来，无论是从制度的产生还是发挥功能的角度，是从认同拥护一定制度还是从否定反抗一定制度的方面看，公正都是作为评价一定制度的首要标准，当作是制度的首要价值而起作用的。以公正来论证一定制度的合理性，来保证一定制度的合理性，不仅在思想家们那里，就是对于一般老百姓的评价，也都显示出一种似乎是自明性的性质。然而我们也必须指出，其中是包含着深刻的矛盾的。第一，制度作为社会共同体维护一定秩序和利益而设立的"定分止争"的一种装置，原本就是与利害、功效等功利价值的考量直接联系在一起的，是调整调节社会不同阶层、阶级和集团的利益冲突的，但在其表现形式上却似乎戴着一副"超功利"的面具，似乎它本身与功利价值无关，另有自己的合理性的根

---

① 《马克思恩格斯选集》，第 1 卷，人民出版社，2012，第 163、164 页。

据和来源，比如天理，自然法，人性，人权，道德，理想等。第二，制度本是一种实践操作性很强同时也是非常具有现实性的行为“规矩”，是与制定制度时社会各阶级集团的矛盾冲突情况和力量对比情况直接关联着的，但对制度的宣传论证却总采取着一种与现实背反的抽象化的路径，使具体的东西变成了一种符合某种抽象的普遍性原则的东西，使暂时性灵活性很强的东西披上一件永恒化的神圣外衣。第三，与前两点相关联，任何制度都有其自重效应、都需要付出相当的维持成本，也都存在着成本和收益之间的“经济效益”问题，这在当权者执政者都是心知肚明的，至少也是十分关注的东西，但他们以及为制度作论证的那些思想家们在口头上却都对此讳莫如深，似乎都是出于某种高尚的理想、绝对命令之类的原则。古今中外都有这样的情况，董仲舒“正其义不谋其利，明其道不计其功”，可算是中国的代表，康德的义务论伦理学则可看作是西方的典范，罗尔斯的正义论也是继承着康德义务论的路线的，就是社群主义用来反对自由主义公正论的公共善优先于个人自由权利的观点，甚至西方功利主义的正义理论，都带有着一种主要是为了理论逻辑上的“圆融”而不是解释和解决实际问题的理论倾向。

而在马克思的实践唯物主义看来，一定阶级集团和一定时代的公正观都是与现实的利益关系联系在一起的，因而也是受那个时代的经济发展水平以及人们的经济社会地位规定的，对一定制度的认同或反对，改革或废除一定制度的要求，也都是基于一定的利益考虑和不同集团的力量对比而提出的。正像马克思所指出的那样，“社会生活本质上是实践的。凡是把理论诱入神秘主义的神秘东西，都能在人的实践以及对这种实践的理解中得到合理的解决”[①]，“在思辨终止的地方，在现实生活面前，正是描述人们实践活动和实际发展过程的实证科学开始的地方。关于意

① 《马克思恩格斯选集》，第1卷，人民出版社，2012，第139、140页。

识的空话将终止，它们一定会被真正的知识所代替”[①]“只要这样按照事物的真实面目及其产生情况来理解事物，任何深奥的哲学问题……都可以十分简单地归结为某种经验的事实”[②]。可马克思的这些思想，即使在号称马克思主义的学者队伍中，在一些时候也被忽视，至少是没有得到很好的遵循，一个重要表现，就是沿着西方一些思想家们的思路，离开现实的不同阶层不同集团的利益要求和力量对比关系，而力图诉诸某种原则、原理来论证“正义原则自身的正义性”。在政治哲学日益成为一门显学，对制度的研究成为理论关注的一个重点的时候，强调这一点绝不是没有意义的。

改革：社会有机体自我调整的基本机制

20世纪的最后二十年，是中国大地焕发出最大的活力，社会面貌发生急剧变化的时期。而造成这巨大变化的，就是改革开放。改革成为中国社会的主旋律，“改革”这个词成为整个中国出现频率最高的词汇。然而，尽管改革成了人们谈论中经常出现的词汇，可在理论上如何达到一种科学的理解，却不是那么简单和容易的事情。在一个很长的时期内，许多人都把改革当作是一场运动，另一种说法就是“转轨”，从原来的轨道转到一种新的轨道，改革也就结束了。换句话说，改革时期属于一种“非常”时期，即转轨时期，等到转轨完成，就进入下一个正常时期，按部就班地沿着新轨道来运行了。“转轨”当然是一种通俗的直观的比喻，但从这个比喻中，我们可以看到一种长期影响着中国理论界的思维方式，

① 《马克思恩格斯选集》，第1卷，人民出版社，2012，第153页。

② 同上书，第156页。

这就是对于社会发展社会运动的机械论思维方式的痕迹。似乎社会像是一列在一定轨道上运行的火车，不仅它自身就是一个机械装置，而且它的运动也是一种机械运动，是沿着一定轨道的惯性运动。所谓规律，也就是这些轨道，找到了正确的轨道，沿着轨道往前跑就能够顺利地到达目的地。根本问题就在于找到和发现这些规律，亦即找到和发现这些轨道。

然而，当我们从马克思的社会有机体理论的角度来理解历史和现实，我们就可以看到，任何一个社会，任何一种社会形态，都是一个有机系统，这不仅表现在构成它的各个要素都处于一种有机的联系和相互作用之中，没有哪一个因素天然地处于一种绝对地决定一切的地位，处于一种第一因的地位，而且表现在它在与环境的相互作用中，在应对环境的挑战的过程中，这里的环境的挑战，既可以是自然地理环境的挑战，也可以是同时存在的其他国家或国际环境的挑战，为应对这些挑战而经常地改变自己的对内对外政策，改革自己的制度，调整自己的结构和活动方式。正因为这个原因，在有机体的发展过程中，没有一定的固定的程式和“轨道”，它的历史传统和现实条件，仅仅是它进行选择性活动的前提和背景，而不是“决定”它只能如何如何的“原因”。社会运动和发展的前景是“生成”性的，而不是“预成”性的，不是预先为什么东西“决定”的。预成论的思维本质上属于一种机械论的思维，也是一种只能适用于简单的机械运动的思维，而社会运动作为最复杂最高级的运动，用恩格斯的话说，它包括了低级运动但不能归结为低级运动，研究低级运动的机械的思维方式也根本不适合对社会运动的研究。

社会有机体当然不是一个人格化的主体性存在，但是它却是由无数有意识有目的的人们的活动构成的；社会有机体当然不存在如同个人那样的自由意志和自由选择，但毕竟在这些有意识有目的的活动中选择是一个非常重要的因素。更为主要的是，在一定的社会结构中，居于统治地位的集团、决策层，在社会发展面临着内部矛盾和外部矛盾的共同作用下，有些甚至是在突发事件的情况下，他们或是主动或是被动地做出决定，选择一定的政策和制度，或是根据变化了的情况，改变这些制度和政策。即使在社会发展比较封闭的条件下，其内部的经济政治矛盾的逐渐积累，就足以引起这种改变，而在国际交往比较开放、比较频繁的情况下，这种改变就可能会更加必要也更加经常。这些根本不是逻辑的推论，而是实际发生过的历史的情况。在中国漫长的封建社会，虽然说“百代皆行秦政制”，在整个社会控制大框架方面都实行郡县制，但其中的沿革也是很明显的，官僚选拔制度、监督制度、财税制度、军队管理制度等，都经历了一定的变革和完善。进入近代之后，这种变革就更为明显和突出，洋务运动、戊戌变法虽然都失败了，但其引起的变革火种却并没有绝灭，而是越烧越旺。即使如慈禧太后这样的顽固派人士，也不得不顺应潮流进行一些必要的改革，比如废科举而兴学校。因为当时的形势使人们普遍认识到，中国遇到了千年之“变局”，变则通，变则兴，不变则穷，不变则亡。进入 20 世纪，中国的变动速率更是大大加快，这是研究中国历史的人都熟悉的。至于说到西方资本主义社会，它也不是一成不变的，相反，其经济和政治制度也处在不停的变革过程中，从自由资本主义到垄断资本主义再到现代资本主义，其变化之大远远超过了以往的王朝更替。

如果说，在前现代社会，由于各个国家基本处于孤立发展的状态，相互之间的交往比较少，一个社会内部各个地区之间的经济交往也比较少，整个社会历史的发展速度比较缓慢，社会生活的变化比较迟缓，在制度变迁方面也是沿多变少，至少是不很突出的话，那么，随着工业化和商品经济时代的到来，整个社会一体化有机化的特征越来越明显和突出，社会生活各个方面的变化速度都大大提高，对各种制度的改革也成了一种经常性的甚或是周期性的。这是因为，社会生活有机化的程度越高，对维持平衡的各种条件的要求就越苛刻，越来越需要及时地改革各种不适应社会生产力发展的各种制度和规则，改革各种不利于人们之间的交往和人的发展的制度和规则，改革各种不利于维持社会活动的合理秩序的制度和规则，这样改革就越来越成为社会有机体自我调节的重要手段。不仅国家和整个社会在改革，各个企业、事业单位也都必须自觉地进行改革，社会的各个子系统都需要自觉地进行改革。改革会遇到阻力，会遇到困难，会受到各种既得利益集团的反对和阻挠，会受到习惯势力、传统观念的制约，更会受到现有制度框架的约束。如果一种社会形态，一个民族国家，其阻碍反对改革的力量长期占上风，其制度和规则长期不能随着社会生产力和社会生活的变化发展而变动，就表明这个社会（组织）已经僵化，失去了活力和弹性，无法有效地及时地应对来自内部和外部的挑战，其生命力也就终结了。或是外来力量或是内在矛盾发展积累到一定程度，就会导致它的解体。世界历史上经常出现的先进的文明民族为落后的民族所征服，就是因为这些曾经先进的文明民族已经为僵化的制度耗尽了生命力的缘故，是自己打败了自己，自己毁灭了自己。

实际上，改革的过程就是社会有机体自我完善自我发展的过程。社会作为人们交往活动的产物，为了将各种不同的活动整合为一个有机系统，使各种交往活动能够顺利进行，都需要一定的制度来规范人们的行为，为人们的活动提供一定的标准，这样才能形成一种活而不散争而不乱的秩序，形成社会各个部分相互衔接、相互配合、平稳运行的局面。改革是指对制度的改革以及对保证制度实现和承担一定的社会管理功能的各种机构的改革。各种制度形成了社会有机体运行的基本框架或骨架，它们原本就不是哪个天才人物、圣人设计制定出来强加给社会的，而是在社会生活的发展中并适应于这种发展为了解决发展中出现的问题经过逐步摸索、逐步沿革才定型的。而一定的制度一旦定型，一旦确立，便具有相对的稳定性，这是保证其权威性所需要的。但随着社会生活的进一步发展，如人口的增长，人的主体性力量的提高，新的分工门类的产生，新的交往方式的出现，等等，就使得既有的制度体系或是某些方面某些规定显得过时了，或是出现了一定空白区域，这就必然出现了社会秩序的一定的紊乱，需要对既有的制度进行改革和调整，包括废止一些制度，改变一些制度，新创设一些制度，取消一些机构，合并一些机构，添设一些管理机构，如此等等。总之，通过制度方面的变革和调整，适应社会生活发展的新需要，解决交往过程中出现的新问题，从而使社会发展达到一个新的阶段。

如此看来，改革作为社会有机体的自我调整自我完善的机制，并非某一特定阶段的现象，而是贯穿于整个社会发展的过程中，渗透到社会生活的各个领域和各个方面。一些人习惯于把改革看作是一种运动，比如讲到历史上的改革，总是讲到商鞅的变法、王安石变法、梭伦变法等，这实际上是仅仅把由国家政府发动的大规模的改革这种特殊形式当作是改革自身的结果，是一种片面的看法。改革的形式是多种多样的，既有零散的个别方面的改革，也有对原有制度比较大规模的动外科大手术式的改革，既有对原有制度体系的顺向的补充性的改革，也带有某种转折性革命性的改革。某些改革就是一场革命，革命本身也就是一种改革，是改革的一种特殊形式。从实施主体的角度看，社会革命往往意味着革命阶级推翻原来的统治阶级，由新的阶级来确立新的制度法律等，但从社会有机体自身发展过程来看，这无非是一种大规模的制度性变动，而且即使是这种大规模的制度性变动，其中也包含了许多沿袭的成分或因素，是对既往存在的制度的一种扬弃。社会生产和社会生活永远保持着自己的连续性，任何革命阶级，无论在政治纲领和旗帜上写上多么激进的口号，一旦革命成功夺取了政权，在自己制定制度管理社会的时候，它还是必须正视社会现实，而不可能将原来的制度全盘否定彻底推翻。

社会生产和社会生活绝不会因为革命而发生断裂，即使在革命期间或革命胜利后的一段时间内发生所谓翻天覆地的变化，这毕竟是一种非常时期，随后还必须恢复到正常的轨道上来，原来制度体系中那些合理的东西势必还得保持，还得利用，虽然可能换上了一个新的名称。

从改革的路径上看，它既可以是自发的、自下而上的逐步演进，也可以是自觉的有计划的、自上而下的全面推进，而且往往是这两种形式两种倾向同时存在相互作用。社会基层的与经济活动联系更加密切的一些制度，自发性演进的特征可能更为明显，而社会上层属于政治制度的东西，自觉设计性的一面会更为突出。哈耶克以计划经济为批判的靶子，反对建构理性的设计性和计划性，过分强调社会秩序的自发性形成的一面，明显地是一种片面性。但也必须承认，一味地突出自上而下的有计划的社会改造工程，也是会造成很大的损失甚至灾难性后果的。其中一个重要原因，就是社会有机体是一个非常复杂的动态运行的巨大系统，任何人任何政党任何理性都难以把握其各个方面的全部信息，也就不可能制定出一个巨细无遗完美无缺的社会改造工程的方案，而只能诉诸试错性的逐渐改善和不断的改革过程。不说整个社会，就是任何一个部门一个领域的制度实施与调整，也需要通过试错、纠错实现从不太完善到比较完善的过程。从这个意义上说，中国的改革能够取得举世瞩目的成就，与邓小平倡导和确立的“摸着石头过河的”和习近平的“加强顶层设计”的指导方针是分不开的。

社会主义制度的优越性，不在于提出和建立了一套一劳永逸地解决了生产力和生产关系、经济基础与上层建筑的矛盾的模式，一劳永逸地克服了社会生产和社会生活与管理制度的矛盾，这是根本不可能的，而在于它消除了因阶级利益而阻碍改革的制度性力量，为合理地解决这些矛盾开辟了广阔的前途和无限的可能。社会主义自身就有一个由弱小到壮大、由不成熟到成熟、由不完善到完善的过程，而改革就是达成这种由不成熟到成熟、由不完善到完善的基本机制。社会主义是人民群众的事业，是人民群众在实践活动中不断改革不断创造而形成的社会阶段和历史过程，马克思并没有为未来的社会主义绘制一个按图索骥的“蓝图”，甚至坚决地反对存在着这种预成的预定的“蓝图”。即使马克思绘制了这种“蓝图”，后世的革命家们也不可能按照这个“蓝图”来建设社会主义，他们只能在尊重人民群众的历史创造性的基础上，在马克思主义基本原理的指导下，根据各个国家的实际国情和面临的具体矛盾，引导人民群众在自己解放自己的道路上不断地前进。一句话，社会主义制度是在人民群众的历史性活动中生成的，而不是某个圣人发现的预先规定的，是在不断的改革中逐步成熟不断完善的，而不是一经确立就完美无缺不可更改的。如此，我们就可以把思想真正地从各种教条主义中解放了出来，从各种对马克思主义的误解和曲解中解放了出来，从各种所谓的权威观念的束缚中解放了出来，锐意改革，锐意进取，锐意创新，我们的社会主义也就能够迸发出旺盛的生命力，这个人类历史发展中的“新事物”将会不断发展壮大，最终扬弃和代替资本主义。

社会主义：社会公正的理想与现实

社会主义，无论是作为一种理论思潮还是一种现实的社会运动，从一开始就与对社会公正问题的思考有着密切的关系。空想社会主义的思潮，作为无产阶级运动的不成熟阶段的理论表现，其突出的特点就是从道德方面对资本主义不公正现象的批判，以道德谴责来代替科学分析。马克思把社会主义从空想变成了科学，但并没有因此而否定空想社会主义者对资本主义进行道德批判的力量和合理性，而只是嫌其不足，嫌其未能发现社会主义代替资本主义的真正历史原因和找到实现社会主义的物质力量。实际上，即使是科学的社会主义理论，其最能吸引无产阶级和广大劳动人民的东西，首先的直接的也是生活富裕和社会公正。换言之，社会主义的优越性，既在于能够创造出更高的生产力，同时也在于能够保持更高更普遍的社会公正，这两个方面是密切联系不可分离的。任何对二者的割裂，都会造成相互的伤害，同时也是对社会主义自身的伤害。

一、社会主义起源于对资本主义不公正现象的批判

我们知道，资本主义代替封建主义制度是人类历史上的一次重大革命性变革，资产阶级不仅开辟了“世界历史时代”，而且率先启动了现代化过程，将人类历史发展推进到了现代性社会的阶段。相比于以前的封建特权等级社会，资本主义不仅利用科学技术创造出了巨大的社会效率和社会财富，也使人们在政治上和精神上都得到了很大的解放，自由、平等、民主、法制，这些现代价值观念都是资产阶级进行革命时具有旗帜性的口号，是他们号召和团结整个第三等级的政治基础和按照资产阶级世界观改造世界的理论纲领。但资本主义代替封建专制制度毕竟是以一种剥削制度代替另一种剥削制度，随着革命的成功和资产阶级掌握了国家政权，原来革命过程中与其他社会阶层尤其是与无产阶级的政治联盟也就逐渐趋于瓦解，与之相联系，原来作为政治基础的自由、平等、民主、法制等也都被掏空普遍性的内容而置换上了资产阶级的私货，变成了一种虚伪性的东西。尤其在资本的原始积累阶段，资本的贪婪嗜血的本性撕碎了在封建社会还存在的温情脉脉的道德面纱，把一切社会关系都浸泡在金钱的硫酸之中，剥削的残酷性赤裸性甚至超过了农民对封建领主人身依附的时代。法制是保护有产者的私有财产的法律，民主把占人口多数的贫苦群众排除在外，平等是市场交换的形式平等，自由则成了资本家利用自己的强势任意剥削和进行市场竞争的自

由。资本主义创造出了巨大的社会财富，但同时也产生了大量的一无所有的赤贫的工人，工业化进程瓦解了传统农业牧业的基础使农村依附于城市，而城市化过程中则不可避免地产生了大量的城市游民和各种丑恶现象，一些人不劳而获，一些人劳而不获，一边是产品过剩而大肆销毁，另一边是无钱购买而忍饥挨饿。正是这些严重的社会不公正现象，激起了不少具有社会正义感和同情心的人士的愤怒，开始了对资本主义社会的无情批判。

空想社会主义者大多都是一些富有同情心和正义感的人士，他们出于一种道德义愤而对资本主义进行鞭挞，揭露财产私有制度是造成各种不合理不公正现象的根源，认为应该用财产社会占有来代替私有制度才能消灭这些不公正，这表现在圣西门在临终时所说的一句话，“一切社会设施的目的都应该是从道德上、智力上和体力上改善人数最多的和最贫穷的阶级的状况”①。

在经济方面，空想社会主义淋漓尽致地谴责了资本主义的残酷剥削，揭露了这种新的私有制度所造成的贫富对立和无产者受奴役、受压迫的悲惨状况。他们把“圈地运动”比喻为“羊吃人”的运动，指出资本主义从一开始就是不合理的、不公正的人间悲剧，是一种“让少数人把锁链套在多数人的脖子上”的制度，是一种新型的奴隶制度。这种经济制度是“富人的天堂、穷人的地狱”，一切都是按照狭隘的私利各自为政地进行，竞争导致不择手段地、无目的和无计划地制造商品，整个社会不可避免地陷入无政府状态，必然导致许多其他灾难。1825 年，英国爆发了第一次全国性的经济危机。傅立叶对此给予了关注，并深刻地指出，资本主义经济危机就是生产过剩的危机，资本主义虽然扩大了生产

---

① 普列汉诺夫：“十九世纪空想社会主义者”，载《论空想社会主义》上卷，中国人民大学编译室等译，商务印书馆，1980，第 106 页。

的规模，创造了大量的财富，但它的经济结构如同一盘散沙。这种生产的分散经营导致整个社会的无政府状态和生产者之间的恶性竞争，造成经济混乱、供求失衡，最终必然引发经济危机。傅立叶还指出，某些团体“在特权掩护下排除最基本的竞争者，并禁止对劳动的有条件的接近。这些团体或公司包含着广泛的封建联合的萌芽，这种联合很快地席卷一切工业和金融系统，并产生商业的封建主义”①。在此基础上，他还正确地预见到资本主义竞争发展到它的最后阶段，必然要走向它的反面，导致垄断的出现。

在政治方面，空想社会主义揭露和批判了资本主义政治制度对人民的奴役实质。圣西门认为，资本主义的政治制度，是让没有才能的人管理有才能的人，道德败坏的人统治善良的人，这种政治制度的社会“完全是个是非颠倒的世界”②。他还指出，资本主义的三权分立并没有给人民带来民主，提倡人人平等的《人权宣言》“实际上只是公布了宣言而已”，法国革命的结果是产生了新的奴役形式，资本主义“现有政治体系的三个主要弊端，即专横武断、腐败无能和玩弄权术”③。他认为在资产阶级掌权的法国，社会并没有改变既往的金字塔形的结构，少数游手好闲的人盘踞在上层，而为社会创造了大量财富的劳动者却依然在底层挣扎。傅立叶也指出，资产阶级的国家本质上是特殊阶层和富人的仆从，其任务是保护富人平安地享受生活，而置大多数贫穷人民的利益于不顾。“自由、平等、博爱”只是富人们虚伪的口号，他愤怒地谴责这种制度是“恢复了的奴隶制度。”④

在意识形态方面，空想社会主义指出资本主义的资产私有制度是

---

① 《傅立叶选集》，第 3 卷，汪耀三等译，商务印书馆，1981，第 4 页。
② 《圣西门选集》，第 1 卷，王燕生等译，商务印书馆，1979，第 239 页。
③ 同上书，第 247 页。
④ 《傅立叶选集》，第 1 卷，赵俊欣等译，商务印书馆，1979，第 117 页。

"利己主义"的基本根源。圣西门指出，在资本主义社会里，利己主义占据着支配地位，它严重地腐蚀了社会机体，使人们道德沦丧、见利忘义，对他人的需要和公共的利益漠不关心。在这种观念的驱使下，统治者对内肆无忌惮地掠夺人民的劳动果实，对外则穷凶极恶地不断发动侵略战争。所以，利己主义是整个人类社会的祸患。傅立叶则揭露说，资本主义制度本质上是一种"反社会的工业主义制度"，在这种制度下，个人利益与社会利益尖锐对立，于是每个人要发展就必须不断与社会进行战斗。他犀利地指出，资本主义把人一个个捏造成自私自利的"动物"，人们热衷于把自己的幸福建立在他人的痛苦之上：医生希望自己的同胞患寒热病；律师希望每个家庭都发生纠纷；建筑师希望发生大火将城市化为灰烬；安装玻璃的则希望天上下冰雹打碎所有的玻璃；裁缝和鞋匠希望人们用容易坏的料子做衣服和做鞋子，以便经常更换。总之，资本主义社会是一个毫无羞耻的名利场。

空想社会主义揭露资本主义社会的黑暗与腐败，是要证明它绝不是如那些辩护士所说的什么"理想王国"，而是非常不公正不人性的社会。恩格斯就曾经指出，在空想社会主义者看来，"按照这些启蒙学者的原则建立起来的资产阶级世界也是不合乎理性和非正义的，所以也应该像封建制度和以往的一切更早的社会制度一样被抛到垃圾堆里去"[①]，用他们发现的新的真理、真正公正的合乎人性的社会所代替，这就是社会主义，是通过社会占有所有财产并进行公平的分配的社会。很显然，无论是对于资本主义社会不公正现象的批判还是对未来的公正社会的设计，他们都是从抽象的人性抽象的人类理性出发并以之为标准的，是"以人的天性为最高准绳而设想完美立法"。空想社会主义无情地抨击资本主义社会的一切不公正现象，充满幻想地描绘了未来公正社会的蓝图，

---

① 《马克思恩格斯选集》，第3卷，人民出版社，2012，第778页。

"提供了启发工人觉悟的极为宝贵的材料"[①]，但由于它建立在抽象的人性论基础上因而不具备科学的实践的品格。它看到了资本主义灭亡的命运，却未能揭示资本主义灭亡的经济根源；它要求埋葬资本主义，却看不到埋葬资本主义的社会力量；它憧憬取代资本主义的理想社会，却找不到通往理想社会的现实道路。就像恩格斯曾经指出的那样，"这种诉诸道德和法的做法，在科学上丝毫不能把我们推向前进；道义上的愤怒，无论多么入情入理，经济科学总不能把它看作证据，而只能看作象征"[②]。

科学社会主义理论是在批判地继承空想社会主义思想的基础上创立的。马克思、恩格斯与那些空想社会主义者一样，也都是富有同情心和正义感的革命民主主义者，他们对空想社会主义者充满了由衷的敬意，在全面地继承其批判资本主义的思想遗产的基础上，把他们开创的事业继续向前推进。马克思创立了唯物史观和剩余价值学说，由此揭示了资本主义经济运动的规律和资本家剥削工人的秘密，指出了资本主义制度的根本局限性和历史暂时性，揭示了社会主义代替资本主义的历史必然性。马克思与空想社会主义者不同，第一，他不是诉诸人类理性和道德的"应然"而是立足于经济运动的内在必然性来论证社会主义代替资本主义的规律；第二，他不是诉诸人们对"真理"的普遍认同而是诉诸无产阶级反抗不合理的剥削制度的斗争来寻找实现社会主义的途径；第三，他不是把资本主义当作是理性的迷误和绝对的恶而是充分肯定了它对于人的发展的历史作用，论证了社会主义必须建立在资本主义创造的生产力和各种文明成果的基础上，否则，这种社会主义就可能是冒牌的或有名无实的。在马克思这里，社会主义作为"高于"资本主义的社会形态，

① 《马克思恩格斯选集》，第1卷，人民出版社，2012，第432页。
② 《马克思恩格斯选集》，第3卷，人民出版社，2012，第528页。

这种高于不仅表现在生产力的发展水平方面，同时也表现在生产关系、交往关系、政治文明和精神文明水平方面，也就是说，社会主义是比资本主义更为公正更为合理的社会，是克服了资本主义的根本弊病而更加有利于人的自由全面发展的社会。

马克思恩格斯确实是主要从经济运动的规律方面来讨论社会主义代替资本主义的历史必然性，确实是比较强调他们关于社会主义理论的“科学性”方面而不太强调其价值的方面，因此对于如何从社会公正的角度批判资本主义论述社会主义的历史合理性，谈论得比较少，甚至在有些地方表现出一种排斥的态度，认为这都是一些廉价的空洞的废话。之所以会出现这种现象，我们认为主要是与他们从事理论活动的时代背景条件有关，一是空想社会主义和各种反对资本主义的思想家在这方面写下了大量的文字，使之成了一种廉价的东西，没有必要再去重复这种道德性的批判，二是他们的公正观道德观都是建立在抽象的人抽象的理性这种唯心主义的基础上的，而且这种观念当时已经成为理论界的一种“共识”或主流话语，而这种观念对于科学地理解社会主义理论是有害而无益的。实际上也确实是这样，当随着《共产党宣言》发表社会主义成为一种强大的思潮，人们争相标榜自己是马克思主义者是社会主义者，而马克思则痛心地感叹说“现在有许多马克思主义，而我只知道自己不是一个马克思主义者”，人们对社会主义的误解或曲解有不少就是从伦理主义角度理解的结果，后来在苏联和中国的社会主义建设实践中发生的某些失误在相当程度上也与此有关。

现在的问题是，我们能不能因此就把马克思理解为是一个只主张科学研究而反对价值批判的“科学主义者”，能不能就因此而认为在马克思主义中没有价值批判的维度，是不是作为马克思主义者就不能谈论或讨论社会公正之类的问题？我们认为答案是否定的。这是因为，从马克思创立的唯物史观和实践唯物主义的思维方式来看，他历来主张现实的人们在现实的实践活动中都遵循着科学尺度和价值尺度的统一，物的尺度与人的尺度的统一，所以，社会主义之代替资本主义，既是一种历史的规律，也是无产阶级和人民大众努力奋斗的结果，是他们不满于资本主义非人的生存条件而实践地反抗和改造这种现实的结果。在无产阶级和人民大众进行社会主义革命的过程中，尤其是在革命胜利掌握了政权建设社会主义的过程中，科学的社会公正观起着非常重要的作用。正如我们不能因为市场经济从起源上是与资本主义联系在一起就认为是资本主义的专利一样，也不能因为自由、平等、公正、民主这些观念是资产阶级首先提出的就认为是资产阶级的观念，不能因为他们是从抽象的人抽象的理性出发理解这些观念我们就必须抛弃这些观念。

从国际共产主义运动的实际来看，社会主义之所以为各个国家的劳苦大众所拥护，在全世界范围内产生了那么大的影响，而且，无论是在发达资本主义国家，还是经济文化都比较落后的国家，越是社会不公正现象突出，贫富差别严重，阶级矛盾尖锐，社会主义的影响力、号召力和吸引力就越是巨大。相反，即使在生产力发展水平远远高于马克思生活的时代的那些国家和地区，如果法制比较健全、奖惩比较合理、社会保障措施比较到位，在财富分配、资源占有、机会开放等方面都有比较公正的规则，那么以社会主义为目标的工人运动就难以兴起高潮，甚至很难普遍地开展起来。造成这些现象的原因当然是很复杂的，但有一点可以肯定，这就是社会主义与社会公正是密切地联系在一起的，社会公正成为社会主义的一面旗帜，成为社会主义信念的重要的基本内容。同时也说明，社会公正问题并不是如我们的一些理论家所说的那样主要是一个伦理道德的问题，而首先是一个经济问题，是财富分配和资源占有方面的问题，也是人们的社会政治地位和基本权利能否得到较好的保护和实现的问题。

社会主义作为对资本主义的发展和扬弃，并不是简单地对资本主义进行一种“大拒绝”，简单地把自己与资本主义全面对立起来，而是在全面地吸取资本主义已经取得的各种成果的基础上，把资产阶级在革命时期提出的自由、平等、民主、法制这些基本原则真正付诸实现，把在资本主义社会中只能以片面的、残缺不全的、形式的社会公正进一步变成实质的全面的社会公正。资产阶级在其革命时期，“为了达到自己的目的不得不把自己的利益说成是社会全体成员的共同利益，就是说，这在观念上的表达就是：赋予自己的思想以普遍性的形式，把它们描绘成唯一合乎理性的、有普遍意义的思想”，而之所以能够如此，是因为“进行革命的阶级，仅就它对抗另一个阶级而言，从一开始就不是作为一个阶级，而是作为全社会的代表出现的；它以全社会群众的姿态反对唯一的统治阶级。它之所以能这样做，是因为它的利益在开始时的确同其余一切非统治阶级的共同利益还有更多的联系，在当时存在的那些关系的压力下还不能够发展为特殊阶级的特殊利益”。[①] 所以，在其革命胜利成为统治阶级之后，为了维护自己的统治和特殊利益，便只能把革命时期的那些口号那些承诺进行阉割，使之成为虚伪的或是徒有其名的东西，对于自由、平等、民主、公正等都有这样的情况。在而后的管理社会的实践中，资产阶级虽然也根据具体的情况，特别是无产阶级力量的壮大和各种形式的斗争被迫进行一些改革，但从总体上说，由于其自身的局限性，无论从法律还是制度上，它都不会彻底地实现当时的那些理论承诺的。只有在社会主义社会，在无产阶级成为统治阶级而且以消灭一切阶级差别作为自己历史使命的社会，才可能真正地实现在资产阶级革命中提出的这些具有普遍性的要求，才能不断地完善实现社会公正所包含的各种要求的具体形式，使之成为名副其实的公正的合理的社会，成为真正地符合人性发展的社会。社会主义的无限的生命力和发展前途就在这里，它

---

① 《马克思恩格斯选集》，第1卷，人民出版社，2012，第180页。

的历史的优越性和吸引力也正在这里。

二、历史的优越性与历史条件的不足

社会主义制度相比于资本主义制度的优越性，从空想社会主义开始，就与能够较好地解决社会财富的公平分配问题联系在一起，与社会公正的问题联系在一起。在空想社会主义者看来，资本主义尽管使得生产力得到迅速的发展，这一点恐怕是任何不被偏见蒙住眼睛的人都承认的，但由于私有制和剥削的存在使得社会不能合理地分配生产出来的财富，出现了严重的两极分化和社会不公正现象，使人与人之间成了像狼与狼之间的关系，因而它是不道德的，必须推翻的。马克思揭示了资本主义社会经济运动的内在矛盾，认为资本主义之所以必然要被社会主义所代替，根本的不是一个道德问题，不是由于它在道德上不合理，因为道德既具有历史性也具有阶级性，不同的阶级具有不同的道德，而是由于经济运动的内在要求，是生产关系必须适应生产力发展水平和要求的必然结果；资本主义经济运动产生了庞大的无产阶级，造就了自己的掘墓人，资本主义被社会主义所代替完全是一种自我否定的表现，从而使社会主义从空想变成了科学。在马克思看来，资本主义本身存在着无法克服的根本矛盾，即生产的社会化与生产资料资本家占有制之间的矛盾，以及由此产生的个别企业的高度有计划与整个社会生产处于无政府状态、生产能力无限扩大而社会消费能力严重不足市场萎缩的矛盾，这些矛盾使得价值无法实现，只能通过周期性的经济危机来强行地破坏性地进行调节，而社会主义制度的优越性，根本的首要的就在于它通过生产资料的社会占有，克服了整个社会生产的无政府状态，使生产的目的服务于人民大众的物质文化生活的需要而不是获得利润，使生产与消费处于一种有计划的调节之下，从而能够使现代社会化大生产能够顺利地运行，使人们共同创造的生产力处于自己的掌握之下从而消除了劳动的异化和人的异化状态，为人的自由而全面的发展创造了历史条件。

很显然地，马克思是从资本主义自我扬弃自我否定的历史发展角度来探讨社会主义代替资本主义的历史必然性以及社会主义相对于资本主义的优越性的，因此这种优越性在理论上也比较容易理解。但由于历史发展的复杂性和曲折性，社会主义革命没有在生产力发达的西欧资本主义国家发生而是在经济文化都比较落后的东方国家，如俄国和中国发生并取得了胜利。这当然不是历史的偶然，而是历史发展的不平衡性造成的，是不平衡发展中的必然性造成的。但由此带来的问题是，在这些发生了革命并取得了胜利的国家，并没有资本主义发展所形成的经济、政治和文化的前提条件，而需要利用革命胜利后建立的政权的力量，去创造出这些本来应该由资本主义阶段所创造的条件，去完成本来应该由资本主义所完成的任务。因为若缺乏这些前提条件，比如说没有生产的工业化和社会化，没有与生产社会化相应的都市化或城市化，在整个国民经济中农业还占着很大的比重农民还是人口的大多数，在普遍贫困人们都还在为生存资料而竞争的情况下，马克思所设想的那些社会主义原则就是无法实现的，强行推行只能造成社会发展过程的巨大扭曲，也很难充分体现社会主义制度的优越性。社会主义相比于资本主义的历史的优越性与现实的社会主义国家的“历史条件”之间出现了不匹配甚至矛盾的状态，对这种矛盾缺乏历史的合理的认识，成为长期以来以超越阶段的急性病为主要特征的“左”倾思想的重要原因。

俄国十月革命取得了胜利之后，即开始按照社会主义的原则来组织国家经济和社会生活，进行社会主义改造，包括无偿地剥夺几乎所有的大资本家的财产，由国家组织工业生产，实行工人对工厂的直接管理，废除土地私有制，组织国营农场和各种协作社，由国家组织产品分配代替私营商业，国家收购粮食供应城市，收购工业品供应农村，等等。1918 年夏天，西方资本主义国家对苏联不宣而战，企图将新生的苏维埃政权扼杀在摇篮之中，在这种条件下苏联上述的社会主义改造的纲领未能全面实现，为了有效地动员国内一切资源保证国防和人民生活的需要，苏联开始施行“战时共产主义”，在农村实行“余粮收集制”，企业国有化，由国家垄断生产和贸易，分配中实行平均主义供给制。“战时共产主义”本是一种在特殊条件下的临时性应急政策，但在当时却也包含着直接向共产主义过渡的某种尝试，这显然是不符合俄国当时的生产力发展水平的。所以，这种政策一方面为抗击国外干涉保卫苏维埃政权起到了重要作用，同时也带来严重的负面效应，如严重打击了农民的生产积极性，工业生产也管理混乱效率低下，由于消灭自由贸易而使整个国民经济缺乏活力。1920 年，面对国内战争结束后粮食和工业品严重缺乏的经济困境，尤其是 1921 年春遇到的严重经济危机和政治危机，列宁明确提出了用“新经济政策”代替战时共产主义的问题。新经济政策又被一些研究者称为“国家资本主义”，它意味着从直接过渡论的政策设计大步撤退，退回到国家限制资本和利用信贷、税收等手段调节控制资本主义市场经济发展的轨道上来。国家将无力经营的一些大企业、矿山、铁路等以租让的方式租给外国资本家来经营，把原来没收的中小企业租给私人经营，废止余粮收集制，开放市场，恢复货币，取消平均主义配给制，允许工农业产品的自由贸易。新经济政策的实施，迅速地活跃了苏联的城乡经济，发展了生产，提高了劳动生产率，使苏联度过了严重的经济危机和政治危机。但由于列宁的过早逝世，新经济政策的实验未能坚持下来。从 1926 年开始，苏联终止了新经济政策的实行，进入建立社会主义经济基础（1926—1932 年）和完成国民经济社会主义改造（1933–1937 年）的阶段，经过两个五年计划的实施，到 1937 年，基本实现了农业集体化和工业国有化的任务，建立了所谓的社会主义经济基础，即全面公有制基础上的计划经济体制。[①] 与此相联系，在政治上则通过不断的清洗持反对意见的同志，确立了以斯大林为核心的高度集权的政治体制。斯大林逝世之后，后来的领导者虽然也作了一定的变通或变革，但也只是一些微调，经济和政治的基本制度框架并没有实质性的变动。这种体制的特征是党政不分，政治经济一体化，国家社会一体化，虽然也有法律，但权力却高于法律，虽然也搞民主选举，但大都是形式化的走走过程，虽然也讲商品和价格，但各种商品的价格都是由国家相关机构制定的，根本反映不了各种产品和资源的真实价值，失去了作为市场信号的作用。理论上是生产资料全民所有制，有计划地安排各种生产，分配制度上是按劳分配，实际上是政府控制着所有的资源，各种经济计划、各级工资标准都是官员们在办公室里制定出来的，既难以反映社会大生产的客观规律，也难以反映各种劳动的实际价值。正是由于这些弊端，使得各个企业都失去了生产的积极性，失去了进行吸纳科学技术成果的内在动力，只是被动地按照上级的指令来组织生产和完成任务。由于个人的劳动收入与个人的劳动贡献脱节，劳动者也都普遍地逐渐失去了创造性地劳动的热情，因此使得整个国民经济缺乏微观上的活力。政治上以委任制取代民主选举制，使得各级官员以服从命令取悦上级为主要价值取向，只有上级对下级的管制而没有相应的权力监督，助长了严重的官僚主义和形式主义。更为要命的是，把这一套经济政治体制以及与之相适应并为之辩护的意识形态规定为社会主义的典范和样板，成为社会主义制度的标本和基本尺度，后来的社会主义国家基本是按照或仿照这个模式来构筑自己的基本制度。

马克思主义确实是一种革命的理论，革命的哲学，是为无产阶级革

---

① 参见张旭、周新城等著：《认知与探索：如何认识社会主义发展的历史进程》，中国人民大学出版社，2004，第 82、83 页。

命作论证的，剩余价值理论的一个社会宣传功能，就是说明无产阶级造资产阶级的反、胜利后将资产阶级的财产收归国有是完全公正的、合理的，因为这些财产原来就是无产阶级创造的剩余价值的转化和积累，因此这种“剥夺剥夺者”的举动就是完全公正、完全合理的。问题是马克思讲消灭剥削、剥夺剥夺者是有着一定的历史条件的，如果不具备这种历史条件，或者说不是经济运动和生产力发展到一定程度后的内在要求，而仅仅是一种道德上的诉求，那就会出现相反的结果。这就是马克思恩格斯在《德意志意识形态》中所指出的，“当人们还不能使自己的吃喝住穿在质和量方面得到充分保证的时候，人们就根本不能获得解放。‘解放’是一种历史运动，不是思想运动，‘解放’是由历史的关系，是由工业状况、商业状况、农业状况、交往状况促成的”，这“之所以是绝对必需的实际前提，还因为如果没有这种发展，那就只会有贫穷、极端贫困的普遍化，而在极端贫困的情况下，必须重新开始争夺必需品的斗争，全部陈腐污浊的东西又要死灰复燃”。[①] 可惜的是，大多数社会主义国家在胜利后都没有能够充分理解马克思这段话的意义，主要是靠着一种空想社会主义者那样的道德上的义愤，或者说主要是从道德的合理性角度来理解消灭私有制消灭剥削的问题，也主要是从道德的角度理解平等和公正的问题。

如果说，西方国家的资产阶级在其革命胜利成为统治阶级之后，因为维护阶级统治的需要从原来革命时所宣传的纲领上进行后撤，使民主、平等、自由、人权都变成了一种狭隘的残缺不全的东西，成为一种徒具形式的虚伪的东西，那么在革命后建立的社会主义，则由于缺乏必要的“历史条件”，也无法实现革命时的许多承诺，在高调主义的理论与落后的现实之间形成一种巨大的反差。

---

① 《马克思恩格斯选集》，第1卷，人民出版社，2012，第154，166页。

可见，如果社会主义国家普遍实行的高度集中的计划经济体制超越了生产力发展的历史阶段，尽管在短时期的组建国家的国民经济布局方面有着很重要的作用，但由于它排斥市场在配置资源方面的基础性作用，既使得计划难以符合经济发展的现实的复杂的和不断变化着的要求，人为地阻碍了生产的社会化分工和协作、阻碍了企业吸纳科学技术成果的冲动，也抑制了经济发展的微观层面的活力，难以调动起广大生产者的积极性和创造性，因而未能有效地解决经济发展的效率等问题，由此，需要根据具体国情和发展实际，因地制宜因时制宜地推进社会主义国家的改革和建设，才能实现对经济强有力的支持、各项福利政策的落实、各种公共服务体系的完善、人民的生活水平较大程度的改善。

三、现实的困境与社会改革的必然性

与上面社会主义的苏联模式形成对比的是社会主义的中国模式。中国共产党人始终坚持在中国运用和发展科学社会主义，坚守包括公正在内的科学社会主义价值理念，通过社会改革逐步实现社会主义的物质价值、精神价值、政治价值等。其中，最具代表性的就是对社会主义经济制度的改革探索与成功实践，通过建立社会主义市场经济体制推进社会生产力水平大幅提高、社会物质财富快速积累，为社会公正的实现奠定了坚实物质基础。

与马克思所设想的在生产力较为发达的基础上建立社会主义社会不同，我国走上社会主义道路的物质基础十分薄弱。我们的社会主义不是脱胎于充分发展的资本主义社会，而是脱胎于经济落后的半殖民地半封建社会。[①] 这表明我们将会需要很长的一段时间来完成别的国家已经实

---

① 王梦奎：《社会主义初级阶段的经济》，人民出版社，1988，第 27 页。

现的工业化、现代化。在改革之初，我们坚持效率优先原则，正是从能够实现社会公正的物质基础出发，而不是丢掉这一价值。恩格斯曾说道："社会的公平或不公平，只能用一种科学来断定，那就是研究生产和交换的物质事实的科学——政治经济学"[①]。社会公正问题不是抽象的、脱离现实的，而是必须基于一定的经济事实，它的实现需要一定的物质基础，而在生产力水平较低的情况下，追求效率就成为增长物质财富的重要手段。追求效率，目的是获得更多的利益，满足人们的多种需要。人们对物质的需要，推动了物质生产活动，在活动中形成一定的利益。利益是需要主体以一定的社会关系为中介，以社会实践为手段，使需要主体与需要对象之间的矛盾状态得到克服，即需要的满足。[②]因此，效率优先对于推动整个经济发展是极其必要的。但是，我们也要警惕效率优先带来的一些问题。

在市场经济中，以提高效率为导向的生产实践活动，其背后是人们对利益的不断追逐。马克思也曾一针见血地指出："人们奋斗所争取的一切，都同他们的利益有关。"[③]这已成为人们进行经济活动的主要目的。每个人都有各自的需要，从而产生不同的利益诉求，这难免会导致不同利益主体之间的矛盾与冲突。而且，市场经济的运行逻辑是追求效用最大化，这容易造成利益分配的不均衡。效率优先原则如果导致结果的极不公正，就需要进行适当的矫正。

如何处理好公平与效率的关系，已经成为困惑当代经济学家、政治学家及哲学家的"斯芬克斯之谜"。把握好公平与效率之间的内在张力，已成为推动社会公正的重要内容。其实，效率与公平并不是总是相互对立的。不可否认，当我们过多地追求效率时，会造成收入分配上的差距；

---

① 《马克思恩格斯全集》，第 19 卷，人民出版社，1963，第 273 页。
② 王伟光、郭宝平：《社会利益论》，人民出版社，1988，第 68 页。
③ 《马克思恩格斯全集》，第 1 卷，人民出版社，1956，第 82 页。

当我们过多地强调公平时，又会以牺牲效率为代价。效率与公平之间存有内在的张力。所以，两者之间完全统一或是矛盾的完全消除都是不可能的。效率优先的原则在经济水平较低的时期尤其受到重视。效率的提高必然会带来经济的增长。但是，增长不等同于发展。当过度地追求效率产生严重的收入差距过大时，就需要通过制定相应的政策和制度予以调整。因此，效率与公平之间的关系不是固定不变的，它会随着客观环境的改变而发生变化。

在新民主主义革命时期、社会主义革命时期和新中国成立初期，以毛泽东为核心的党的第一代领导集体，大都坚持公平优先的原则，主要基于当时复杂的国内外环境。推翻封建社会、建立平等与独立的新社会成为当时的迫切需要。新民主主义革命时期提出三大经济纲领，破除了不合理不公正的经济关系，为新中国成立之初的经济建设奠定了基础。改革开放以来，以邓小平为核心的第二代领导集体，面对经济增长缓慢的现实困境，突破传统僵化的思想，提出以先富带动后富、在提高效率的同时兼顾公平的发展原则。这一原则从社会主义本质的高度来看待效率与公平之间的关系。但是，人们在过度追求效率的同时，也带来了诸多不公正的问题。因而，党的领导集体根据社会现实发展状况，及时进行调整，以江泽民为核心的党的第三代中央领导集体非常重视分配的公正性。党的十五大对资本、技术等生产要素参与分配做了肯定性评价，强调了按劳分配与按生产要素分配相结合。在强调效率带来巨大经济效益的同时，也要重视效率带来的收入差距扩大的问题。以胡锦涛同志为核心的党中央更加突出再分配的公平。胡锦涛在十八大报告中指出："初次分配和再分配都要兼顾效率和公平，再分配更加注重公平。"[①] 初次

① 胡锦涛：《坚定不移沿着中国特色社会主义道路前进，为全面建成小康社会而奋斗——中国共产党第十八次全国代表大会报告》，人民出版社，2012，第36页。

分配也需要注重公平，大幅度提高最低工资标准就体现了这一点。以习近平同志为核心的党中央更是将公平公正摆在了突出位置。党的十九届四中全会公报首次把“按劳分配为主体、多种分配方式并存”确定为基本经济制度，并提出要“重视发挥第三次分配作用，发展慈善等社会公益事业”，进一步强调了三次分配在社会经济发展中的重要性。在坚持发展这个执政兴国第一要务、继续通过效率提高和优化社会生产力、把社会财富“蛋糕做大”的同时，注重以制度手段把“蛋糕分好”，以实现效率与公平相统一。

从我们党成功的改革实践看，处理好效率与公平之间的关系，尤其要关注分配。分配方式如何，往往取决于基本经济制度。经济体制改革自然要涉及分配制度问题。分配问题从来不单单是一个经济问题，更是一个涉及整个社会能否充满活力并保持良性运行状态的问题，是一个属于社会组织原则、管理原则的重大问题，分配范畴也不仅仅是一个经济学范畴同时还是一个哲学历史观的重要范畴。

马克思在谈到按劳分配作为一种“平等的权利”和“公平的分配”时指出：“就它的内容来讲，它像一切权利一样是一种不平等的权利”[①]，是形式上的平等掩盖了事实上的不平等，但这是“不可避免的。权利决不能超出社会的经济结构以及由经济结构制约的社会的文化发展”[②]。这就是马克思认为应该持有的“现实主义观点”。而现代西方的一些理论家，他们所说的“平等”“公平”，则是根据某种一般原则而抽绎出来的，成了一种非历史或超历史的道德诉求。这样一来，公平与效率就形成了一种对立关系，为了维持社会公平就得牺牲一定的效率，为了提高效率就得牺牲一定的社会公平。翻译成中国人都能理解的语言，就是：剥削就

① 《马克思恩格斯选集》，第3卷，人民出版社，2012，第364页。
② 同上。

是不公平，允许按生产要素分配就是允许剥削，就是牺牲了公平，只有以此为代价才能换得效率的提高；反之，如果不允许按生产要素分配，那就是为维护社会公平而牺牲效率，如同改革开放前我们所做的那样。按照马克思的“现实主义观点”，改革开放前我们的平均主义分配政策恰恰既不符合生产力发展的要求，也不符合与这种经济发展阶段和经济结构相适应的社会公平原则，所以才导致了低效率和无效率。在社会主义初级阶段，在我们的生产力发展还比较落后的条件下，为了发展经济、提高效率，在经济分配领域只能实行按劳分配为主多种分配形式共存的分配制度，只有这种分配制度才是具有现实合理性的，才是现实的“公平的”。

在社会的其他领域，如教育、科技、文化、医疗卫生和政府管理部门等，改革开放前我们的效率是同样不高，其中的主要原因还是平均主义的经济分配制度和在社会地位、社会权力、机会、荣誉等分配上的不公正与不公平。只有打破平均主义和各种特权主义，消除其他方面的不公正与不公平，才能调动人们的积极性，才能提高效率。在改革开放和建立市场经济的过程中，人们对物质利益的关心得到了合理的肯定，但与此同时，一些人为了获得更多的经济特权和物质利益，出现的行贿受贿、权钱交易等腐败现象，这无论从哪一方面看都是对社会公正和公平原则的破坏，导致了新形势下的交易成本提高和效率损耗。我们进行政治体制改革、加强法治、强化监督、惩治腐败，都是为了维护社会公平，维护正常的经济秩序和社会秩序，结果必然是促使工作效率提高。

这不是说公平与效率之间没有矛盾，而是说这种矛盾如同改革与发展、稳定与发展之间的矛盾一样，绝不是如一些人理解的那种非此即彼、有此无彼、不可兼得的关系，而是在彼此对立的同时还有相互促进的一面。我们的任务就是尽量创造条件，使它们都能得到合理的发展。社会是一个有机系统，经济与政治、科学技术、文化、教育等都是内在联系着的，提高效率不单指提高经济效率，也包括提高行政管理工作的效率、科学研究和技术开发工作的效率以及文化、教育、卫生等各个方面的效率。无论在哪个方面，坚持公平原则肯定都是提高效率的重要途径之一，而劳动效率的提高、社会财富的增加和丰富，又为实现高层次的公平提供条件。这里我们应该注意的是，公平也具有不同的层次和形式。坚持按劳分配为主，是保障社会大众在获得财富方面的基本公平；建立和健全政治、经济立法，消除权钱交易、裙带关系等腐败现象，维持市场正常秩序，是保障等价交换和投资机会方面的公平；贯彻优劳优得、多劳多得，是直接体现按劳分配机制上的公平；社会职务、地位、荣誉向一切人公开，是保障个人权利和社会竞争机会上的公平；等等。在这些方面，我们都有大量的工作可做。我们现在面临的不是为了提高效率而牺牲公平的问题，恰恰相反，是为了维护和保障公平而促进效率的问题。我们不能把“效率优先，兼顾公平”原则简单地理解为，为了效率可以牺牲公平，而应合理地理解为不能离开生产效率和生产力水平以及由此规定的社会经济结构抽象地看待公平问题，在目前阶段，在以经济发展为中心的条件下，提高效率是第一位的，维护公平要为提高效率服务，而效率的提高、经济的发展，又为我们实现更高的公平提供了条件。

社会主义作为从现代资本主义社会条件中发育出来并代替资本主义的制度，首先在于它能够克服后者对生产力发展的种种限制，能够容纳更高的生产力，能够促进生产力以更快的速度发展，同时也在于社会主义作为广大人民群众当家作主的社会，能够克服后者在社会公平方面的固有局限，在更高的程度上实现社会公平，并为实现效率与公平的良性互动开辟广阔道路。共产党作为无产阶级和人民利益的忠实代表，作为先进生产力的代表，作为先进文化的代表，它的各种工作，包括对总方针的确定和具体制度的安排，其总的指归，从正的方面说，是从现实条件出发，把广大人民群众的历史创造性、主动性和积极性调动起来，从反的方面说，是消除一切限制、妨碍人民群众发挥积极主动的历史创造性的因素，从而最大限度地推动社会的发展和人的发展。分配制度方面的改革和新的分配制度的创设，无疑是使效率与公平合理结合、良性互动的关键，是调动人民群众积极性的直接的也是非常重要的环节。

第六章　制度创新与社会改革

改革作为社会有机体自我调整的一种机制，其最终目的无非是两个方面，一方面是激发社会细胞的活力，另一方面则是维持一定的秩序，也就是对人们的活动进行管理，使社会细胞的活力能够有序地释放和发挥，各种组织和器官能够合理地协同地实现自己的功能。在这个过程中，制度构成了一种骨架性或结构性的存在，它支撑着整个有机体系统以及各个子系统，维系着各个子系统与整个社会有机体系统的动态平衡。

改革的核心任务是制度创新

如果我们抽象掉其他的方面把眼光聚焦于制度本身，就会发现制度也是一个由众多的具体制度构成的复杂的系统，其中有基本制度和辅助性制度，有生产制度、分配制度、交换（交往）制度，有事务性的技术性的制度和管理性的制度，等等。这里我们只就事务性技术性制度和管理性制度作一点讨论，说明改革的核心任务是制度创新，是通过这些制度创新使社会既保持足够的活力又维持一定的秩序。

所谓事务性技术性制度，主要是“做事”方面的制度，主要涉及的是生产性的创造各种财富的活动，涉及的主要是一种主客体之间的关系，人和物、人和事之间的关系。按照哈贝马斯和英国新马克思主义的看法，生产劳动主要是一种工具性技术性的活动，生产力的问题核心是技术发展的问题。技术方面的任何发明和创造，只有以一种程序化也即制度性的形式确定下来，比如成为一种新的工艺、操作流程等，才能形成社会性的扩大性的效果。我们知道，在简单再生产的条件下，生产的有机构成程度很低，作为直接劳动者的个人积极性起很大的作用，而在复杂劳动和扩大再生产的条件下，作为人类智慧结晶的生产工具以及如何运用工具加工原料的技术工艺就发挥着更为明显更为重要的作用，或者说，社会活力在很大程度上要通过技术这个环节来体现出来。这里需要强调的是，第一，生产不限于物质生产，尽管说物质生产是最为重要最为基本的生产活动，是整个社会有机体存在和发展的基础，也包括精神生产，如知识的生产、信息的生产、文化产品的生产等，还包括各种类型的人才的生产；第二，生产也不能只从直接生产的角度来理解，直接服从于服务于生产的各种活动，同样也都属于“做事”的范围。总之，凡是需要把事情做好，做事者的积极性当然很重要，但同时也需要具备相当的技术和设备条件，而且做事的能力在很大程度上是由技术决定的。从这个意义上说，技术性制度构成了任何社会的最为基础最为微观层面的制度，也是最具有可比性、通用性和移植性的制度，也最直接地体现了一个社会的活力和生命力，反映了一个社会发展程度的高低。

社会管理性制度则主要涉及人与人的关系，主体间的关系，首先第一位的是利益分配的关系，其次是权利与权力的关系，以及各种权力之间的关系。与西方一些理论家不同，我们讨论人与人的关系，不是直接地直观地只把它当作是个人与个人之间的关系，如前面所说的，在马克思主义哲学看来，这种关系更主要的是不同集团、不同阶级、不同阶层之间的关系，是不同地区、不同行业、不同社群或族群共同体之间的关系。他们虽然不是一种人格化的存在，但作为一种社会力量，他们比个人更具有现实性，个人的穷通沉浮在相当程度上具有一种比较偶然的性质，而这些社会力量的对比和消长以及它们构成的结构性存在才具有更为重要更为普遍性的意义。涉及利益分配和权利与权力关系的制度，从起源上说是这些社会力量博弈的结果，从实际功能和作用上看也是为了维持彼此的平衡从而维持一定的社会秩序的。由此也就可以明白，无论那些理论家们如何努力在理论上寻找着一种对任何人来说都是公正的理想的原则，而且即使找到了这么一个原则，在现实的制度安排和设计方面也起不到多大的作用，因为现实中真正起作用的还是各种社会力量的对比关系。当作为被统治阶级的人群的力量还很微小薄弱，甚至没有形成自己的阶级意识，被统治的人们把自己由于被压迫被剥削的地位而造成的不幸归结为自己的命运，他们还处于十分愚昧的境地的时候，这个社会必然是为政治权力所控制的社会，也必然是实行专制制度的社会，专制的政府总是与愚昧的臣民相适应的，“政府的恶劣可以从臣民的相应的恶劣中找到理由和解释”[①]，这就是他们所应得的政府。相反地，在被统治阶级的力量变得足够壮大，主体意识有了相当的发展，对自己应该享受的权利非常重视而且积极地为争取自己的权利而起来斗争时，才会出现用权利限制权力的理论要求，才会出现对权力进行有效监督和废除一切特权的要求，才会认为专制制度是不合理的，不公正的，不符合人性的。

如果说社会的经济制度更侧重于对物质利益以及相应的获得物质利益的机会和权利的分配，那么政治制度则更侧重于对权力以及所带来的地位和物质利益的分配，对获得权力所需要的基本资源和机会的分配。在政治权力控制整个社会的条件下，人们可能会把主要的注意力集中在政治权力的争夺方面，而在市场经济和市民社会充分发育、政治领域与

① 《马克思恩格斯选集》，第 4 卷，人民出版社，2012，第 221 页。

经济领域相对分化相对疏离的时代，情况就发生了很大的变化。私有财产制度的确立直接地约束和削弱了政治权力对财产的支配以及对其他各种社会资源的支配，用权利限制权力成为一种普遍的要求，政府被看作是公共管理机构，政治领域被看作是一种公共活动的领域，政治权力被视作是一种公共权力。市场交换将平等交换、自由选择的概念深深地确立了起来，机会平等成为平等的首要的核心的内容，不仅是封建的特权而且任何政治特权都变成了社会公众所普遍不能接受的东西。与这种情况相适应，要求在各个领域都建立起法律的权威，并要求法律的合理性必须得到来自以公民权利为基础的理论性辩护，各级政府的权力都只能按照法律的规定来行使，政府机构的财政收支预算要对社会公众保持相当的透明性，人治社会转变为法治社会，臣民社会转变为公民社会。这些构成了现代公民社会和民主政治的基本内容，也成为现今时代任何国家进行改革的一种时代背景。

冷战结束之后，和平和发展成为时代的主题，对于广大的后发展国家来说，发展与现代化是同一件事情的两面，或者说实现现代化成为这些国家的共同的任务。经过了几十年的实践，人们现在普遍地认识到了一个道理，现代化不仅是器物层面的，是买进一些先进的机器设备，建造一些高楼大厦，修筑一些立交桥和高速公路，这些都是表层性的东西，更根本的还是制度层面以及与之相适应的文化观念层面的现代化。这就需要根据自己的实际情况，改革一切与现代化要求不相适应的各种技术制度和社会管理制度，进行制度创新，确立新的行为规矩或规则，在释放和催生社会活力的同时并对之进行有效的管理，形成“活而不乱”“争而不乱”的社会秩序。

相对说来，对于事务性技术性制度的改革要比较容易一点，因为这一方面的通用性和可移植性比较突出，可以直接借鉴国外的现成的东西，涉及的关系也比较简单，人们也容易形成一定的共识，另外，这方面的改革与工作效率的关联也比较直接比较明显，容易得到检验。社会管理制度方面的改革更具有根本性的意义，否则，再好的技术性制度也会走样变形，发挥不了应有的作用。

社会管理制度的改革由于涉及利益的再分配和权力的再分配，所以会引起既得利益群体的强烈反对，矛盾会更尖锐，困难会更多，难度会更大。在原来就实行市场体制的国家，经济改革主要是一个规范市场秩序的问题，相对来说难度会小一些，困难会少一些，而在原来实行计划体制的社会主义国家，则困难就要多得多。至于政治体制改革，困难就更大，矛盾也更多，道路也更曲折和漫长。

许多人对改革仅仅从具体措施、具体政策的角度来理解，我们的文件、报章上也经常称什么什么是改革的新举措，又出台了什么新政策，这自然也是不错的，但如果仅仅限于这个层面，那证明对改革的理解还是比较浅层的。改革的根本任务是制度创新，是形成新的制度，是制度方面的新陈代谢。相对于制度建设，政策、措施都属于暂时性的微调性的东西，也是行政色彩很浓的东西。而制度则表现为一种具有一定的客观性品格在一定范围内都需要遵从的统一尺度。任何一个社会，都既要有制度，也需要行政性的政策和措施，前者作为客观尺度维护着秩序的稳定性，后者则体现着应对具体情况所需要的一定的灵活性。改革需要从政策和措施开始，经过一段时间的探索之后，就需要上升到制度的层面，用制度化的形式将之固定下来，而一旦形成制度，就不能再频繁改动，否则就没有什么权威性，也起不到客观尺度的作用。从这个意义上看，二者都是不可偏废的。同时还要看到，如何制定行政政策或通常说的决策，也需要一套制度性的规定，一旦作出了决策，就需要一定的稳定性，不能朝令夕改。

邓小平同志曾多次强调，制度问题更具有根本性。制度不好，坏人容易钻空子以售其奸，好人也容易受蒙蔽犯错误。这是他总结中国历史的教训特别是新中国成立以来的教训所得出的结论。习近平总书记着重指出，要在坚持好、巩固好已经建立起来并经过实践检验的根本制度、基本制度、重要制度的前提下，坚持从我国国情出发，继续加强制度创新，指出我们的改革一定要把目标锁定在制度建设上，通过一套比较公正的制度安排，理顺经济与政治、权利与权力、权利与义务、权力与责任的关系，划清不同层级、不同部门的权力界限和责任范围，使各个社会阶层、利益主体的利益诉求，哪怕是相互冲突的利益诉求，都能有一个通畅的表达渠道和展现的平台，为各种社会力量包括各种政治力量的博弈提供一种合理的规则，这才是中国保持持续发展和长治久安的最为重要的保障，是构建社会主义和谐社会的根本途径。

制度创新的路径依赖和代价问题

任何创新都是一个艰苦的探索过程，理论创新、科学创新和技术创新是如此，改革所需要的制度创新更是如此。创新总意味着在已有成果的基础上，针对具体的问题，找出一种更好的解决办法，获得更好的效果和效益。这几个环节是任何创新都不可缺少的，没有具体的问题，创新就没有目标；不掌握前人的成果，创新就没有基础；找不到更好的办法，等于没有创新；若是达不到更好的效果和效益，证明所付出的劳动都是无效劳动。但这些都不是创新的程式，甚至可以这么说，创新并没有一定的程式，在创新的具体过程中，非理性的因素，偶然的机遇，都起着非常重要的作用。不仅如此，不同类型的创新也有着各自的特点，需要一些特殊的条件，科学创新与技术创就很不相同，技术创新与制度创新也有着很大的差别，对创新者的素质和条件都有着特殊的要求。不了解这一点，就可能在实践中造成相当的失误和损失。

创新作为一个艰苦探索的过程，不单意味着要付出艰苦的劳动，集中精力、殚精竭虑、废寝忘食，都在所难免，更意味着这个探索过程会发生失误，甚至出现失败。任何探索都包含着一定的风险，包含着失败的可能以及对失败的问责和追究。一般说来，创新方面的任何成功，都是以无数次的失败为前提为代价的。而与理论创新和技术创新相比，制度创新方面的失败，其代价和风险就更为巨大，而导致失败的因素也更为复杂。也正是这个原因，使得制度创新的探索过程更为艰难，甚至更为凶险。比如，技术创新方面的探索，目标比较明确，可借鉴综合的资料也相对比较可靠，创新团队内部的纠葛内耗也相对较小，检验标准相对比较确定客观，即使是一次次的实验的失败，如果不是方向上的失误，总是在不断地向目标接近。更为关键的是，技术创新的探索毕竟是在相对封闭相对可控的条件下进行的，在一般情况下，其他外部社会因素的干扰比较小，即使完全失败，造成的损失也比较有限，也容易获得人们的谅解和制度方面的保护。而制度创新就很不相同。

第一，制度创新所针对的社会问题不像技术创新那么明确，往往具有一种征候群的特征，而形成这些征候的原因又很复杂多样，绝不是一副药所能解决的。同时，各种制度又都不是孤立的存在，而是相互联系着共同配合着来起作用，彼此之间形成一种有机联系，一个方面的制度创新就要涉及许多方面的制度问题，要照顾到左邻右舍的反映，要对各个方面的利弊做通盘的考虑。

第二，制度创新根本上是一个实践性的问题，是要通过新制度的实施实际地改变既有的利益分配格局和权力配置格局，因此必然牵动着各种利益主体的神经，激起不同的反应和相应的应对行为。所谓“上有政策下有对策”，其实就反映了这种情况。这也就要求制度创新必须考虑到理论推演与实践效果之间的这种落差，理论上合理的东西实践中可能并不合理；必须考虑到新制度推出的时机问题，时机选择不当不仅可能减弱新制度的效果，严重者还可能导致暂时的失败；还必须注意到，任何一项新制度的推出到产生效果，都存在一个效应周期，先是“不应期”，各种阻抗和反对意见都比较集中比较突出，再是“磨合期”，这里的磨合，既包括人们对新制度的认知和情感上的逐步接受，决策层对一些合理意见的吸收采纳和解释宣传，还包括在一些辅助政策方面的修改等，再是“适应期”，只有到了这个时候，新制度的效果才能比较充分地展现出来，一些问题也才能真正地暴露出来。也就是说，评价和判断一项新制度的优劣利弊，必须经过这么一个过程一个试验周期之后才能比较恰当地作出，否则就很容易出现主观片面的情况。

第三，制度创新往往不是哪一个人所能承担的，而是多个主体共同参与的结果。可能有一个倡导者或负责者，但其形成过程中也需进行许多次的讨论，听取各个方面的意见和建议。如果这种制度创新是在中层或基层来进行，而事权划分又缺乏明晰和法律保障，那么上级领导层的意见和决心就起着十分重要的作用。上级领导也不是一个人，往往是几个甚至一群人，各自的意见还不很一致，各自又有自己的消息渠道。在这种情况下，就使得制度创新难上加难，虽然都要求要锐意改革，大胆进行制度创新，但一到具体问题上，比如说一项新的制度出台，很快得到不同方面的不同的甚至对立的意见反映，原来比较支持的也开始犹豫起来，原来不很赞同的更是有了反对的由头和口实，新制度还没有度过试验的“不应期”就可能会因为众多的反对意见而被收回或废止。即使度过了“不应期”，对于最后的效果也不可能使各个方面都满意，还可能出现对立的评价和判断。

第四，来自僵化的意识形态方面的干扰也是造成制度创新风险的一个因素。中国的改革开放确实是从解放思想而打开了突破口的，多年来我们一直突出强调要解放思想实事求是，原因就是有相当数量的管理者还停留在思想不解放或不太解放的状态，没有从僵化的教条的社会主义理论框框中解放出来。存在着不是用实证的材料和实际的不利效果来证明新制度有哪些缺陷或不合理之处，而是用“本质上属于”“必然导致”之类的无法实证检验的词语来定性，指责创新行为偏离了社会主义的轨道。到目前为止，这一点仍然是从上到下进行制度创新的一个重要障碍。

因此，我们进行制度创新，一方面，必须坚持系统观念，因为制度创新是一个复杂且相互关联的过程。系统观念所运用的系统思维方式是一种全面、综合、准确认识和处理问题的科学思想方法，有助于我们从整体上更好地推进改革发展、调整利益关系，确保各项改革相互促进、良性互动、协同配合。在中国式现代化的进程中，坚持系统观念是应对在复杂国际形势、各种风险挑战和中华民族伟大复兴进程中建设社会公正的重要方法。具体而言，坚持系统观念能够帮助我们全面审视制度体系，综合考虑各种因素和相互关系，避免片面性和局限性，它使我们能够考虑到制度的各个方面，包括政治、经济、社会、文化、生态等，从而确保创新的整体性与协调性；坚持系统观念可以更好地把握制度之间存在着相互作用和相互影响的内在联系，通过科学预见形势发展的未来走势，准确识变、科学应变、主动求变，适应错综复杂的国际环境和经济社会发展的新趋势，提前做好应对策略，降低风险；社会是一个复杂的大系统，制度创新需要与社会环境相适应，坚持系统观念有助于我们充分考虑外部因素的变化，提高制度创新的适应性和可持续性；运用系统观念能够优化资源配置，提高制度创新的效率和效果，使各项制度相互配合、协同发力，共同推动社会的发展和进步，以实现协同创新中的制度性公正。

另一方面，需要处理好改革、发展、稳定这个具有战略性全局性的大问题，不仅要看到三者相互促进的一面，同时也要看到她们之间矛盾和冲突的一面。稳定和改革都是为了发展，为了更好更快发展，但发展就意味着必须在各个层面形成足够的活力，个人的活力，企业的活力，基层的活力。形成活力就需要扩大各个主体自主选择的权限和权力，这又意味着会增加一定的不稳定的因素，增加冲突的可能。改革就是一个在这种两难中找到一种合理的制度安排，为实现活而有序争而不乱提供一种基础性保障。既然如此，就必须为改革和制度创新提供一定的保护性措施，比如说，一些改革措施、一些新制度可能会暂时地造成一定的不稳定，会暂时造成发展速度的降低，但只要是从总体上长远上利于稳定和发展的，是具有战略性意义的基础性结构的合理安排，那就决不能因为暂时地降低了发展速度，造成了一定的不稳定而随意叫停，认为改革者犯了错误。一句话，对于改革，绝不能急功近利，要注意谋长远，着眼于有利全局、有利于未来的发展，做出长远的规划。在这个意义上，制度公正或社会公正就体现出了一种总体性的特征和根本性的评价标准的作用，体现了一种超越于具体的局部的功利价值而具有的长远价值，一种能够真正地实现社会和谐持久发展从而达到长治久安的价值。

在改革中寻找效率与公平的结合点

改革作为社会有机体自我调整自我进化的一种重要机制，本身就是一个历史的实践过程。人们在改革中认识改革，在改革中学习改革，不断地矫正着改革的目标，调整着改革的措施，建立和修正着一定的制度。社会就是在不断的改革过程中实现着自我进化和发展，人们也在改革的进程中提高着自己的主体性，改善着各种社会关系使之更有利于人的发展。改革当然需要理论的指导，但若是期望改革的理论能够提供一种周密而完善的计划或蓝图，把它当作是能够一揽子解决所有问题的方案，就很容易陷入现代的乌托邦困境和教条主义的泥潭。人类的理性总是有限的理性，一代人只能解决一代人能够解决的问题。

一、对改革的几个重要的观念误区

中国的改革取得了举世瞩目的伟大成果，但改革的道路还很漫长，面临的问题和困难还很多，改革任重道远。毛泽东在全国民主革命胜利时说过，这只是万里长征迈开的第一步，我们已经取得了伟大的胜利，而以后的胜利会更伟大。为此，我们务必要保持谦虚谨慎戒骄戒躁的精神，务必要保持艰苦奋斗勤俭节约的精神。习近平在代表十九届中央委员会所做的报告中提出，全党同志务必不忘初心、牢记使命，务必谦虚谨慎、艰苦奋斗，务必敢于斗争、善于斗争，坚定历史自信，增强历史主动，谱写新时代中国特色社会主义更加绚丽的华章。总结改革的经验，在改革中学习改革，深化对改革的认识，这个过程也是一个不断“解蔽”的过程，是发现一些观念误区并走出误区的过程。

观念误区之一：拟人化的国家和家长式的政府。在中国漫长的历史过程中，王朝的更替都是以其家族姓氏作为代表的，如嬴秦，如李唐，如赵宋，如朱明，都是现成的例子。满清入主中原，汉臣对皇上只能说“微臣”，满臣才能称“奴才”，奴才也就是家奴，与主子的关系更为亲密，也是一种特权身份的象征。鲁迅曾言，中国所谓的正史，不过是各个皇帝的“家史”。千百年来，“家天下”既是一种现实，也是“正统”即合法性观念的根据。沿袭至今，导致在许多人的观念中，错误地把公有制即国有制直接当作家有制，认为大家长自然有权力管理各种社会事务，一竿子插到底绝不会有任何越权的嫌疑。各级小家长在自己的“家里”即管辖范围内也是如此，管好家里的一切事务，既是权力也是责任。在许多人的观念中，所谓民主制其实就是开明家长制，开明的家长能民主地听取他们的意见和建议而不独断专行，这种民主也就是“为民做主”，代表好谋划好人民的利益和愿望，而绝不是人民自己做主。相应地，老百姓有什么不满，有什么意见，直接间接地也都是针对着政府的，各种“要求”都变成了“请求”，许多群体性事件实际都是一种“请愿”

式的活动，不过是“请求”更上一级的家长出面管好下面的小家长。

具体到改革问题上，也就一直沿着政府“主持”和领导的路子来进行，实际上也就是各级“家长们”之间协商讨论的路子来进行。比如说，“放权让利”，这里权和利的转让或转移也是在各级家长们之间进行的，政府把一些权力下放给了企业或事业单位，上级政府把一些权力下放给了下一级政府，真正把持这些权和利的，还是下级政府和企业事业单位的“小家长们”。权和利的归属发生了一些变化，但这种变化并不是权和利的结构上的变化，行政权力控制社会的基本构架一仍其旧。在整个改革的进行过程中，工人、农民和普通知识分子这些构成人民群众队伍的基本力量，一般都不是作为一种积极的主动的独立的力量，而是作为一种被动的力量而存在的，一直缺乏一种制度装置使他们能够参与到制定改革政策和措施的过程中来。中国的特殊国情和制度的路径依赖决定了政府在改革中要扮演推动者、组织者和管理者的角色，在改革的初期阶段尤其如此，但随着改革的深入、经济的发展以及带来的国家与社会的分化，随着市民社会的逐渐发育成熟，先前的这种模式和观念就都遇到了挑战，确实也带来了许多问题。随着改革不断向纵深推进，各级政府在党的创新理论引领下，正在以更多务实举措破除观念误区，有效推动社会的自组织进化过程与政府工作的自我改革。

观念误区之二：效率与公平的二律背反。公平与效率的关系是我国改革以来引起过激烈争论的一个话题，始终伴随着改革并不断被反思。

美国经济学家奥肯在《平等与效率》一书中表示了这样的观点，即效率与平等是一种二律背反的对立关系，平等多了就会牺牲效率，为了效率就得以牺牲一定的平等为代价，二者不可兼得，差别只在于是选择多一些平等的低效率，还是以牺牲平等为代价的高效率。奥肯的这种理论是以西方社会福利国家政策选择的问题为现实基础的，有着很强的现实针对性。但如我国学者秦晖先生所说，在奥肯那里的平等主要是指结果平等，因为在西方国家，比较完善的市场经济体制使机会平等和过程平等的问题在某种意义上说大致已经解决。奥肯的理论对于中国改革也有很重要的借鉴性意义，在某种意义上，中国的以市场经济为指向的经济改革，所针对的正是计划经济时期的大锅饭、平均主义造成的弊端。而平均主义所理解的平等，实质上也就是结果平等，是分配结果的平等。然而，在当时我们许多人的观念中，这种平均主义的结果平等正是所谓社会主义的公平原则，是克服了形式平等的不合理性而形成的实质平等。在这种背景下，我们似乎就顺理成章地把奥肯“平等与效率”问题转化成了“公平与效率”的关系问题。邓小平提出的“让一部分人一部分地区先富起来”的政策，也被概括为“效率优先兼顾公平”的经济改革指导方针。而在经过了四十多年发展后的今天，中国的经济总量已经跃居世界第二位，但地区差别、城乡差别、贫富差距的不断扩大引发了许多社会矛盾，一些理论家便认为应该反思“效率优先兼顾公平”的指导方针，需要把公平放在更重要更优先的位置，至少应该是二者并重。

可惜的是，概念的误用显示了我们的公平观或公正观的偏颇，把效率与（结果）平等的矛盾放大为公平与效率的二律背反更导致了理论的混乱，使得这场争论的现实意义大大减弱，甚至如秦晖所说的那样，变成了一种对一个“伪问题”的争论。因为公平（公正）与效率原本就不是一个层次的问题，更不是一个二者难以兼得的问题。

如前所说，公平或公正作为自由与平等的一种合题，作为对权利与责任、所得与应得、价值创造与价值分配之间比较对称比较合理的一种制度安排，它既以承认所有社会成员享有平等的基本权利为前提，又以承认人们之间的现实不平等是一种客观的无法改变的事实为条件，其目的是通过制度安排的方式将这些不平等保持在一个合理的限度之内。从这个意义上说，平均主义的结果平等从来就不是什么公平或公正，相反则是一种“伪公平”或“伪公正”，而且是一种以道德浪漫主义为特征的空想社会主义甚至是封建的禁欲的社会主义的东西。当生产力发展水平还比较低、劳动还普遍地作为一种谋生手段而存在的时候，这种“伪公平”或“伪公正”，无论其打着多么迷人的诱人的旗号，其实际的社会作用都将是反动的，是阻碍社会效率的提高和生产力的发展的。因为它的实质，是懒惰的人群对勤劳的人群的劳动成果的一种剥夺，不是鼓励人们把注意力集中在生产领域、通过努力生产努力工作而改变自己的地位，而是使人们的眼光只关注分配问题试图通过某种合法或不合法的手段占有别人的现有的财产。

在价值论的视野中，效率无疑也是一种价值，是人们的实践活动中必然要追求的一种价值目标。经济学讲的效率主要是指经济活动的效率，用我们的话讲就是生产力。人们的生产活动总是在一定的社会关系中进行的，也是通过人与各种生产要素的结合才能实现的，这必然就牵涉到人们之间的关系问题，牵涉到规范人们行为的各种制度和体制问题。实际上，不仅经济活动有效率，其他的各种社会活动都有一个效率的问题。它们合成了社会活动的总体效率，体现了一个社会有机体的总体活力或生命力。在历史唯物主义看来，物质生产活动是一个社会的最基础最基本的活动领域，物质财富的占有、使用、分配和进行交换的权利是人们最基本的权利，但同时也必须看到，社会财富不仅包括物质财富，机会、名誉、地位、权力等也都属于社会资源的范畴，如何合理地配置这些资源，对于提高社会的经济活动效率和其他活动效率都起着非常重要的作用。人们在社会活动中所能获得的自由权利和平等权利以及他们的自由观和平等观总是受着经济发展水平的制约，权利永远也不能超过一定社会经济结构和发展水平以及与之相适应的文化所规定的限度。一种制度安排是否比较公正，总受当时人们所能获得并理解的自由和平等权利的制约，人们也就是在这个基础上来评价一种制度是否公正是否合理。这是一方面，另一方面，只要人们觉得一种制度安排比较公正，自己的利益得到一定的保障，因而也能够接受和认同，这也就表明这种制度基本上适合当时的经济发展水平发展要求和人的发展水平和要求，自然也就减少了诸多的争斗和内耗，就能够促进社会总体效率的提高和生产力的发展。反之，当一种制度被当作是不公正的而到处引起普遍的反对和反抗的时候，这就不仅会影响人们活动的积极性，更是造成了普遍的不遵守规则、造成人际关系的紧张和诸多的冲突，结果是既形成了人力、物力、财力的极大浪费，也加重了维持这个制度的成本，最后就是形成整个社会严重的效率损失。在这个意义上，可以说，效率与公平（公正）表现出一种正相关的关系，是一种制度的内在合理性与外在效应之间的关系，而绝不是二者不可兼得的关系。

如果通过制度创新解决了这些问题，形成了一套比较公正也能够得到人们比较普遍认同的规则，即使那些有一定能力但在竞争中落败而处于较差的社会地位和较低的经济收入的人，他们也不会产生严重的反社会情绪，因为未来的机会对他们还是开放的，他们还能够通过自己的努力改善自己的地位。而对于那些缺乏能力或能力较差而处于社会弱势群体的人们，一定的社会保障制度也能够使他们的基本生活需要和基本权利得到满足，他们的生活状况也会因为整个社会效率的提高而不断得到改善。我们必须看到，在相当长的一个时期内，我们都还将处于社会主义初级阶段，即使全面建成了小康社会，也不可能实现那种作为共产主义理想的按需分配的实质平等，我们能做到的只是合理地限制收入差距的扩大。社会公正在任何时候都是以承认一定的不平等为前提，作为社会主义目标的共同富裕绝不是乌托邦式的“同等富裕”。

从这个角度看，这些年来理论界出现的一些重大争论，在很大程度上都与这些误解和误区有关，与不能正确地理解社会主义初级阶段我们所能实现的公平的性质和程度有关。而要破解当前的一些改革开放的理论困局，就需要走出这些误区，树立合理的公正观，以马克思创立的唯物史观为基本方法，以马克思主义的社会公正观为指导，从人民和国家的长远利益出发谋划改革，积极而稳妥进行制度创新，使广大人民群众都能受益于改革，使改革的成就能够惠及所有国民。

二、在政治协商中深化改革，寻找公平与效率的合理结合

改革的过程就是兴利而除弊的过程，兴利除弊成为改革的理由和合理性的重要依据。同样的，制度变革也是为了兴利除弊，没有哪一种变革不是以此作为其口号和旗帜的，而反对改革反对制度变革的人，也同样是以此作为武器，只是彼此对于利弊的看法不同甚至对立而已。利弊是一个典型的价值范畴，同一事物对于不同的主体，其利其弊可能就是不一样的，甚至是相反的。商鞅变法，利在秦国，但触动了损害那些贵族的利益，故引起他们的激烈反对，最后将商鞅车裂；王安石变法，利在朝廷，可司马光等人则认为这是与民争利，是祸民之举，后以王安石罢相变法失败而告终。戊戌维新运动，触及了顽固派的利益，革新的帝党与保守的后党之间展开残酷的斗争，尚未充分展开就中途夭折，光绪帝被囚，康梁逃国，六君子血溅菜市口。从中都可看到不同集团因改革的价值理念和价值选择差别而带来的惨烈斗争。

利弊又是一个很抽象很概括的范畴，既包括了功利价值，也包含着一些超功利的价值，比如说，效率就是一种功利价值，而公平公正则意味着某种超功利性。效率有局部的效率，也有整体的效率，有经济活动方面的效率，也有行政方面的效率，公平或公正的形式更是多样，有起点的公平，过程的公平，规则的公平，裁判的公平，结果的公平，等等。而且，起点的公平和平等，规则和过程的公平，并不能直接导致结果的平等和公平，倒是总导致结果的不平等，而对于这种结果的不平等到底是不是公平或公正的，对于这不平等引起的负面的价值和正面的价值，

不同的阶层和集团又有着不同的看法。总之，如何判断利弊，原本就是很难统一的，甚至可以说是无法统一的。这恰恰就是价值主体性的一种具体表现。

前面我们讲过，把公平与效率看作是一种不可兼得的关系，这是一种误解，是理解上的一个误区。但这不是说它们之间就没有差异和矛盾，在我们看来，效率和公平作为两种不同的价值维度，各自都展开为一系列不同的表现形式，比如在效率维度上，有个人活动的效率和一定共同体活动的效率，局部的效率和总体的效率，经济活动的效率与行政方面的效率，即使聚焦于一种活动的效率，也有无效率，低效率，中效率，高效率等的差异。而在公平的维度，也有多种形式，从质的方面看，机会平等是一种公平，基本权利平等是另一种公平，但二者之间就有很大差别，不能因为基本权利平等就认为任何机会都应该对每一个人开放。这不仅是实践中不可能，就是在理论上也不合理。起点平等和过程公平不仅不能导致结果的平等，而且常常是导致结果的不平等，在这种情况下，这种结果的不平等就应该看作也是公平的。正如一场体育比赛，规则公平，裁判公平，即使是比赛的失败者，也不能因为自己失败了就说这场比赛不公平。从量的方面看，也有严重不公平，不太公平，基本公平，比较公平，非常公平等的差别。总之，这里存在着非常复杂的关系，必须坚持具体问题具体的原则，结果平等与效率之间确实存在着一定的对立关系，但绝不能把这种情况当作是公平与效率关系的一般情况。

制度的创新和变革，总需要一定的理论作为指导，这是没有疑问的。但同时还必须看到，第一，促成这种创新和变革的最主要最直接的原因，是现实生活中的问题和矛盾，是各种社会阶层、集团力量对比的变化。经济的发展，人口的增加，新技术的应用，新的活动领域的开辟，等等，都会引起社会各种力量的格局出现一定的变化，从而出现了新的需要和要求，使得原来的博弈规则变得不适用或不够用了，违反规则或无规则的现象大量出现，社会秩序方面出现了混乱，于是才产生制度变更和制度创新的需要。思想家们提出的各种理论，都是在一定的现实背景下形成的，也都是直接间接地针对这些问题而提出的一种解决方案及其论证，无论这些论证及所使用的概念外表上显得多么超脱、多么“学术化”，也无论他们是不是自觉地意识到代表着某个阶层，其实际的立场和偏好却都是与此关联着的。而到了政治家那里，到了那些实际地参与或决定着制度变革的当权者那里，以哪一种理论作为自己的武器，更是以自己选择的现实政策主张为其前提，至少也是在各种冲突的理论中择善而从或加以取舍综合。如果说理论家们一般更偏好于理论逻辑的一贯性和合理性，那么政治家们就更侧重其实用性和可行性。正像恩格斯所说的那样，“在职业政治家那里，在公法理论家和私法理论家那里，同经济事实的联系就完全消失了。因为经济事实要以法律的形式获得确认，必须在每一个场合都采取法律动机的形式，而且，因为在这里，不言而喻地要考虑到现行的整个法的体系”，无论如何，尽管“在这里，观念同自己的物质存在条件的联系，越来越错综复杂，越来越被一些中间环节弄模糊了。但是这一联系是存在着的”[①]。第二，理论家们关于制度应该如何、怎样才算公正的理论论争，政治家们想方设法为自己的政策主张所进行的辩护及其相互的辩驳，这本身就是一个多主体之间进行博弈的过程。各以自己的理论和主张为正确、为真理，以敌对方的观点为错误、为偏见，都有意无意地掩盖遮蔽着彼此在利益间的立场差异，或者标榜自己是出于公心而指责对方是囿于集团利益，但最后的结果，仍然是以实力对比为取胜或落败的根据。第三，就一般情况而论，实际的制度改革与理论的论证之间总有一定的差距。这是因为，一方面理论上的论证总是抽象掉

① 《马克思恩格斯选集》，第4卷，人民出版社，2012，第260页。

了许多具体的东西而在一种比较理想的条件下进行的，在实际执行过程中不可能都按照理论所设想的那个样子来落实，另一方面，不同的集团或不同阶层的代表所秉持的理论或方案之间又有相当差距，它们在对立中也有统一，在辩驳中有相互吸取和补充。理论上说是吸取了各方面的合理因素，实际上看则是各个方面的利益诉求都得到了一定的照顾。即使在激烈尖锐的政争中一派获胜而另一派出局，其出台的改革政策和制度一般也都参考综合了对方的一些意见，或是在后来的实际执行中把对方的一些东西容纳进来。

实际的政治活动原本就是一种政争和协商相统一的过程。但到了思想家那里，到了意识形态宣传时，却给人们灌输了这样一种观念，即认为这是忠臣与奸臣之间、真理正义与谬误非正义的力量之间的较量。正是这种传统的政治观，在某种意义上加剧了政治斗争的残酷性。在现代政治观念看来，由于各种利益诉求都具有自己的合法性，因此要求获得满足也都是正当的。通过一定的争斗、商谈而进行协商的过程，就是一个寻求合理的平衡使彼此的利益都得到一定程度的满足的过程，是在效率的维度和公平的维度的张力之间寻求合理的结合点的过程。这并不是说，在各种意见的争斗中不存在进步与落后、正确与错误的问题，而是说主要的不是正确与错误的理论争论，也不是进步与落后的政治倾向的分歧，主要的首先的最根本的还是各种利益诉求和立场之间的分歧。因此现代政治的一个重要问题，就是确立政治博弈中的合理的公正的规则，使得各种社会阶层的利益诉求能够得到畅通的表达，在谈判和协商中获得一定的共识和彼此承认。

在这一方面，罗尔斯的“重叠共识”和哈贝马斯的建立在交往理性基础上的商谈伦理都是有启发意义的。但罗尔斯的“重叠共识”主要侧重于公正的制度设计与各种完备性伦理学说之间的关系，既独立于它们又能获得它们的一定认同，其核心还是落在单纯的理论层面，表现出一种乌托邦倾向。这也是反对者们多有诟病的地方。哈贝马斯则区分了工具性行为中的单一理性与交往实践中的多重理性，或主体间交往中存在的复合理性，他的交往理性就是这种复合理性或多重理性。他认为，这里的理性概念是一个“程序性的概念”，这就是交往的参与者，通过他们的语言，通过讨论而达到相互理解。他说，“交往理性在论证的程序中找到了识别标准。这个程序能够直接或间接地满足命题的真理性、规范的正当性、主观的真诚性以及审美的和谐的要求”。[①] 他还指出，“就商谈伦理学有理由被看作是形式伦理学来说，商谈伦理学的原则与一种程序，即通过商谈来满足规范的有效性要求的程序有关。”[②] 参与者只有在通过一定的商谈后才能取得一定的共识，而这种共识就构成了正当性或有效性的思想基础。而在我们看来，这个商谈的过程，不仅是相互理解的过程，不仅是一个程序或形式，更还包含着在商谈和争论中，在理解彼此的立场和利益诉求的基础上，相互妥协、彼此让步而获得一个共同认可的结果或协议的过程。

总之，一定的制度变革就是在政治协商和全过程人民民主实践的过程中实现的。也只有通过这样的途径形成的制度变革，才可能得到比较广泛的认同，比较有约束力。公正作为一个历史的范畴，自来就是与当时的人们的认同分不开的。尽管说人们往往把公正当作是一种理想，理论家尽力在寻找这种理想的公正应该是什么样的，试图为社会为人们提供一个最终的标准，但实际上却从来就没有找到过这样的东西。不同时代的理论家们对于公正的不同理解，不同民族不同阶级的人们有着不同的公正观，就是最好的证明。从实践哲学的角度看，公正不是一个点，而是一个范围，其高线是对于权利和负担、权力与责任、所得和应得分

① 哈贝马斯：《现代性的哲学话语》，社会科学文献出版社，2005，第 314 页。

② 哈贝马斯：《道德意识与交往行为》，德文版，第 113 页，转引自王晓升《哈贝马斯的现代性社会理论》，社会科学文献出版社，2006，第 370 页。

配得比较合理，不同群体不同阶层的人们都比较满意，其底线是一些阶层虽然不满意但还能够接受。这样的制度安排就可以看作是公正的，也是能够得到比较广泛的认同和遵从的。因此社会秩序比较稳定，相互之间的摩擦冲突较少也较小，效率的损失也比较小，社会总体活动的效率比较高。

中国的改革和制度创新需要马克思主义理论的指导和支持，包括社会公正理论的支持，但我们绝不能教条主义地理解马克思主义经典作家的词句，而要把握其实质精神，用他们创立的科学的方法来指导我们的改革和制度创新。中国将长期处于社会主义初级阶段，市场经济已经被历史证明是最有效率的一种资源配置方式，也将是中国不可逾越的一个阶段，我们绝不能不顾这个现实的国情，绝不能再回到改革前那种从抽象的词句和原则出发，从美好的愿望出发的老路上去。我们认为，建设社会主义和谐社会，表达了中国共产党人和中华民族对社会主义的一种新理解，也是对社会公正的一种新看法。中国新修改的宪法中已经公开承认现存的各种社会阶层的合理性和合法性，承认保护私有财产的必要性，也就是说，他们的合理的利益诉求也是具有法律依据的，是合法性的诉求。现实的社会主义的公正，只能是在中国各个阶级各个阶层的商谈和协商中来寻求，在邓小平提出的“三个有利于”标准的前提下来寻求，在通过合理的制度安排以提高整个社会的活动效率和活力与维持较好的社会秩序社会团结稳定局面的统一中来寻求，在不断深化改革巩固改革成果与使改革成果惠及全体人民群众的平衡中来寻求。习近平在湖北省武汉市主持召开部分省市负责人座谈会，征求对全面深化改革的意见和建议时讲道：“必须以更大的政治勇气和智慧，不失时机深化重要领域改革，攻克体制机制上的顽瘴痼疾，突破利益固化的藩篱，进一步解放和发展社会生产力。”这无疑是非常艰巨的任务，也是中国现代化过程一种内在的要求。

第七章　价值论视阈下推进国家治理现代化的理念与进路

恩格斯曾指出，西方启蒙学者把资本主义说成是“理想王国”，空想社会主义者批判了他们的错误和虚妄，认为“社会主义是绝对真理、理性和正义的表现，只要它被发现了，它就能用自己的力量征服世界”[①]。马克思的哲学革命彻底颠覆了这种唯心史观的致思路向，马克思恩格斯甚至说，“共产主义对我们来说不是应当确立的状况，不是现实应当与之相适应的理想”[②]。马克思主义哲学主张在批判旧世界中发现新世界，但绝不认为旧世界是一成不变的，因而自己的批判和发现是终极性的，后世的继承者只是执行者，只是按照马克思的发现（设计、蓝图）去进行建造的施工队。假如我们作为马克思主义者、作为马克思事业的继承者，这样去理解我们与马克思的关系，那恰恰是违反马克思的意旨的，是把马克思主义当作是宗教一样的教派了。这其实就是马克思主义队伍中教条主义屡反屡犯不绝如缕往往还意味着“政治正确”的思想原因。

马克思主义哲学坚持真理与价值相统一的原则，就是立足“人类社会或社会化的人类”的高度，围绕“人的解放”这个中心命题，从现实

① 《马克思恩格斯文集》，第3卷，人民出版社，2009，第536页。

② 《马克思恩格斯文集》，第1卷，人民出版社，2009，第539页。

的人和人的现实实践出发，将对象、现实、感性都当作实践去理解，也即是“按照事物的真实面目及其产生情况来理解”，这里的“事物”，包括自然的、社会的和历史的，包括经济、政治、文化，包括家庭、阶级、民族，也包括各自的价值关系和价值观念，如此等等，只要坚持这个方法，那么“任何深奥的哲学问题”，就都可以“归结为某种经验的事实”[①]。价值原本是人的实践生活中处处时时都遇到、都回避不了的问题，利害与是非、实然与应然、现实与理想（期盼），它们之间既有差别和对立，又相互对照相互作用相互过渡，构成了主体选择的具体条件具体内容。尽管在不同的主体那里，其形式和内容都有所不同，解决的方式也不令人满意，是思想家们将之抽象化甚至神秘化了，变成“深奥的哲学问题”，总想一次性地一劳永逸地彻底解决，却始终解决不了，因而纷争不断。

落实到政治哲学方面，无论是对国家、阶级、政党、制度、法律、道德，还是正义、平等、自由、权力、权利、合法性、正当性，都需要跳出以理论论证理论、从观念确证观念的思辨哲学的藩篱，“按照事物的真实面目及其产生情况来理解”[②]，要从不同主体如个人、家庭、阶级的利益差别及冲突，个别家庭、集团的利益与共同体、公共利益的差别及冲突，以及共同体为了不至于在冲突中解体而缓解、钝化这些冲突，设立各种规范、组织和论证这些规范、组织的必要性合理性的观念、理论，等方面来理解。就像马克思曾指出的，如果一个时期某个国家权力是为某一集团独占的，那么在理论上占主导地位的就是专权如何必要如何合理的观念，相反，“在某一国家的某个时期，王权、贵族和资产阶级为夺取统治而争斗，因而，在那里统治是分享的，那里占统治地位的思想就

① 《马克思恩格斯文集》，第1卷，人民出版社，2009，第528页。
② 同上书，第528页。

会是关于分权的学说，于是分权就被宣布为‘永恒的规律’。”[①] 总之，这些抽象的理论和观念背后都有现实的阶级或集团的利益作为其基础，这也是这些观念为何能够风水流转的根源。很显然，马克思主义政治哲学首先是为政治祛魅，为各种素来被视为神圣的政治观念、道德观念祛魅，是以批判的反启蒙的形式实现真正的启蒙，“第一次使现代无产阶级意识到自身的地位和需要，意识到自身解放的条件”[②]，由此在世界范围内兴起了共产主义运动。

苏联解体、东欧剧变使世界共产主义运动陷入空前的低潮，而中国特色社会主义建设的成就、中国式现代化道路的开辟，为寄希望于社会主义的人们提供了新的希望。党中央提出坚持和完善中国特色社会主义制度，推进国家治理体系和治理能力现代化，作为全面深化改革的总目标，未来几十年发展的总任务，是当代中国最大的政治。从价值论的视角看，马克思主义政治哲学的研究者，更应抓住国家治理现代化实践过程中的重大问题，进行哲学层面的前提性的批判性反思，在思维方式和价值观念方面提出创新性的理论，为促进国家治理现代化起到应有的作用，这是构建中国特色中国气派哲学的合理进路，也是在“两个结合”中发展马克思主义哲学、构建21世纪马克思主义的合理进路。

三个重要理念：现代民主治理、善治、国情

中国特色社会主义建设进入新时代以后，我国面临的国际关系和国内矛盾发生了新的重要变化，以习近平同志为核心的党中央审时度势，

---

① 《马克思恩格斯文集》，第1卷，人民出版社，2009，第551页。

② 同上书，第602页。

在十八届三中全会首次提出“完善和发展中国特色社会主义制度，推进国家治理体系和治理能力现代化”①的全新理念，将之确定为全面深化改革的总目标。十九大报告重申了这一理念，十九届四中全会专题研究了这一问题，发布了《中共中央关于坚持和完善中国特色社会主义制度、推进国家治理体系和治理能力现代化若干重大问题的决定》，十九届五中全会又对之作出了战略部署，提出了具体的时间表和路线图。推进国家治理现代化，将制度优势转化为治理效能，是关系党和国家事业兴旺发达、国家长治久安、人民幸福安康的重大问题。如何按照中央的部署，通过全面深化改革，发扬优势，革除弊端，真正地将系统治理、源头治理落到实处，收到实效，达到善治，是我们在很长一段时间内理论建构和实践中最重要的一件大事。而厘清理念基础非常重要。理念基础不明确、概念不清楚，逻辑和解释就容易含混不清，难以说服人，难以形成最大共识。而从实践方面看，则需要抓住几个关键环节，才能有序、稳定地进行改革，推进和实现国家治理现代化。

一、关于现代民主治理

治理现代化是相对于传统的“统治”“管制”和“管理”而言的。传统的“统治”“管制”包含两层含义：其一是指传统社会的统治、管制。传统社会即前现代社会或封建社会，是一种以“家天下”为基本理念的社会或历史阶段，官吏臣工都是辅助皇帝实现统治的家臣，他们的任务即管住天下百姓，而百姓则没有任何权力和地位。皇帝的“治国理政”主要是提拔和管理官吏，目标是保证皇权永固，传承万代。与之相对应的现代社会则是民主社会，国家是人民的国家。按照马克思的观点，资产阶级革命实现了人的政治解放，以法律的形式确定了公民的权利和义

① 习近平：《坚持和完善中国特色社会主义制度推进国家治理体系和治理能力现代化》，《求是》，2020，第1期。

务，尽管其形式与实质之间不一致，但毕竟是历史的一大进步。[①] 所以才有“权为民所授”，“权为民所赋”。我国是社会主义国家，真实地贯彻人民当家作主的原则，其治理理念与传统君主制下的统治、管制有本质区别，这个界限是绝不能混淆的。其二是指传统的“管理”方式。最典型的是企业管理中的“泰勒制”，即所谓“科学管理”。这种管理模式坚持主客对立的思维方式，将被管理者视为单纯的“客体”，为之设计规定好各种动作程式，严格实行过程管理和全程监督，借以提高工作效率。由于无视被管理者的主体性，忽略其尊严和主动性，引起被管理者的消极抵制或积极反抗，管理成本不断提高而效率却下降，最后被普遍抛弃，目标管理代而兴起。目标管理也称弹性管理，它承认、尊重被管理者的主体性和主动性，将管理者与被管理者都视为主体，彼此之间是一种平等的主体间关系，通过讨论和协商确定合理的目标（工作任务），变管制、监督为协助协调，共同努力达成目标。这被认为是管理理论的一场革命。后来这一思想被引入公共管理领域，“治理”代替了“管理”成为新公共管理理论的核心概念。按俞可平的说法：“20 世纪 90 年代，在西方学术界，特别是在经济学、政治学和管理学领域，治理一词逐渐流行起来。”[②] 从统治走向治理，“少一些统治，多一些治理”成了一种流行的口号。学界总体上都是在与过程管理的“管制”概念相对立的意义上使用治理概念的。如果我们不懂得或有意抹杀了这个本质性差别，在传统“管制”的范式下理解治理，就把“治理现代化”变成了一种毫无意义的词语游戏，在实践中也会阻碍国家治理体系和治理能力现代化的推进。因此，我们必须强调和突出这个本质性差别，实现理念或观念的转变。这是具有前提性意义的。

---

① 《马克思恩格斯文集》第 1 卷，人民出版社，2009 年，第 32 页。

② 俞可平：《论国家治理现代化》，社会科学文献出版社，2014 年，第 15 页。

二、关于善治

国家治理现代化意味着实现善治，善治是国家治理现代化的目标。正如人们对于治理有不同的理解一样，对于善治人们的理解也是有分歧的。这是研究、探索中的正常现象，对于治理和善治这种需要从多学科、多角度来研究和探索的问题更是如此。

俞可平研究团队在综合西方发达国家相关研究成果并结合我国国情和国家治理具体经验的基础上，发布了“中国国家治理评价指标体系”和“中国社会治理评价指标体系”。前者从公民参与、人权与公民权、党内民主、法治、合法性、社会公正、社会稳定、政务公开、行政效益、政府责任、公共服务、廉政这12个方面，后者从人类发展、社会公平、公共服务、社会保障、公共安全、社会参与这6个领域，设置一系列具体的指标，还附带一些可计算的公式，试图为评估国家治理和社会治理的实践绩效提供可操作的技术性方案。俞可平先生在说明中表述得很清楚，确定这些领域和指标的目标理念或理想目标，就是善治。[①] 善政要体现为善治，也要通过善治来得到确证，需要通过对实践过程中一系列指标的评估和确认来验证。俞可平的研究角度显然是政治学和公共管理学的角度，其创制的这套评估指标体系对于我们具体地理解和推进善治实践无疑是具有重要意义的。

从马克思主义价值哲学的角度理解善治，显然不同于具体学科的视角。首先，这里作为善治的“善”，既是善良意义上的“善”，又是完善意义上的“善”，是道德意义和功利价值或效益意义的有机统一。这里所说的功利价值，意味着一种最高的“性价比”，一种合理的收益与成本的比例关系，一种效益最好的过程和状态。换句话说，即使达到了预期目标，如果成本太高、代价太大，那也不能算是善治。这里所说的道德意

---

① 俞可平：《论国家治理现代化》，社会科学文献出版社，2014，第231—236页。

义，意味着它是建立在尊重人、信任人、有利于人的全面发展基础上的治理体系，是一种公平正义的或越来越趋向于公正、能够获得包括被管理者在内的人们的普遍认同和遵从、从而能够获得人们较高满意度的治理体系和措施。

其次，善治不仅是治理现代化的目标，同时也作为动机贯穿治理的整个过程和各个方面，是动机、目标和过程的统一。目的——作为实践活动最终达到的目标——不仅作为动机发动了行动，而且成为一种内在尺度和标准，衡量该活动所涉及的各种条件，活动开展中的各个环节以及活动得以实施的各种计划、方案、措施，将之区分为有利或不利、合理或不合理、好或不好等，比较各种方案的价值大小，分析评估各种措施的时序安排的效应。总之，目标统领过程及其所包含的各个方面，具有非常重要的意义。很显然，如果在治理现代化目标的理解上出现失误，就会全面影响整个过程，甚至会模糊全面深化改革以及国家治理现代化的方向。

从现实层面说，我国经过40多年的改革开放，物质财富已经相当丰裕，财富短缺的问题已然解决，进入了中国特色社会主义建设新时代，人民群众对美好生活的需要与发展不充分不平衡的矛盾成为主要矛盾，如何贯彻新发展观，使发展更充分更平衡、发展的质量更高是矛盾的主要方面；如何提升人民的获得感、幸福感，过有尊严而体面的生活成为我们努力的方向。社会主义社会是人民真正当家作主的社会，是人民自己管理并管好自己事务的社会，是人民创造美好生活和享受美好生活的社会。宪法所赋予的公民权利得到保障和实现，人民能够广泛参与公共事务的决策和管理，人民的智慧和意见得到尊重，这既是创造美好生活的条件，也是更好享受美好生活、获得尊严感的实质性内容。从这个角度看，善治不是依靠外在控制而实现的上下一般粗、各地一个样的所谓“秩序井然”，不是人均GDP达到多少美元就算实现了的“美好生活”，也不是超过了某个国家的所谓“比较优越性”，而是也只能是人们自己形成一种自己管理自己事务的机制，从而创造并享受自己的美好生活的过程和状态。很显然，那种坚持传统统治理念，将广大人民群众当作管理客体、上层机构把下层干部当作执行工具、把达到某个指标当作善治的做法，与社会主义本质以及现代民主治理和善治是南辕北辙、背道而驰的，与中国共产党的本质、宗旨和初心是相违背的，必须予以改变。

三、关于国情

为何我们将国情也作为国家治理现代化的一个理念来看待？因为多年来我们一方面对国情概念高度重视，另一方面又存在着一种严重的误解。

国情这个词在相当程度上已经被理念化了，被赋予了一种特殊的意义。在不少人的头脑中，“国情”似乎就是实际的代名词，符合不符合国情成了检验一个理论和观念是否是真理、一项政策是否正确的标准。这其实是有大问题的，值得我们详尽地讨论与辨析。

在中国近现代史上，最先是一批保守主义者强调中国国情以抵制西化，特别是抵制马克思主义，有所谓中国没有阶级、阶级分析方法不能运用于中国、社会主义不合中国国情等等的论调。后来中国共产党总结自身犯教条主义、“左”倾主义错误的原因，结论是理论脱离中国实际，忽略或不懂中国特殊国情，照抄照搬外国经验。改革开放后，我们坚持从中国国情出发，中国还处于社会主义初级阶段就是我们最大的国情，所以我们要搞社会主义市场经济，建设有中国特色的社会主义。改革开放 40 多年的实践证明，我们走的这条道路是完全正确的。历史否定了社会主义不符合中国国情的主张，也证明了无论是搞革命还是搞建设，都不能从观念、理论或原则（无论这观念、理论和原则来自哪里）

出发，都必须根据中国国情的实际，研究中国的特殊情况和特殊矛盾，才能制定出正确的路线和政策。这些都是毫无问题的。有问题的是一些人违背马克思主义实践思维的基本原则，把国情凝固化、理念化，同时又把中国国情与世界发展割裂开来、把特殊（中国）与普遍（人类、历史发展理论）对立起来，忘记了人类历史实践本身就是使一定理论适应国情又改造国情的过程，忽略了从国情出发分析其利弊又不断创造国情发展出新国情的问题。任何国家都有自己的特殊国情，但在世界历史时代，各个民族国家连成了一个整体，在世界性交往中形成了人类共同体，并受人类文明进步规律和潮流的强制约束，也需要根据人类文明的共同尺度进行历史定位。现代化就是这么一种人类文明尺度，包括我国在内的许多后发展国家一开始都是认为其不合国情而排拒现代化的，是经历了很长时间才自觉意识到并接受了这个共同尺度同时以之评价国情的利弊好坏的。我们要实现现代化，前提是意识到我们国情中有不合乎现代化要求的方面，并且改变不合理、不利于国家发展和人的发展的那一部分国情。

中国特色社会主义的理论、道路和实践，也是在马克思主义指导下通过改造中国国情中不符合和违背社会主义现代化的那些体制、机制、文化等而形成的。中国特色是社会主义的修饰语，是社会主义的中国特色，是按照中国的特殊历史阶段和特殊矛盾在逐步解决这些矛盾、建设社会主义国家、实现中国现代化的实践过程中体现出来的特点。如一味突出中国特色，甚至从几千年传统文化中去寻找中国特色，似乎只要是中国特色就是对的、好的，符合中国国情就是正确的，那就是有意无意地把中国特色、中国国情与社会主义、人类进步、人类文明共同成果割裂并对立起来了。从马克思主义哲学角度理解国情这个概念，国情就是中国的实际情况，包括经济、政治、文化、环境等等方面的总和，特别是基于广大人民群众的实际需要、发展能力以及觉悟水平而形成的各种实践活动的综合状态，既是历史与现实、物情与人情的统一，也是普遍性与特殊性、本质与现象、稳定性与变动性的统一。中国国情既是中国人长期实践形成的结果又是进行实践的前提和条件，还是我们需要在实践中予以改造的对象。国情中有好的东西也有不好的东西，从国情出发、适应国情是为了将国情改造得更好，更利于国人的发展，更符合人类共同发展的方向。

具体到国家治理现代化，遵行现代民主治理实现善治、完善中国特色社会主义制度，是我们党根据我国国情和时代发展要求，吸收人类文明成果确定的全面深化改革的宏伟目标，而实现这个目标就意味着要在相当程度上改造我们的国情，改革掉一切不适合生产力发展和人的全面发展的各种体制机制，将现存的一切不符合社会主义核心价值观的文化观念转变过来。我们反对那种把一人一票的选举制形式与民主等同的观点，反对把多党制当作民主国家标准的观点。我们坚持党的领导、人民当家作主与依法治国三者有机统一的方针，坚持选举民主与协商民主统一的基本方略，坚持发展是第一要务、社会稳定是根本大局、实质民主优先于形式民主的策略。我们首先关注的是发展，发展是中国各族人民的最大利益和最大民意所在，是最实质性的东西。新中国 70 多年来的发展成就证明了我们选择的基本制度是适合国情的，是利于国家事业发展的，是有明显优势的。这一点丝毫不容怀疑。但与此同时，我们也必须承认，在如何推进和实现国家治理现代化方面，我们还存在不少问题。受中国传统文化和现实体制机制的影响，官本位、官僚主义、形式主义、特权现象、贪腐现象还很严重，机构重叠、人浮于事、扯皮推诿、行政成本高而效益差几成痼疾。如何克服“一统就死、一放就乱”的恶性循环而达到持续、稳定、高质量发展？如何解决严重的两极分化造成的社会矛盾冲突，实现共同富裕、社会和谐？如何努力解决各个领域的社会不公正使人民群众能享受到改革开放的红利，提高人民群众的获得感、参与感和公正感？我们必须承认和直面这些问题，并在全面深化改革的实践中，在推进国家治理现代化的实践中，努力解决这些问题，达到善治，为实现人的全面发展创造条件。

三个关键环节：承认、信任、公正

一、承认是社会主义制度和民主治理的本质要求

推进国家治理体系和治理能力现代化，与坚持和完善中国特色社会主义制度是一体两面、相互规定、相互促进的辩证关系。一方面国家治理现代化以中国特色社会主义制度为基本依托，同时又以坚持和完善中国特色社会主义制度为目标指向和根本方向，另一方面坚持和完善社会主义制度要落实到国家治理现代化的实践过程中，将制度优势转化为治理效能，在解决各种社会问题的具体活动中彰显社会主义制度优势。社会主义作为思想（理论）、制度和现实运动的统一，尽管在不同国家的实现过程中会带有民族的特点，但最本质、最根本的还是人民当家作主，是人民群众自我解放、自我发展。正如习近平总书记指出的那样：“我国国家制度和国家治理体系既体现了科学社会主义基本原则，又具有鲜明的中国特色、民族特色、时代特色。始终代表最广大人民根本利益，保证人民当家作主，体现人民共同意志，维护人民合法权益，是我国国家制度和国家治理体系的本质属性，也是我国国家制度和国家治理体系有效运行、充满活力的根本所在。”①

在党的文件和国家宪法中，人民群众的主体地位都是得到了充分承认和明确宣示的我们的民法典也对各种法人即具体主体形式作了规定，

---

① 习近平：《坚持和完善中国特色社会主义制度推进国家治理体系和治理能力现代化》，《求是》，2020，第1期。

从这个层面和意义上说，人民的主体地位是毫无疑义的。然而，在大量的行政和执法实践活动中，在实际具体的治理活动中，传统的官本位观念依然存在，在一些地方甚至还起着主导性作用。这表现在两个方面：一是政府机构和执法机构往往只把自己作为主体，对公民个人和各种社会主体如社会组织以及市场主体如企业等的主体地位未能给予真实的承认，有意无意将他们作为管理客体对待。二是受传统文化和习惯的影响，许多人包括被管理者都以官为本，以官为主，而“官”就意味着“管”，行政过程、管理过程就是行使权力的过程，目的就是将管理对象（客体）管住，秩序建立在管住的基础上，管住了就是管好了，没管住就会出问题出乱子。这种管理观念不仅体现在管民的过程中，也体现在管官的过程中，不仅体现在治理生态环境、经济和社会秩序的领域，也体现在医疗、卫生、教育、科研的各个领域。管不住就会出问题，出乱子就是因为没管住。可以说，这种建立在主客体相对立基础上的观念是传统的管理理念，是违背社会主义本质的观念，是推进国家治理现代化必须首先破除和转变的观念。

依法治国、依法行政、依法管理是人们都承认的基本法治原则。但应该注意，这里的依法，不能仅仅理解为依照法定程序进行管理和治理，最根本、最具有本质意义的是承认法律确立的各种法人的主体地位，是自觉地从传统的主客体模式转变为多主体民主协商协同治理模式。如无这种转变或者在这个关键环节上没有突破，那么各种新技术、新手段如互联网、人脸识别、大数据、云计算等的普遍使用，目的都是为了更有效地把对象（客体）管住，这将与推进国家治理现代化、完善社会主义制度的本意和方向南辕北辙。我们要警惕和防止新技术在国家治理应用中的异化，就必须从根本上弄清楚这个道理，让人们都明白这个道理。

二、信任是社会主义国家各种主体间关系的重要内容规定

传统的管住的观念不承认被管理对象的主体地位，自然就不会表现出对他们的尊重，更谈不上对他们的信任，因而多以不信任的有罪推定为前提，结论就是不管不行，管不住也不行。治民靠管住，治官也靠管住，一层管一层，全面管住了，社会就稳定了，但这种稳定和秩序必然是没有生气的死水一潭。而一旦管不住，就会出现大乱。中国几千年的封建社会就是在这种治乱循环、改朝换代中过来的，家天下的皇权体制和法理逻辑注定避免不了这种尺蠖效应。

我们推进国家治理现代化是在党的领导、人民当家作主、依法治国有机统一的原则下进行的，是以承认各级权力都是人民授予的这个民主为前提的，因此，国家治理的过程在本质上就是党领导人民依法管理自己的各种事务的过程，是人民进行自我管理的过程。这种本质性规定和整体定位为将制度优势转化为治理效能、为国家治理现代化即实现善治提供了现实可能性和无限发展的空间，是社会主义制度历史优越性的根本保障。但我们也必须明白，要实现将制度优势转化为真实的而不是虚假的治理效能，其关键和枢纽在于人民内部不同主体的相互承认、相互尊重、相互信任。对于人民主体，我们既要从整体或一般的层面去理解，以把握根本利益和长远利益，也要从具体或分殊的角度去把握，以了解其间的差异、矛盾和冲突，即各种社会问题之根源，二者不可偏废。人民是由众多公民构成的，他们分居在不同的地域，组成一定的家庭，形成不同的阶层，分属于不同的民族。公民们还结成不同的组织，如企业或社会组织等。这些不同的公民、家庭、社会组织一方面都是人民的一个部分、一种具体形式，另一方面又都具有法律确立的主体地位，即是有一定权利和责任的法人。法律面前人人平等，这里的人实质上是指法人，包括自然法人（公民个人）和社会法人（各种社会组织）。这是现代民主法治国家的通例，也是常识。在社会主义国家，属于人民的不同

主体之间也会出现矛盾。既有利益矛盾，也有观念上的差别和矛盾，由此在立场上就有分别，就有不同的利益诉求和意见。但这些都属于人民内部矛盾，是根本利益基本一致基础上的矛盾。这是与资本主义国家根本不同的。因此，坚持党的领导，就是坚持党和国家代表人民的根本利益，从全局的观点出发，在这个过程中，以相互信任为基础通过广泛协商、相互妥协，既要照顾多数也要保护少数，既要支持先进群体也要体谅落后群体，从而寻找出最合理的解决方案。通过协商民主使各种主体、各个方面都能感受到尊重和信任，都能发挥其主动性、能动性，降低阻力和内耗，形成最大的合力。这就是中国特色社会主义制度的根本优势所在。实现国家治理现代化的过程，就是要充分认识和利用好这种优势，把这种制度优势切实、具体地转化为治理效能，转化为发展社会生产力和维护社会秩序的正能量的过程。

在现实的国家治理现代化的实践中，对将这种制度优势转化为治理效能产生阻碍的重要因素，就是官本位的“官即管”的特权意识。这种特权意识不仅不承认被管理者的主体地位，而且更隐含严重的不信任心态。由于这种心态作祟，管理者总是刻意以各种形式形塑和维护官威官仪，欲对被管理的群众形成一种心理威压之势，便于管住群众。这么做不仅给官僚主义和形式主义的普遍化提供了合法性依据，提高了治理成本，而且越是这样就越是脱离群众，越是强化就越是引起群众的反感，不仅得不到群众的信任，反而引起群众的不合作和抵制。其结果是治理机构越来越多，治理成本越来越大，积累的危险也越来越严重。我们必须对这种危害性和危险性有足够的认识，必须通过深化改革扭转和克服这种态势。

一切为了群众，一切依靠群众，相信群众，尊重群众，从群众中来到群众中去，历来是共产党人克敌制胜的法宝，是克服各种困难的法宝。在今天治理各种社会问题的实践中，就需要我们的各级管理部门运用好这个法宝，真正领会中央精神，不忘初心，相信群众，依靠群众，与作为被管理的具体个人、企业、组织建立起相互信任的主体间关系，面对各种实际问题，深入群众，调查研究，民主协商，集思广益，群策群力，共同解决。我们实现国家治理现代化在很大程度上就是要形成多主体相互信任、相互激发、相互促进的关系，以形成最大的社会合力、持久的社会和谐，从而维护整个国家的持续发展和长治久安。从观念和行为上实现这种转变，当然需要一个过程，但只要我们认准这个方向，朝着这个目标努力，形成一个良性循环，不管国际形势和国内发展出现多少不确定性，就都能稳住基本盘，克服前进道路上的各种困难。

三、公正是社会主义核心价值的根本体现

任何社会都需要秩序，维护秩序就需要权威。在传统的统治和管制过程中，权威主要来源于权力，权与威相连，无权则无威。权力的排他性决定了权力必须独占，权力争夺必然是丑陋、残酷甚至你死我活的。现代治理与传统统治的一个重要区别，在于它是多元主体基于共同协商基础上的治理，权威的基础和性质都发生了变化。“统治的权威主要源于政府的法规命令，治理的权威则主要源于公民的认同和共识。前者以强制为主，后者以自愿为主。”[①] 这里的认同、共识，主要是对由协商而形成的契约或规则的认同和共识，自愿也表现为对约定的规则的真实服从和自觉遵守，说到底是对自己意志的服从。

当然这些都是比较理想和抽象的说法，在现实的治理过程中，由于多元主体在利益、观念以及认识上的差别，出现矛盾和冲突是必然的，也是常态，而且也是各种社会问题的根源所在。在党和政府领导下的多

① 俞可平：《论国家治理现代化》，社会科学文献出版社，2014，第23页。

元主体共同参与治理的过程，本身就是围绕这些问题真实地展现不同利益诉求和不同意见的过程，是通过谈判和协商寻求一个人们能够普遍接受的解决方案以及共同规则的过程。

很显然，在这个过程中，公正是一个核心性的理念。公正是社会主义核心价值的根本体现，也是社会主义制度优越性的根本保证。尽管到目前为止，学者们对于何为公正没有形成一个统一的定义和标准，但在现实的实践过程中，在现实的治理活动中，针对具体问题，涉事各方即多元主体经过多次讨论谈判妥协让步，最后形成一定的方案和规则。或者说，虽然事先各方都有一个目标或方案，都力图让自己的方案获得通过，而最后经过谈判协商形成了一个互有损益的方案，尽管大家都不满意，但都觉得还能够接受，这个方案和规则就可以认作是公正、合理的。从这个角度说，公正不是一条线，而是一个范围，上限是各方都满意，下限是都还能接受，只要在这个范围内，就是合理、公正的。多元主体的认同和共识就是对这个方案和规则的公正性的认同和共识，这才是权威的真实基础和来源。

在不少人的观念中，公正与效率是二律背反的关系，认为讲民主协商、要求公平公正会造成实际治理过程中的议而不决，影响和耽误决策，造成低效率。确实，在国家治理和社会治理的过程中，由于不同主体的利益诉求不同，民主协商时会遇到一些阻力，一时难以形成大家都能接受的决议，确实会造成一些拖延，直观地看，民主协商不如依靠行政命令强制推行更有效率。但没有经过相关利益各方民主商谈的决策，一则会因为考虑不周全容易出现偏颇，二则由于涉事各方的利益诉求和意见得不到尊重，只是被动服从，因此执行过程中会遇到较大阻力，其结果或是以轰轰烈烈开始最后却虎头蛇尾地结束，或是实在推行不下去而改弦更张。而经过反复协商照顾到各方利益诉求和意见而形成的比较公正合理的解决方案，尽管前期费时费力，但因为许多阻力在协商期间得到了化解，执行过程就会比较顺利，最后证明还是最有效率和效益的，也是最能持久保持的。

社会主义是人民当家作主的社会，人民分不同阶层、不同部分，其间有利益和观念的差别矛盾是常态，但根本利益是一致的，这就为形式公正与实质公正的有机统一提供了坚实基础。中国共产党及其政府代表人民的根本利益和长远利益，在国家治理过程中发挥着领导者的作用，只要以公正为根本价值取向，以共商共建共享为根本原则，就能极大地促进各种主体之间的相互信任，赢得各种主体的广泛信任，减少内耗造成的损失，形成公正与效率的统一，实现高质量可持续的发展。

三个基本坚持：人民至上、科学思维、问题导向

一、推动社会公正建设，始终坚持人民至上的价值追求

人的本质是社会化的。人的需要满足离不开社会共同体。马克思恩格斯始终关照现实的、具体的人，将人本身视为实现社会公正的目的。人作为有生命的现实存在，本能的具有生存、安全、发展、社交及自我实现等需要。这表现为人的需要的发展性，低阶需要得以满足后，高阶需要会不断产生。但由于人能力的有限性和需要的发展性，人满足自身需要，必须参与社会共同体。按照法国社会学家涂尔干的社会分工理论，社会结构形态分为机械团结社会和有机团结社会。在机械团结社会中，人出于自身安全保障、生存的需要，不得不团结在一起，组成共同体。在有机团结的社会中，人出于发展需求、社会需要和精神需要，理性地团结在共同体社会中。而公正的价值理念既是共同体进一步发展的价值理念，也是人们价值观的普遍共识，这表现为社会共同体的集体意识。

习近平指出："人民性是马克思主义最鲜明的品格。"[①]坚持以人民为中心实现社会公正，应聚焦于不同历史时期人民最迫切的需求。由于人的需要的发展性，不同的历史时期会表现出不同的需要，这是实现社会公正的阶段性目标。以人民为中心是中国共产党最根本的政治立场。党领导人民在民族复兴中取得了一个又一个胜利：新民主主义革命，党领导人民实现了民族独立和人民解放，完成了救国大业；在社会主义革命和建设初期，为了确立社会主义社会公正制度，推进土地革命、实行公有制、计划经济制度和按劳分配制度，完成了兴国大业；在改革开放新时期，中国共产党总结历史经验以人民之所需为使命，推进改革开放、建设小康社会，为新时代实现社会公正、增进人民福祉，奠定了坚实的物质基础，完成了富国大业；新时代，中国共产党全面深化改革、全面从严治党、全面依法治国，努力增强人民群众在改革发展中的获得感，积极推进强国大业。[②]"时代是出卷人，我们是答卷人，人民是阅卷人。"[③]说到底，实现社会公正的评判者是人民群众，评判的标准是看人民是否得到实惠，人民生活是否得到了改善。只有继续坚持以人民为中心，按经济社会发展规律办事，中国共产党才能向人民交出满意的答卷。

与此同时，唯物史观认为，人民是历史的创造者。马克思恩格斯运用唯物史观观察人类历史，断言："共产主义是关于无产阶级解放的条件的学说"[④]。人民群众是实现社会公正的依靠力量，人民群众的社会实践本身就为了实现人自身的解放。自中国共产党成立，就始终与人民风雨同

---

① 中共中央宣传部：《习近平新时代中国特色社会主义思想学习纲要》，学习出版社、人民出版社，2019，第 40 页。

② 江世鑫：《新中国成立以来中国共产党社会公正思想研究》，大连海事大学学位论文，2022，第 77—78 页。

③ 中共中央宣传部：《习近平新时代中国特色社会主义思想学习纲要》，学习出版社、人民出版社，2019，第 43 页。

④ 《马克思恩格斯文集》，第 1 卷，人民出版社，2009，第 676 页。

舟、血肉相连。无论是新民主主义革命胜利为一穷二白的国家奠定了社会公正稳定的政治基础，还是改革开放与全面深化改革为新中国社会公正奠定了坚实的物质基础，都是党和人民群众坚持不懈奋斗的结果，都是以人民为中心推进社会治理现代化的生动展现。

社会主义进入新时代，持续推进国家治理体系与治理能力现代化建设，在完善社会主义社会制度中保障社会公正的实现。首先，保证人民群众当家作主权利，坚持中国特色基本政治制度，保证人民广泛参与国家治理现代化建设。其次，完善社会参与和分配制度。“建设人人有责、人人尽责、人人享有的社会治理共同体。”①第三，充分发挥中等收入群体的力量。相对而言，中等收入群体是人民群体中就业稳定、消费能力强、对社会认同感强的群体。他们大多是社会发展的受益者，对社会的认同感强，同时又具有追求更高层次需要的意愿。为此要不断扩大中等收入群体规模，继续不断实现社会工作的力量。

二、推动社会公正建设，始终坚持科学思维的正确指导

历史和实践一再告诫我们，对待马克思主义，不能采取教条主义。马克思恩格斯多次指出，他们的理论不是教条，而是行动的指南。中国共产党人顺势而为、因时而新，不拘泥于马克思主义经典作家现成的语录，运用科学思维方法，根据中国社会的发展变化和现实条件，推进社会公正的实现。

首先，以底线思维保障人人平等。马克思恩格斯认为在共同体中的一切成员都应当有平等的地位。平等的价值理念是社会公正的基础。在马克思恩格斯社会公正思想中，实现社会公正首先要推翻资本主义社会

---

① 《党的十九届四中全会〈决定〉学习辅导百问》，党建读物出版社、学习出版社，2019，第22页。

不平等的制度。此后，还需要通过完善社会制度，确立服务于最大多数人利益的目标，将人民平等的政治权利、经济权利和社会权利等通过制度形式落实。

比如，在新民主主义革命胜利推翻“三座大山”后，以毛泽东为核心的第一代领导人提出了一系列的战略构想保证人民平等。在政治制度上，新民主主义的政治制度反映了各革命阶级的政治诉求，在无产阶级政党领导下实行民主集中制，共同反对革命的敌人；在经济制度上，新民主主义的经济纲领包括：(1) 没收封建地主的土地，归无地或少地的农民所有，确保广大农民“耕者有其田”；(2) 没收垄断资本归国家所有，允许没有操纵国计民生的资本主义生产的发展；(3) 保护民族工商业；(4) 逐步形成以国营经济为主导的多种经济成分；在思想文化上，新民主主义的文化纲领反映了最广大人民的文化需要，是“无产阶级领导的民族的科学的大众的文化”①。这些制度设计既主张民族的尊严和独立，反对帝国主义的压迫和干涉，也主张客观真理、实事求是、理论和实际相一致，反对封建迷信思想，尽可能地提高广大工农群众的受教育水平。随着中国进入到社会主义建设的新阶段，1956 年 4 月，毛泽东在《论十大关系》的讲话中对经济发展战略、管理体制和政治生活的重大问题进行了总体性的思考，并在随后召开的党的八大对如何建设社会主义作了更多的新论断：第一，明确主要矛盾已经不是“谁战胜谁”的问题，党和国家的主要任务应该放在尽快改变物质精神文化落后的现状上来，由解放生产力转变为保护和发展生产力；第二，在经济建设方面主张既反保守又反冒进，合理规划经济发展速度，逐步建立完整的工业体系；第三，在政治建设方面强调要进一步扩大民主，与各党派和无党派人士保持共存监督的和谐关系。并且通过健全法律法规的方式，做到“有法

---

① 《毛泽东选集》，第 2 卷，人民出版社，1991，第 706 页。

可依”和“有法必依”，促使法治公正迈上新的高度；第四，在执政党建设方面，既反对主观主义和官僚主义，也反对宗派主义和个人崇拜，坚持群众路线和集体领导原则；第五，在推进祖国统一方面，首次提出可用和平方式解决台湾问题；第六，在对外关系方面，坚持以五项基本原则为基础的外交政策，反对强权政治和霸权主义。上述理论成果科学揭示了社会主义建设中的客观规律，为探索中国特色社会主义道路提供了理论依据。①

平等价值理念的历史意义在于，将平等的价值理念付诸政治、经济和社会制度中。相比于旧社会的，这极大提升了人民群众的劳动热情，维护了社会稳定。而随着制度的不断完善，人人平等已然由价值追求转变为现实制度，人民对平等的需求也随之不再强烈。作为社会公正的价值理念之一，平等的价值理念是中国共产党在革命和建设时期社会公正实践中形成的主导价值观念。为此后社会公正思想的发展丰富奠定了思想基础。

其次，以辩证思维兼顾效率与公平。平等的价值理念不是追求平均主义。在生产力水平较低的历史时期，平均主义制度在一定范围内有利于保证社会均质，但随着社会生产力发展，就逐渐背离了“按劳分配”的原则，形似公平，实则不公平。同时，不区分现实条件的平均主义，由于限制了人的积极性，也不利于发展社会生产力。随着我们对社会主义本质认识的加深，党对社会公正的平等价值把握也更为全面，邓小平指出：“社会主义的特点不是穷，而是富，但这种富是人民共同富裕。”②我们以科学世界观方法论引领价值理念创新，以新的价值理念指导社会建设。公平不是简单市场经济中的形式公正，而是体现制度正义性的社

① 王万松：《马克思主义公正观研究——对争议问题的探讨》，中国人民大学学位论文，2023，第114—115页。

② 《邓小平文选》，第3卷，人民出版社，1993，第265页。

会公平保证体系。西方国家市场经济发展较早，公平的价值理念已深刻体现到社会制度的方方面面。但是在市场经济条件下，仅仅注重制度上的形式公正是不够的。不同于西方国家的市场经济发展模式，社会分配往往会被资本所控制，造成经济剥削，甚至引发经济危机。新中国成立以来，中国共产党就深刻认识到，随着经济社会发展，为了防止两极分化和贫富差距过大，必须建立从公平权利到公平结果的社会公平保障体系。

党的十三大提出的，“在促进效率提高的前提下体现社会公平。”[①]这是第一次在党的文献中提出“公平”价值理念。江泽民指出：“平均主义不是社会主义，两极分化也不是社会主义”[②]，“既要考虑当前发展的需要，又要考虑未来发展的需要，不要以牺牲后代人的利益为代价来满足当代人的发展”[③]。胡锦涛进一步提出构建以权利公平、机会公平、规则公平、分配公平为主要内容的社会公平保障体系，以促进人民共享改革发展成果、实现共同富裕。[④]党的十八大将公正概括为社会主义的核心价值观，并提出“公平正义是中国特色社会主义的内在要求”[⑤]。习近平反复强调：“逐步建立以权利公平、机会公平、规则公平为主要内容的社会公平保障体系。”[⑥]党的十九大继续拓展社会公平保障体系的视域，增加了“幼有所育”“弱有所扶”两个领域。这使党推进基本公共服务均等化更加贴近人民、更加深入人心。

总之，随着经济社会发展，人民生活水平提高，人民对社会公平的

---

① 《十三大以来重要文献选编》(上)，人民出版社，1991，第32页。

② 《江泽民文选》，第2卷，人民出版社，2006，第256页。

③ 《江泽民文选》，第1卷，人民出版社，2006，第518页。

④ 《胡锦涛文选》，第2卷，人民出版社，2016，第291页。

⑤ 中共中央文献研究室：《习近平关于社会主义社会建设论述摘编》，中央文献出版社，2017，第25页。

⑥ 同上书，第27页。

需求日益增长。人民对美好生活需要同社会总产品不能满足需要的矛盾，推动实现社会公正。在改革开放新时期，公平作为社会公正的基本价值理念之一，成为社会的价值共识。

第三，以系统思维统摄全人类共同价值。公正是社会主义制度的首要价值，是人类社会发展的崇高追求、社会建设的基本价值追求和行为准则，也是现代化的重要价值目标之一。公正内含着平等、公平、正义的价值理念。

面对国内国际两个大局，我们党始终秉持公正的价值理念，深化对内改革对外开放。自党的十六届四中全会以来，党把公正摆在了更加重要的位置上。党的十六届四中全会指出，公正是和谐社会的重要价值理念。[①]这是自党的十四届三中全会提出“效率优先，兼顾公平”原则之后，把“公平”和“正义”第一次写入党的最高文献。2006年，《中华人民共和国国民经济和社会发展第十一个五年规划纲要》指出，要“更加注重社会公平，使全体人民共享改革发展成果。”[②]党的十七大指出：“必须在经济发展的基础上，更加注重社会建设，着力保障和改善民生，推进社会体制改革，扩大公共服务，完善社会管理，促进社会公平正义。”[③]党的十八大，习近平多次强调要统一思想，高度重视社会公正。“蛋糕”不断做大了，同时还要把“蛋糕”分好，努力解决有违社会公正的现象，“促进社会公平正义、增进人民福祉为出发点和落脚点”[④]习近平反复强调：实现社会公正要“在更高水平上实现幼有所育、学有所教、劳有所得、

---

① 中共中央文献研究室：《十六大以来重要文献选编》（中），中央文献出版社，2006，第286页。

② 《中华人民共和国国民经济和社会发展第十一个五年规划纲要（全文）》，央广网：http：//www.cnr.cn/newstop/t20060317_504181100_1.html。

③ 《胡锦涛文选》，第2卷，人民出版社，2016，第642页。

④ 中共中央宣传部：《习近平新时代中国特色社会主义思想学习纲要》，学习出版社、人民出版社，2019，第85页。

病有所医、老有所养、住有所居、弱有所扶，让人民有更多、更直接、更实在的获得感、幸福感、安全感。”①

马克思指出，“问题是时代的格言”。②每个时代都有归属于自身的问题，当今世界百年变局加速演进，人类历史已经呈现出新的发展方向，不同的国家之间联系越来越紧密，彼此之间的影响越来越明显，世界各国之间的这种共在关系创造了前所未有的新机遇，但也同时带来了世所罕见的新挑战。如何在交流互鉴中摒弃零和博弈和单边主义的旧思维，真正打破倚强凌弱的旧逻辑，在高水平对外开放中践行平等相待、和平共处的公平正义原则，习近平提出了构建人类命运共同体和弘扬全人类共同价值的中国方案和中国智慧。③

一方面，构建人类命运共同体符合全人类共同利益。战争是大地上的魔鬼人类在一个多世纪内就遭受了两次空前的世界大战，导致摧枯拉朽的毁灭性灾难，使人类文明和人类尊严受到严重的威胁和践路，和平与发展是人类从两次热战和大国冷战的惨痛代价中得到的宝贵经验。当前，人类仍处于全球贫富分化、霸权政治笼罩、地区冲突不断、自然生态危机、新冠疫情不止、资本逻辑宰制的异化困境之中，世界人民只有坚持合作共赢的发展思路，摒弃某国利益优先和弱肉强食的旧思维，积极创造有益于各国人民和平共处的主客观条件。平等参与建构有益于人类共同利益的国际关系新秩序，才能真正维护和保障全人类的共同利益。另一方面，构建人类命运共同体彰显全人类共同价值。构建人类命运共同体具有客观的实践基础，世界历史的形成将全人类带到你中有我、我中有你的“共在关系”之中，人类生活和人类命运共系于同一个“地球

① 中共中央宣传部：《习近平新时代中国特色社会主义思想学习纲要》，学习出版社、人民出版社，2019，第159页。

② 《马克思恩格斯全集》，第1卷，人民出版社，1995，第203页。

③ 参见习近平：《习近平谈治国理政》，第3卷，外文出版社，2020，第433页。

村”已是客观的经验共识。这种共在的实践关系越发需要共同价值的引领，而全人类共同价值就生发于人类命运共同体这一实践主体之中，它不同于西方“普世价值”的根本之处在于全人类共同价值并非超历史的、非现实的和非具体的价值幽灵，而恰恰是对历史关系、现实关系和社会关系的客观反映，它明确肯定每个民族和每个国家都是人类社会的一部分，都有平等参与、平等协商、平等共享的权利。国家与国家之间不应以高低和强弱来区别，而应承认和尊重和而不同的多样性和丰富性。唯有从“普世价值”的抽象主体中解放出来，才能真正栖息于全人类共同价值的普照光之下。①

三、推动社会公正建设，始终坚持问题导向、聚焦社会主要矛盾

马克思恩格斯曾把他们的理论称为“实践的唯物主义”，实践性是中国共产党社会公正思想特有的理论品质。中国共产党社会公正思想不是对未来社会的空想，而是聚焦具体历史时期的国情下的具体问题，聚焦具体历史时期的社会主要矛盾，在解决社会主要矛盾的实践中实现社会公正，并进而丰富中国共产党社会公正思想。以问题为导向，中国共产党的社会公正思想来源于社会实践，又指导社会实践，坚持一切从实际出发，聚焦于国情特点和社会主要矛盾，不断满足人民现实所需。“问题是事物矛盾的表现形式，我们强调增强问题意识、坚持问题导向，就是承认矛盾的普遍性、客观性，就是要善于把认识和化解矛盾作为打开工作局面的突破口”②，矛盾普遍存在，矛盾通过自己扬弃自己，推动社会发展。从新民主主义革命胜利到在社会主义初级阶段的确立，矛盾恒在且

---

① 王万松：《马克思主义公正观研究——对争议问题的探讨》，中国人民大学学位论文，2023，第134页。

② 习近平：《辩证唯物主义是中国共产党人的世界观和方法论》，载《前线》，2019年1月。

不断发展变化。如果不及时调整制度，适应社会主要矛盾变化，制度就会阻碍经济社会发展。相反，如果制度有利于解决社会主要矛盾，就会促进经济社会发展，保证社会公正。

在新民主主义革命时期，社会主要矛盾是帝国主义和中华民族的矛盾，封建主义和人民大众的矛盾，而帝国主义和中华民族的矛盾是最主要的矛盾。帝国主义、封建主义和官僚资本主义势力相互勾结，压榨和剥削人民无法获得温饱，更不会有富裕和幸福的生活。特别是当内部矛盾与外部矛盾相互交织，军阀势力、封建残余和侵略敌人重重压迫着中国人民。以至于广大人民，特别是农民“日益贫困化以至大批地破产，他们过着饥寒交迫的和毫无政治权利的生活。中国人民的贫困和不自由的程度，是世界所少见的”[①]。在当时历史条件下，民族独立、人民解放是民族复兴、人民幸福的前提条件，也是人民获得社会公正的必要基础。随着新民主主义革命胜利，新中国成立，1956年中国共产党第一次提出了社会主义“社会主要矛盾”的论断。但这并不意味着，在社会主义制度确立以前，社会不存在主要矛盾。事实是，在社会主义制度确立以前，解决社会主要矛盾一直是中国共产党的历史任务。随着三大改造的完成，聚焦于主要矛盾的实践取得了切实的成效，新中国消灭剥削和压迫，建立了社会主义公有制、实行了按劳分配制度。在社会公正的价值视域下，这些成就既为进一步实现社会公正奠定了政治基础，也满足了人们最低层次的安全和基本生活需求。1979年，邓小平指出：“至于什么是目前时期的主要矛盾，也就是目前时期全党和全国人民所必须解决的主要问题或中心任务，……我们的生产力发展水平很低，远远不能满足人民和国家的需要，这就是我们目前时期的主要矛盾。”[②]1981年，党的十一届六

---

① 《毛泽东选集》，第2卷，人民出版社，1991，第631页。

② 《邓小平文选》，第2卷，人民出版社，1994，第182页。

中全会一致通过了《关于建国以来党的若干历史问题的决议》，其中提出“人民日益增长的物质文化需要同落后的社会生产之间的矛盾”是社会主义改造以后社会主要矛盾。党的十一届六中全会对社会主要矛盾的概括，一直延续至党的十九大。这一时期，关系人民个体需求的基本公共服务和经济社会发展不足之间的矛盾更为突出。聚焦于人民十分凸显的物质文化需要、渴望权利公平、机会公平、规则公平的迫切需求，中国共产党大胆创新社会公正思想，在体制机制持续改革的基础上，深化对社会公平的认识，丰富和发展了社会公正体系建设。党的十八大以来经过近五年的准备，党的十九大对社会主要矛盾提出了新的概括。党的十九大指出：“我国社会主要矛盾已经转化为人民日益增长的美好生活需要和不平衡不充分的发展之间的矛盾。”[①] 进入新时代以来，我国综合国力、国际竞争力和影响力大大提高，涉及基础民生方面的社会公正秩序基本得以保证。但是，“我国仍处于并将长期处于社会主义初级阶段的基本国情没有变，我国是世界最大发展中国家的国际地位没有变”[②]。社会主义初级阶段是我国的基本国情。新时代是社会主义初级阶段的阶段性历史时期，是最接近社会主义初级阶段社会公正目标的时期。当前，中国共产党深刻把握基本国情，强调“在实践中要始终坚持‘一个中心、两个基本点’不动摇。”[③] 在现阶段，公共的政策取向和发展的政策取向仍然重要，但实现社会公正要紧密聚焦于新时代社会主要矛盾，凸显“所有人”公正政策取向的制度设计。为此，新时代实现社会公正要更加注重提高人民的获得感，通过国家治理体系和治理能力现代化，建立社会公平保障体系，使得发展改革成果更多惠及全体人民。“蛋糕”不断做大了，同时还要把

---

① 中共中央宣传部：《习近平新时代中国特色社会主义思想学习纲要》，学习出版社、人民出版社，2019，第 17 页。

② 《党的十九大报告学习辅导百问》，党建读物出版社、学习出版社，2017，第 10 页。

③ 《习近平谈治国理政》，第 1 卷，外文出版社，2018，第 11 页。

“蛋糕”分好，努力解决有违社会公正的现象。[①]

综上，中国共产党立足于社会主义初级阶段基本国情，聚焦社会主要矛盾，着眼于不同时期民生需求，在社会公正实践中形成和丰富中国共产党社会公正思想。中国共产党的社会公正思想具有鲜明的实践性特征，即人民至上的价值追求，以科学思维的正确指导，坚持问题导向、聚焦社会主要矛盾。

① 参见江世鑫：《新中国成立以来中国共产党社会公正思想研究》，大连海事大学学位论文，2022，第86—91页。

第八章　中国道路的世界历史意义

20 世纪中叶以来的全球化浪潮，使得各个国家各个民族连成了一片，人们感到现在的人类就生活在一个“地球村”内，生产和生活的各个方面都发生着紧密的联系。我们正生活在一个全球化的时代，全球化也成为当今出现频率很高的一个词汇。在当今全球化的视野里，有两件巨大的事变是任何人都不能忽视的，一个是苏联的解体和一大批东欧社会主义国家的易制，再一个就是中国的改革开放和和平崛起。如果说前者意味着传统理解的社会主义的失败，那么后者则表现出这种社会主义的重生。前者宣告了社会主义苏联模式的陨落，后者昭示着社会主义中国模式的勃兴。中国特色的社会主义不仅只是中国自身的事情，它具有重要的世界历史意义。

世界历史与全球化时代的制度比较问题

早在一百多年前，马克思就深刻地指出：“大工业仍使竞争普遍化了（竞争是实际的贸易自由；保护关税在竞争中只是治标的办法，是贸易自由范围内的防卫手段），大工业创造了交通工具和现代化的世界市场，控制了商业，把所有的资本都变成工业资本，从而使流通加速（货币制度得到发展)、资本集中。……它首次开创了世界历史，因为它使得每个文明国家以及这些国家的每一个人的需要的满足都依赖于整个世界，因为它消灭了以往自然形成的闭关自守的状态”。[①] 而共产主义作为一种世界性的运动，就是这种普遍交往和世界历史发展的产物，也只有在这个时代才是可能的。尽管国际共产主义运动百年来遭受了种种曲折，也受到了许多人的非难，可马克思的世界历史理论以其深刻的预见力和对现实问题的巨大穿透力，至今仍然是我们分析当代世界问题的重要指导思想。

社会主义作为资本主义的对立物和否定性力量，是从资本主义内部产生的，也是作为解决资本主义难以解决的矛盾的替代方案和制度设计而出现的。从一开始，在空想社会主义那里，它就具有这种品格。也正是这一点，不仅在学者们和研究者们那里，就是普通老百姓，也都是将社会主义与资本主义进行比较。确实，在当今时代，资本主义的历史优越性问题，即它与封建制度相比的优越性问题，已经得到了毫无疑义的证明，已经不再作为一个问题而存在，唯一能与资本主义进行抗衡有资格与之进行比较的，也就是社会主义制度。

将资本主义与社会主义进行比较，并不是一件容易的事情。人们经常在经验层面进行这种比较，侧重某一个方面，而且是以直观的经验作为资料，得出一定的结论，但这种结论往往是不可靠的，不足为凭的。在学理方面进行比较，固然可以避免经验层面比较的这种缺陷，可以经过理性的抽象，将资本主义与社会主义当作是两大制度体系来进行思考，但也会遇到许多很麻烦的问题。首先是方法的问题，怎么比较？用什么标准来比较？等等。其次是对象方面的问题。无论是资本主义还是社会主义，都是在发展着变化着的东西，也都是一和多的统一。资本主义国家中有发达和不发达的区分，社会主义国家也多属于原先经济文化比较

---

① 《马克思恩格斯选集》，第 1 卷，人民出版社，2012，第 194 页。

落后的国家。一些人一说起资本主义，当然是指欧美的资本主义，说资本主义如何如何，总是指这些国家如何如何，可这些国家都是资本主义国家中的发达国家，还有大量的不发达的资本主义国家，如南美的、亚洲的、非洲的资本主义国家。拿发达的资本主义国家与社会主义国家来比，与中国来比，说资本主义比社会主义好，这个结论的合理性当然就很成问题。一些人讲资本主义这样不好那样不好，所用的事例都是西方国家资本原始积累时期的事例，由此以显示社会主义的优越性，可西方资本主义国家也都在不断的改革、发展、完善，在克服自己原来的各种缺陷，其现在的情况远非一百多年前所能比拟。看不到资本主义的发展，或者说将其形象凝固为一百多年前的形象，其结论自然也没有什么说服力。

我们现在讲要重新认识资本主义，重新认识社会主义，重新认识资本主义与社会主义的关系，其中都包含着相互比较的问题，是一个相互以对方作为参照系来进行认识的问题。我们必须认识到，我们今天所说的社会主义，与马克思恩格斯时代所讲的社会主义，并不是同一回事。马克思当年讲社会主义的那种语境与我们今天的语境，也有着很大的差别。所以，我们将资本主义与社会主义进行比较，必须区分几种不同的语境，在这种语境下进行比较。无论是对资本主义还是社会主义，都必须历史的、发展的去看。

第一种语境，我们称之为“马克思语境”，亦即马克思时代的语境。那时的资本主义既是现实形态的存在，同时也是处于原始积累时期、本身还比较不发展时期的存在，而作为资本主义否定物的社会主义则是一种理论形态的存在。社会主义作为从批判资本主义中发现的新世界，它保持了一种未来时的姿态，它对资本主义的扬弃，是建立在资本主义创造的一切积极成果的基础上，克服了资本主义固有矛盾和弊病，又增加了一些全新的因素。在这种语境下，社会主义与资本主义的关系是自身发展中的扬弃关系，逻辑上也表现为一种线形的替代式关系，它就是作为资本主义的替代物、否定物而存在的。很显然，在这种语境下进行比较，自然是社会主义要比资本主义优越。正如拿理想和现实来比较的时候，现实永远都没有理想完美一样。

第二种语境，我们称之为“列宁语境”。列宁领导布尔什维克取得了十月革命的胜利，夺取了全国政权，建立了社会主义制度。这时的社会主义已经变成了一种现实形态的存在，而且在相当程度上是按照马克思的设想蓝图来建立的。但问题是没有马克思所说的资本主义充分发展的生产力的经济基础，也没有经过市场经济和资产阶级革命对前现代的各种社会因素进行彻底涤荡的社会基础和思想基础。苏联当时存在着汪洋大海般的小生产，苏联的工人阶级也远没有形成西欧各国工人阶级的那种自己解放自己的精神气质，苏联的共产党一开始就是靠着铁的纪律来组织维持的，民主生活的习惯比较差。苏联宣布自己建成社会主义，虽然是列宁过世后十多年的事，但可以说这种社会主义基本是按照列宁的设想建立的，消灭资本家建立国有企业，用变形的剥夺农民的形式完成了资本的原始积累，国家托拉斯式的计划经济体制，党政不分、议行合一的权力高度集中的政治结构，有计划地优先发展重工业和国防工业的赶超战略，粗放式的外延式发展模式。通过各种清洗运动消除了异己因素，维持了一种铁板一块式的政治团结局面。计划经济和集权政治，既互为因果又互为前提。经济增长速度比较快但效益较差，收入比较平均但增长较慢，福利比较全但水平较低，人民生活比较保险但自由较少，国家管理看上去很稳固但活力较小。这几个方面可以说是后来出现的社会主义国家的基本特征。而此时的资本主义，经过30年代的大危机之后，利用凯恩斯主义经济理论，加强了国家对经济生活的干预，基本抑制住了以前的周期性的经济危机和社会痉挛，并开始探索新的发展道路。二战结束，社会主义阵营出现，冷战时代开始，各方面都在进行对抗，都在相互妖魔化对方，军备竞赛达到了空前激烈的程度，核战争的威胁非常严峻，最后以苏联解体作为对抗的终结。

苏联模式的社会主义的失败，并不像西方一些人所说的社会主义的失败，是历史的终结，但无论如何却是国际共产主义运动的一次巨大挫折，是社会主义与资本主义历史性竞争中的一次重大失利，也为如何在经济政治文化都比较落后的国家建设社会主义提出了深刻而尖锐的历史性问题。苏联曾经利用计划经济和集权政治的模式，使得国内经济得到迅速的发展，使原来各方面都比较落后的俄国很快成为一个强大的国家，在第二次世界大战中起到了中流砥柱的作用，后来又成为唯一能与美国抗衡的超级大国。当年苏联的迅速崛起，使得许多国家都相信这种模式的社会主义是一条民族发展和强盛之路，也纷纷进行了社会主义实践。苏联的解体，在相当程度上又宣告了这种模式或这条道路的封闭。而与此同时，中国特色社会主义又为人们点燃了新的希望。

第三种语境，是当代中国语境。中国在抗日战争胜利之后，在新民主主义胜利之后，确实存在着多种发展的可能性。但由于种种原因，中国走上了社会主义道路，并按照苏联的模式构建起了新的经济和政治发展格局。尽管在学习苏联经验的同时，毛泽东等人也提出不能照搬苏联经验的问题，但在那个时代，中国共产党领导人还根本没有可能从社会主义有多种模式多种道路的角度和高度来思考社会主义建设的问题，也没有可能从经济发展阶段具有不可逾越性的角度来思考社会主义经济体制的问题，所以我们通过社会主义改造而建立起来的社会经济政治制度，基本上还是照着苏联的“大模样”来的，如果有异，也是大同中的小异。这固然有对社会主义理论和观念的理解上的问题，但更为根本更为主要的还是中国的特殊国情和特殊的文化传统，是这种传统与苏联有更多的相似性、亲和性的缘故，是中国共产党从建党原则、党内生活模式、历史斗争经验等方面都与苏联共产党非常相似或接近的缘故。在中国的这种特殊历史文化背景和特殊环境下，自然经济时代的汪洋大海般的小生产在国民经济中占有极大的比重，现代工业和现代城市几乎可以说是大海中的一些孤岛，其对于整个经济的辐射力和引导力受到很大的限制，经济的市场化、社会化程度都很低，交通条件、通信条件相当落后，各种社会性组织都很缺乏。

改革开放以解放思想实事求是为前提，就是要打破过去围绕社会主义的许多僵化了的观念，重新认识社会主义，重新走出一条符合中国国情的发展道路。有中国特色的社会主义理论作为邓小平理论的最早称谓，是以一个中心两个基本点为核心内容的。这是一面新的旗帜，标志着中国共产党对社会主义的新认识。它的基本含义：首先就是实事求是解放思想，克服在苏联模式影响下形成的许多对社会主义的错误认识，按照中国自己的国情放开手脚办好自己的事情。必须认识到中国虽然建立了社会主义制度，但还是不够格的社会主义，是处于社会主义初级阶段，经济文化都还很落后，我们必须按照这个基本国情来制定我们的各项政策。其次是重新估量变化了的国际形势，设计中国的发展道路和发展战略。邓小平以大无畏的理论勇气，重新审视当今时代的世界力量格局，改变了以往我们长期坚持的帝国主义就意味着战争、世界大战不可避免的结论，提出了“和平与发展是当今时代的主题”的新论断。照邓小平的说法，国际局势还是一个东西南北的问题，“东西”是社会主义与资本主义的关系问题，南北则是发展中国家与发达国家的关系问题，但彼此又交织在一起，各个国家都在积极发展自己，制约战争的因素有了很大增长，压倒了战争的力量，在一个比较长的时期内世界大战是可以避免的，我们一定要利用这个时期大力发展自己的经济。在改革开放的条件下我们与西方国家也有了更多的联系和接触，发现当代资本主义发生了许多新的变化，他们利用科技革命造成的新机遇，抢占经济发展的制高点，利用高科技优势、金融优势确立在国际竞争中的有利地位，他们总结自己发展的经验，建立了许多新的体制和机制，比如搞混合经济，使国有经济在国民经济体系中占有相当的比重，公共产品和公共事业也有了很大发展，国家监控和干预经济运行状况、对社会进行宏观调控的能力有了很大的发展，社会保障、保险等各种福利体系也更加完备，国民生活水平比之其他国家要高得多，形式民主、权利保障也做得比较好，使得社会矛盾得到了很大的缓和。在这种条件下，一方面是破除过去那种僵化的思维模式，那种把资本主义固定化、漫画化、妖魔化的情结，另一方面是看到了许多新的事实和变化，可以客观地实事求是地研究和分析西方资本主义国家发生的这些新的变化以及这些变化带来的巨大影响，用科学的态度考量资本主义与市场经济的历史关联和辩证关系，分析市场经济的历史积极意义和现实地促进生产力发展以及社会关系发展的作用。也正是在这个前提下，我们克服了简单地把市场经济与计划经济当作是两种绝对对立不能相容的东西，把二者的差别当作是资本主义与社会主义的本质差别的幼稚病。邓小平说得好，资本主义也有计划，也需要计划，社会主义也有市场，把搞不搞市场经济当作是资本主义与社会主义的差别肯定是不对的。为了积极发展我们自己的力量，社会主义中国也要搞并且可以搞市场经济，以公有制为主体多种所有制共同发展，按劳分配为主多种分配方式并存；必须让一部分人先富起来，通过先富带动后富，最后实现共同富裕。邓小平斩钉截铁地说，贫穷不是社会主义；发展才是硬道理；不发展经济，不消除贫困，就只能是死路一条。第三，中国特色社会主义道路意味着走出一条新型的工业化道路，新型的现代化道路，创建一种新型的社会主义模式。这种新的社会主义模式，不是如马克思讲的那样建立在积极扬弃本国资本主义发展的基础上，而是建立在利用后发优势、积极向发达资本主义国家学习包括避免其走过的弯路、克服其弊病的基础上，建立在与各个资本主义国家进行正常的经济合作、经济贸易和文化交流的基础上；中国不是苦于市场经济的发展，而是苦于其不发展，它必须大力发展市场经济利用其各种优点的同时减少和防止它自身的各种弊端，在实现现代化的过程中避免和克服现代性的各种问题，在充分利用传统文化中有利于现代化的因素的同时防止原本属于前现代的传统文化带来的种种负面作用并形成一种新型的文化。依法治国、科教兴国、“三个代表”、科学发展观、构建和谐社会、贯彻新发展理念、推进中国式现代化，这些都属于中国特色社会主义的基本内容和基本发展方略。我们尽管还存在许多问题，但这条道路是开辟出来了，像列宁当年说的那样，坚冰已经打破，航道已经开通。

在这种语境条件下来看待社会主义与资本主义的关系，来比较社会主义和资本主义，就不是简单地说谁高谁低谁优谁劣的问题，不是一个单纯的意识形态的问题，虽然国内外许多人都把这当作是一个意识形态问题，而是一个中国人如何进行自己的道路选择，如何吸取整个人类文明的成果来确定自己的发展方略和充分利用好后发展优势的问题，同时也是一个如何通过自己的发展来增强这种新型的社会主义模式的优越性和吸引力的问题。也就是说，社会主义不再简单地只是一种意识形态的概念，也不只是简单地为人们提供一种理想，它就是实实在在的一种制度性存在和实践性形态，是发展中国实现中国现代化的一种道路选择。中国人选择社会主义，是从自己实现现代化和民族复兴的立场而出发，为了更好地实现中华民族和中国人民的利益，是为了中国的繁荣富强。对于这一点，邓小平是说得很清楚的，不搞社会主义，中国就会沦为西方发达国家的附庸。

历史地看待资本主义，它作为欧洲国家当年的发展模式和一种道路选择，有其历史的必然性和特殊条件，它是西方现代文明的基础性建制性存在，而对于现在的许多发展中国家来说，对于这许多想要实现现代化的国家来说，资本主义模式也是一种道路选择。但是必须看到，资本主义作为当年在欧洲国家发展的成功的模式，是否适合自己，确实还是一个很大的问题。因为当年的那种内外条件都已经不复存在，发达资本主义国家也并不因为你走了资本主义道路就积极支持你的发展，“南北”之间的矛盾同样也是十分激烈尖锐的。从我们的立场看，尽管西方发达资本主义国家已经取得了很大的改进，并且也一直在改革，在克服其遇到的各种问题，但由于受其基本矛盾的限制，这种改革必然受到很大的局限。资本逻辑无法克服，消费主义无法克服，它们就是资本主义的命根子，因此，社会公正问题也就无法得到较好的解决，人的异化在新的形势下有增无减，这些都是资本主义难以克服的痼疾。生态危机资源危机又与消费主义和资本逻辑有内在关联，人的解放不可能期望会有大的进展。在这些方面，西方马克思主义和生态学马克思主义对资本主义的批判提供了很好的资料。

总起来说，在当今条件下看待现实的社会主义与资本主义的关系，它们已经不是一国范围内的单纯线形的社会发展更高形态对由之而来的原初形态的取代关系，而是表现为不同国家之间的实际发展道路的关系，是一种长期并存相互竞争互有优劣的关系。从当前的竞争态势看，社会主义国家如中国还不是处于优势，而是处于劣势。中国作为发展中国家，作为一个要现代化还未现代化的国家，我们的许多东西还属于前现代的，低于现代化了的西方资本主义国家的，这种落后不仅表现在科学技术、生产力发展水平和人民的物质生活水平方面，而且表现在社会公共生活、文化教育、医疗卫生、社会保障等方面。但同时也必须看到，这种落后是历史地形成的，在整个社会发展程度的一种表征，并不是社会主义制度的必然性的结果和产物，中国搞社会主义，按照社会主义道路来发展自己，恰恰就是要消灭这些东西。作为后发展国家，尽管我们具备一些后发展优势，但当今的国际条件对于我们也有很多不利的方面，比如，现行的国际经济竞争中的许多规则都是以西方国家为主制定的，以西方国家的企业为主干而形成的跨国公司、金融巨鳄，在国际竞争中明显处于优势地位，我国企业的科技研发能力、自主创新能力和管理能力都比较弱，许多核心技术都掌握在西方国家的公司手里，如此等等。这就决定了我们搞市场经济和参与国际竞争，必须加强国家统一规划和宏观调控的力度，以整个国家的力量为后盾、以新型举国体制为支撑来参与国际竞争，在国家掌握国民经济命脉和核心产业部门的前提下构建中国特色市场经济的框架。总结中国现代化历程一百多年的经验，计划经济体制下的国家社会一体化当然不利于国家现代化，但国家控制力量不足、国家权威的流失同样也不利于中国经济和社会的发展。在今天的中国，社会主义不仅是一种重要的政治资源，而且是我们发展市场经济实现现代化的正确选择。坚持公有制为主体在很大意义上就是坚持国家对事关国民经济命脉的部门握有控制权，坚持中央政府对整个经济发展和社会发展握有控制权，坚持中央政府在制定重大经济政策、产业政策、分配政策、外交政策等战略性决策方面的控制权。唯有如此，才能为矫正市场经济自身的弊端提供有力手段，才能在国际竞争中集结力量维护中国的核心利益，才能有效地维持社会的协调发展。

中国特色社会主义作为一种新型的新形态的社会主义，当然必须要有经济的充分发展，但它立足的不是“过度发达”的生产力，而是适度发达的生产力，是合理发达的生产力。它要求的富裕，也不是物质上越富裕越好，而是适度富裕，因为过度发达的生产力和过度的物质富裕，都是资源方面所难以支持的，也不是人的解放的必要条件。它所要求的是物质生活、精神生活和社会生活的和谐发展，是社会公正问题得到很好的解决，人际关系得到很好的处理，人的价值和尊严得到高度的尊重。物质文明和精神文明相协调的现代化比那种充满矛盾、充满对抗而不和谐不安宁的物质巨富现代化更能引起人们的向往，更具有一种吸引力。中国特色社会主义的吸引力正在于此。特别是对于那些广大的发展中国家来说，这种吸引力是更大的。这也正是中国特色社会主义的世界历史意义所在。

中国特色社会主义：富裕文明公正和谐的社会

中国特色社会主义，既是一种道路选择，也是一种目标设定，这二者内在地联系在一起，都建立在对资本主义批判的基础上。资本主义始终是作为社会主义的“他者”，或者是一种历史参照物而存在。如果说马克思当年创立科学的社会主义理论，是通过对旧世界（资本主义）的批判而发现的新世界，是从世界历史时代的角度，以英国和西欧为典型，把一般资本主义当作批判对象，把社会主义当作是资本主义的历史替代物来建构的话，那么，我们今天，在社会主义理论引导和激励的国际社会主义运动经历了一百多年的风风雨雨，在世界上第一个社会主义国家苏联在七十多年后遭到了失败，苏共下台并解散，苏联解体、一大批东欧国家都转向了资本主义，在计划经济体制普遍得到了否证，而西方资本主义国家不仅垂而不死而且还在相当程度上克服了自身的一些矛盾，保持了比较持久的繁荣，在这种条件下，我们反思和批判的对象，就不能再仅仅限于当代资本主义的现实，也还包括了社会主义运动和社会主义国家的实践，包括了马克思主义本身以及我们过去对马克思主义的一些不合理的理解。这种批判并非脱离了马克思主义的轨道，相反，它恰恰是马克思的实践的唯物主义辩证法的批判精神的直接体现。

从这个意义上看，中国特色社会主义绝不是社会主义 + 中国特色，即不是一种简单的加和或焊接，甚至也不是我们过去通常简单理解的把社会主义一般原理或模式应用到中国的具体实践中，而是立足于中国的具体实际、中华优秀传统文化和当代世界发展的潮流创造性地理解和构建社会主义的过程。马克思当年是从批判旧世界中发现新世界（理论），是把这种新世界理论当作是解决旧世界难以克服的矛盾的解决方案而提出和论证的，但由于这个“旧世界”尽管充满矛盾和混乱，但在当时的世界历史格局中还属于最新的世界，在开辟世界历史方面是居于领头地位的世界，是昭示着西欧之外的其他国家的“明天”的世界，因此，马克思所论证的资本主义必然灭亡和社会主义必然胜利是作为一种历史发展的趋势而存在的，所以马克思同时还指出，“无论是哪一个社会形态，在它们所能容纳的全部生产力发挥出来之前，是决不会灭亡的”。[①] 而马克思逝世后一百多年的历史实践表明，即使在西方发达的资本主义国家，资本主义生产方式所包含的生产力还没有完全释放出来，这些国家经过了一定的改革和调整，特别是借助于现代科技革命的成果，使整个社会经济结构和阶级结构发生了很大的变化，中产阶层占了很大比例，社会福利保障事业有了很大发展，两极分化的趋势得到了一定遏制，从而使得经济矛盾、阶级矛盾和社会矛盾都得到了很大程度的缓和。由于这些变化，资本主义可能在一个时期内还不会灭亡，社会主义代替资本主义可能还是较为漫长的。在全球范围内，社会主义与资本主义的并存，相互竞争又相互制约，相互交流相互学习，怕是在相当长的一个历史时期内是难以改变的一种基本态势。

资本主义在其历史的发展中，证明它所开创的市场经济这种生产方式对于促进经济发展增加社会的财富总量有着巨大作用，不仅是相对于它之前的社会如封建社会是如此，就是从目前情况看，市场经济也应该说仍然是促进经济发展的最有利的形式。正是由于这个原因，当今世界上的几乎所有国家，都选择了市场经济的道路。对于资本主义市场经济促进经济发展的这种历史作用，马克思在《共产党宣言》中曾经给予

① 《马克思恩格斯选集》，第 2 卷，人民出版社，2012，第 877 页。

过高度的肯定，“资产阶级在它的不到一百年的阶级统治中所创造的生产力，比过去一切时代创造的全部生产力还要多，还要大。自然力的征服，机器的采用，化学在工业和农业中的应用，轮船的行驶，铁路的通行，电报的使用，整个大陆的开垦，河川的通航，仿佛用法术从地下呼唤出来的大量人口——过去哪一个世纪料想到在社会劳动里蕴藏有这样的生产力呢？”① 这还是他们在1845年时写下的话，而其后的发展更像恩格斯所说的那样以一种“加速度”的形式进行，社会财富被大量地创造了出来，科学技术的普遍应用，使得整个社会进入到“后工业社会”，消费主义社会，使人们的生活方式、思维方式、价值观念和行为方式都发生了很大的变化。资本主义经济政治的发展，一方面实现了人的部分的政治解放，把人们从传统的不平等的等级特权制度下解放了出来，为人的独立和自由发展提供了重要条件，具有巨大的历史进步性，但另一方面，它的这种发展方式又是以人对物的依赖，也就是对商品和资本的依赖为前提的，这就必然造成严重的人的异化现象，使劳动异化以历史上最尖锐最极端的形式表现了出来，不仅是异化中的否定的一方即劳动者不自由，而且肯定的一方即资本家也是不自由的，他们都是资本的奴隶，社会的各个方面都受到了资本逻辑的控制和支配。在马克思恩格斯看来，资本主义确实促使了生产力的极大发展，但这种发展是建立在人与人关系的对抗性基础上的。这种对抗性质不仅表现为一国内部的不同阶级、阶层和民族之间，也表现在国际关系中的不同国家之间，是整个世界不安宁的重要原因，也形成了对人的发展和经济社会发展的重大阻力。这种对抗性质从而也就规定了资本主义的历史局限性和历史暂时性，必然要为更能够促使人的自由全面发展的社会所替代。

在马克思恩格斯那里，充分肯定资本主义生产方式对于经济发展的

---

① 《马克思恩格斯选集》，第1卷，人民出版社，2012，第405页。

积极作用和历史进步性，也不否认它对于人的解放是必要的条件，他们所批判的，是资本主义在社会财富分配方面的不公正，是人与人关系的紧张和不合理，在社会平等、自由、民主等方面的虚伪性，而社会主义的优越性，也正在于继承了资本主义创造的一切文明成果，尤其是先进的发达的物质生产力和组织生产方面的各种条件，同时能够消除这种不公正，消除这种虚伪性，从而为人的自由而全面的发展提供最有利的条件，是劳动解放和人的解放的历史形式。很显然，在马克思那里，社会主义所需要的各种经济条件、社会组织和管理的条件，都是资本主义所预先准备好了的，社会主义对资本主义的代替是一种社会历史发展中的自我否定自我扬弃的问题。对于在经济政治文化都比较落后的国家如何建设社会主义，这确实是马克思所没有遇到的一个历史性问题，是需要后世的马克思主义者从实践中加以探索的问题。

中国的改革取得了举世瞩目的成就，中国特色社会主义以一种新的面貌出现在世界各国人民的面前，许多人对中国寄予了很高的期望，希望中国能够走出一条新的社会主义的现代化道路。这种期望不是没有道理的，因为在当今世界，恐怕也唯有中国才能担当起这样的历史任务。

我们知道，西方国家的现代化道路是资本主义现代化的道路，对内依靠对工人阶级的残酷剥削，对外依靠对殖民地国家的超经济的剥削和掠夺，在对自然环境的关系上，则以一种无限度地开发和征服的方式来对待。两次世界大战，都是这些发达国家为争夺殖民地争夺资源而引发的，给人类带来空前的灾难。资本主义确实极大地促进了生产力的发展，但付出的代价，无论是经济上道德上还是在环境方面，都是巨大的，正因此受到了一切怀有正义感的人士的极大谴责。二战之后，殖民体系全面崩溃，一大批殖民地国家纷纷独立，谋求经济发展实现现代化成为其主要的任务，由于与宗主国的历史联系，它们也多沿着西方国家的道路来实现自己的现代化。现在看来，除了少数国家和地区之外，绝大多数国家都是不成功或不很成功的，这些国家不仅在经济和政治上成为西方国家的附庸，国内矛盾也十分尖锐，政治局势很不稳定，有些甚至已经陷入债务危机的陷阱之中而不能自拔。不合理的发展方式造成了巨大的问题，人们的发展观念也发生了很大变化。如果说在几十年前，人们关于发展含义的理解主要就是指经济增长经济发展的话，现代化主要是经济现代化的话，但随着环境问题、资源问题、人口问题等全球性问题的出现，这样的观念已经难以成立，经济发展问题上的盲目乐观主义也已经被证明是存在严重问题的。如何反思和重新设计谋划自己的现代化道路，成为摆在许多发展中国家面前的严肃的重大问题。

资源和环境问题的突出，不是哪一个民族国家的问题，而是整个人类发展面临的严重问题，正是在这种背景下，联合国提出了可持续发展的理念并得到了普遍的认同。从可持续发展的角度看，西方资本主义国家的那种发展模式，资本主义市场经济条件下形成的那种消费模式和消费主义观念，都是以巨大的资源耗费为前提的。美国是当今最发达的资本主义国家，美国以占世界人口总量1/30的人口，能源消耗却是当今世界总消耗的一半还多。而且，即使在物质十分丰裕的西方社会，人与人之间的矛盾、种族矛盾、地区矛盾等也仍然十分尖锐，人的异化现象有增无减，这就表明，这种发展模式是无法推广无法普及的，也是不值得效仿的。

正是在这种历史条件下，中国特色社会主义的道路和中国现代化的经验具有了世界历史性意义。尽管中国还处在社会主义初级阶段，中国自身的改革也还存在着许多问题，尽管中国特色社会主义的优越性在当前条件下还未更好更充分地体现出来，但中国道路的历史意义正在彰显，对许多发展中国家实现自己的现代化都具有重要的借鉴作用。“北京共识”，在很大程度就体现了这么一种意味。

无论在任何时代任何国家，以生产力发展为基础的富裕问题都是社会的基本问题，是社会稳定的基础性问题，也是社会文明的基础性问题。没有生产力比较充分的发展，社会财富十分短缺，人们都在为争夺生活资料而斗争，就不能真正地摆脱开动物性的本能，盛行于动物界的弱肉强食也就是社会竞争的基本规律。贫穷是万恶之源，是一切社会丑恶现象的最深刻的渊薮。社会主义绝不能建立在贫穷的基础上，“贫穷不是社会主义”，没有生产力的比较充分的发展，所谓社会主义就只能是马克思所批评过的“禁欲的社会主义”“封建的社会主义”。正是因为这个缘故，中国特色社会主义一定要把发展经济、创造出丰裕的社会物质财富、从而使人民大众过上富裕体面的生活放到重要位置。以经济建设为中心的战略方针绝对不能动摇，任何对这一点的动摇和犹豫都会产生非常严重的历史性恶果。但中国的经济发展是一种和平的发展，是一种环境友好型的发展，它不会也坚决反对走当年资本主义国家依靠殖民地和剥削其他国家来发展自己的道路，它不会损害到周边国家和其他国家的利益，不会谋求任何的政治霸权、军事霸权和经济霸权。中国尊重各个国家的人民选择自己的发展道路的权利，绝不会把自己的发展模式、价值观念和社会制度强加给别人。中国的发展是维护地区和平和世界和平的重要力量，也为与其他国家的广泛合作和共同发展提供了重要条件。

公正是社会主义制度的首要价值，也是社会主义优越性的最突出的一种表现，没有公正也就没有社会主义。在过去的苏联和中国，应该说对这一点都是高度重视的，也是力求在制度设计方面体现公正原则的。问题是对公正的理解更多的是从伦理主义角度而不是从历史主义角度出发，脱离了生产力发展的水平和社会发展阶段，把社会主义在达到比较发展比较高级的阶段才能实现的公正，或者说把作为社会主义历史阶段要解决的最终任务，比如说把全面废除私有制、消灭剥削、消灭阶级等，当作是实现社会主义公正的基本条件，亦即放到现阶段来实施。这就整个地违反了历史唯物主义的基本原则，超越了本国的国情和社会发展以及人的发展程度所能提供的历史可能性，其结果，这种拔苗助长式的制度性安排不仅未能很好地体现这种优越性，相反限制了人民群众通过追求物质利益而迸发的劳动积极性，阻滞了各个企业追求效益而产生的对于技术革新和吸收科技成果的积极性，在交换和交往关系尚未普遍化、社会组织发育不成熟条件下而建立的计划机制，实际上除了能够贯彻政府的命令外很难按照经济规律起到合理地调节经济运行的作用，因此，无论在微观上还是在宏观上，都不利于生产力的发展和整个社会活动效率的提高。改革中出现的问题只能通过深化改革来予以解决，前进和发展过程中出现的矛盾只能依靠加快发展提高发展质量来予以克服。

改革是对社会利益格局和社会关系调整的过程，也是在探索中前进的过程，以高质量发展推进中国式现代化是中国发展理念的一个重大转变，也是对社会主义认识的一个重要转变。我们现在要建设的中国特色社会主义，首先是一种道路选择的意义，就是能够较好地实现中国社会发展和现代化的制度框架，是一种既利用市场经济调配资源的优势充分激活微观经济活力，又加强国家控制社会和经济发展的能力保障共同富裕，为人的全面发展创造条件的制度形式。它要体现的优越性，当然包括经济发展速度，但更注重于经济发展的效益，要以产业结构的优化升级，以集约式发展，节约能源，保护环境，提高效益，以利于持续稳定的发展。同时，要特别关注和解决让全社会的成员都比较公平地享受到经济发展的成果，使发展的成果成为人的自由全面发展的条件。换句话说，要以人的自由全面发展为目的，调整发展目标，调整分配政策，协调好不同地区之间、阶层之间、行业之间、城市与乡村之间、国家政府与社会之间、物质文明、政治文明与精神文明之间、社会经济发展与保护环境之间的关系，同时也要调整好投资与消费、生产性投资与发展教育文化卫生社会保障方面的投资的关系。总之，我们要在马克思主义的指导下，充分利用中国的智慧，根据中国的实际情况，建立一个人民安居乐业、人与人之间关系和谐、政府与社会良性互动、经济、政治、文化、社会、生态协调共进的自由的民主的文明的富裕的社会，建立一个使公民的基本需要都得到满足、基本权利都得到保障的具有良法美俗的社会。以这样的近期的社会目标和现实来体现社会主义制度的优越性，增加社会主义的吸引力，它虽然不如一些发达国家那么在经济上特别富裕，但它更加有利于所有人的自由全面发展，更加有利于消除人的异化，实现人的生命的尊严和价值。

中国特色社会主义，由于历史形成的经济文化条件的落后，目前还是不够格的社会主义，还是处于初级阶段的社会主义，许多优越性还没有充分体现出来，但通过改革开放而迸发出的勃勃生机，通过社会生产力的迅速发展，再加上我们通过自觉地构建和谐社会的努力，形成比较良好的人们之间相互信任、密切合作、共同发展的关系，形成国家与社会、政府与公众、各个地区各个族群之间的相互信任顺利沟通的关系，建立起一种共同富裕的、民主公正的、信任和谐的良俗美序的社会，中国特色社会主义的优越性就会较充分地发挥出来，中国特色社会主义的发展模式在全世界的影响力就会大大增强，社会主义的吸引力也会大大增加。

中华民族应该对人类有较大的贡献，但中国人首先应该将自己的事情办好，实现中华民族伟大复兴。在当今的全球化时代，中国的影响正在扩大，中国的和平崛起是一种具有世界历史意义的事件。西方资本主义国家固然科技革命创造了高速发展的生产力和巨大的物质财富，但其与市场经济密切相连的消费主义文化也正加剧着人的异化现象，“占有＋消费＝幸福”的人生观和价值观使社会走进了一条死胡同。如果说，一百多年前社会主义思潮是作为一种克服资本主义周期性爆发的经济危机而开出的一条人类解放之路，那么在当今时代，社会主义则应该通过克服人的异化和生态危机，通过人民共同富裕、信任和谐的生活来引导人类的解放。如果说我们讲中国特色社会主义在二十多年前是为了克服世界性的对社会主义的教条式理解和破除我们自己套给自己的精神枷锁，根据中国经济文化落后的现实国情实事求是地进行经济文化建设，是从消极方面从不够格角度理解中国特色社会主义的话，那么我们今天就更应该从发扬中国文化中国智慧为人类解放开出新路的角度积极地理解中国特色社会主义。我们应该有这样的历史自觉性和人类胸襟。

马克思早就指出过，人类解放的事业是在个人成为世界公民的时代和条件下才能实现的。现代的科技发展、生产力发展、交通通信的发展、教育事业的发展，为个人成为世界公民提供了足够的前提条件，而形成阻碍的则是人们之间交往的社会形式，是国家、民族间的历史恩怨、利益冲突和文化隔绝共同造成的不信任，是以民族主义、国家主义为基础形成的一些过时的价值观念。社会主义的中国应该在营造出国内各民族、各阶层人民的共同富裕、民主平等、信任和谐生活的同时，在对外关系上也要坚持诚实守信、敢负责任的形象，倡导一种在相互信任的前提下通过对话来解决国际争端和冲突的新秩序，倡导一种促进各国共同和平发展、尊重人权、尊重主权、削减军备避免无谓浪费的新观念。中国坚持和平外交、信任外交的理念和形象，势必能够扩大社会主义的影响力，促进人类的解放事业。

寻求人类解放的新型道路

社会主义和共产主义从本质上说就是关于人的解放的学说，是人类解放的学说，社会主义运动也一直是把消除非人性的社会条件促进人的全面发展当作自己的目标。尽管说在西方国家，社会主义革命没有按照马克思当年设想的那样获得成功，但通过持久的工人运动，通过有组织的对不合理的现实的批判和反抗，使得整个社会状况发生了很大的改变。完全可以这么设想，如果没有工人阶级的斗争，没有社会主义的影响，包括苏联、中国和一大批社会主义国家的影响，西方社会肯定不会是现在这个样子的。西方社会的许多制度和措施，如社会福利制度，国家对市场经济活动的计划和干预，通过税收和二次分配弱化财富分配方面的极端不平等，等等，都是借鉴了社会主义思想的结果，也是广大的工人阶级和劳动群众通过斗争努力争取的结果。这是一方面，而另一方面，由于资本主义的历史局限性，其所能实现的民主、公正、自由、平等都受到了很大的限制，其形式方面的意义远远大于其实质方面的意义。在资本主义国家，资本逻辑形成的总体性，仍然无孔不入地控制着社会的各个方面，在科学技术高度发展、物质财富相当充裕的条件下，人对物的依赖性不仅没有减弱相反倒是更为强化了。西方国家进入了所谓的后工业社会，或者说消费社会，消费主义的蔓延进一步把人变成了资本运行逻辑中的一个环节，变成了商品价值实现过程中的一个环节，过度的消费、奢华性的消费不仅没有增加人们的幸福感，相反倒是更加增加了人对物的依赖性，对消费物品的依赖性。消费的异化成了当今发达资本主义国家的主要问题，成了人的异化的新的表现形式。高消费带来的资源短缺和环境污染的问题，成为现代生产方式发展的一个极大的内在矛盾，也是一个全球性的即人类发展中面临的重大问题。如果说，以前争夺殖民地的斗争引发了世界性大战，那么，对资源的争夺将成为未来世界不安定的主要原因。这些都表明，资本主义的发展道路和发展模式，无论是从自然资源条件还是人的发展条件的角度看，都不是人类解放的合理道路。

而随着苏联的解体和东欧的剧变，随着中国走上了改革开放的道路，传统的社会主义模式也宣告结束。综观当代世界发展的形势，在科技革命大大加强了国家对社会的控制能力的条件下，不管是发达国家还是不发达国家，试图再通过暴力革命夺取政权的道路几乎已经关闭，而且即使革命胜利，也不会再重演苏联利用国家政权的力量把一切生产资料收归国家所有，实行计划经济和高度集权的体制。社会主义等于计划经济的神圣光环，在经过了半个多世纪的社会主义试验之后，基本已经被完全“祛魅”，没有人相信它是通向人类解放和自由王国的合理选择了。

人类解放的道路到底在哪里?

或许我们根本就不该这样来提问。正如鲁迅所说的那样，世上本没有路，只是人走得多了，就成了路。

人类解放的道路并不是谁事先设计的，谋划好的，而就存在于人类的实践过程中，存在于人类的探索过程中。

人的发展与人类的解放是一个历史的过程，是现实的人不断超越人的现实不合理性的无限的过程。从整个人类的高度看，这个过程既是无限的展开的，也是由多种多样的形式构成的，正如随着新的生产力的获得，必然要创生出新的生产方式和交往方式一样，随着人的发展水平和能力的提高，也会不断创生出新的生活方式和社会形式。扬弃异化是一种历史的必然，是人的发展的必然，但扬弃的具体形式恐怕绝非只有一种，扬弃的道路也绝非只有一条。如果我们能够从这个角度来思考人类解放的道路问题，我们就可能更加能够解放思想，积极探索人类解放的新的形式，同时也会发现，现代西方许多思想家提出的理论对于我们探索人类解放的道路也是有着非常积极的意义的。

如果说，在近百年的历史中，中国人一直是按照着某种设定的道路来谋求自己的发展的话，那么到了今天，恐怕就到了自己努力去开辟新路自创新路的时候了。历史已经把中华民族置放到一种“世界历史民族”的位置上，置放到一种探索新的现代化道路的位置上，置放到探索人类解放的新型道路的位置上。社会主义只是一个方向，是人类解放的一个方向，如何实现社会主义，实现什么样的社会主义，都没有现成的模式或样板，要靠人民群众在自己的历史实践中去摸索去创造。中国特色社会主义就是人民群众的创造，是中华民族的创造，而且正处在继续创造的过程中，还没有定型，也不会定型。但这并不等于说没有一定的原则，三个有利、科学发展观、中国式现代化、人类命运共同体，实现经济社会的全面发展和人的全面发展就是原则，在这些原则的指导下，根据国内国际具体情况的变化，创造出新的制度形式、发展模式和现代化的一些具体规制，一句话，使得中国的经济社会能够得到又快又好的发展，尽量地减少和抑制人的异化的发生，使人的价值能够得到充分的尊重充分的实现。

从这个意义上说，中国的改革道路，中国特色社会主义道路，不仅对于发展中国家如何实现现代化有着重要的借鉴性意义，同时对于那些已经现代化但却遭遇到现代性的困扰的国家同样有很强的启示性作用。中国式现代化道路的形成和拓展，彰显了中国特色社会主义的强大生命力和巨大优越性，破除了“现代化就是西方化”的迷思，中国特色社会主义道路只能靠它的吸引力，靠它的启示性而发挥其世界历史性的作用。我们相信，人的解放是人自身发展的必然要求，也是人的发展和社会发展的必然结果，这是任何力量都无法阻挡的，是想阻挡也阻挡不住的。但是，这是一个过程，是由多种形式多种道路共同汇合成的一道洪流，也是存在着曲折和冲突的逐渐前行的进程。如果说在世界历史时代之前，各个民族在孤立的地域分别地发展，那么到世界历史时代，到了全球化时代，世界性的交往和相互影响相互作用将成为发展的重要动力。不同的发展模式，不同的生活方式，都聚集在一个平台上进行着竞争，各自以自己的优越性为自己的存在权利进行辩护。在这种条件下，作为旨在消除不同利益主体的恶性竞争、促进和平发展的社会主义理念，以公正地处理人与人的关系、促进人的全面发展和谐发展的真正的人道主义的目标理想，其本质的优越性将得到广阔的发挥空间，将会获得越来越多人们的认同。中国特色社会主义的以人为本的和谐发展和平发展的理念，就体现着这种时代精神，其重要的启示性作用将随着历史发展而日益为人们所认识，中国道路的世界历史性意义也将日益显现。

主要参考文献

1.《马克思恩格斯选集》，1—4 卷，人民出版社，2012。

2.《列宁选集》，1—4 卷，人民出版社，1995。

3.《毛泽东选集》，1—4 卷，人民出版社，1991。

4.《邓小平文选》，1—3 卷，人民出版社，1991—1993。

5.《江泽民文选》，1—3 卷，人民出版社，2006。

6.《胡锦涛文选》，1—3 卷，人民出版社，2016。

7.《习近平谈治国理政》，1 卷，外文出版社，2018。

8.《习近平谈治国理政》，3 卷，外文出版社，2020。

9.《十三大以来重要文献选编》(上)，人民出版社，1991。

10. 中共中央文献研究室：《十六大以来重要文献选编》(中)，中央文献出版社，2006。

11. 中共中央文献研究室：《习近平关于社会主义社会建设论述摘编》，中央文献出版社，2017。

12. 中共中央宣传部：《习近平新时代中国特色社会主义思想学习纲要》，学习出版社、人民出版社，2019。

13. 薄一波：《若干重大决策与事件的回顾》，中央党校出版社，1991。

14. [古希腊]亚里士多德：《政治学》，商务印书馆，1965。

15. [古罗马]西塞罗：《论共和国 论法律》，中国政法大学出版社，1997。

16. [英]W. 葛德文：《政治正义论》，商务印书馆，1980。

17. [英]约翰·密尔:《代议制政府》，商务印书馆，1982。

18. [德]J. 哈贝马斯:《交往与社会进化》，重庆出版社，1989。

19. [德]J. 哈贝马斯:《公共领域的结构转型》，学林出版社，1999。

20. [德]J. 哈贝马斯:《合法性危机》，上海人民出版社，2000。

21. [英]F. 哈耶克:《通往奴役之路》，中国社会科学出版社，1997。

22. [英]F. 哈耶克:《自由秩序原理》，三联书店，1997。

23. [德]奥特弗利德.赫费:《政治的正义性》，上海译文出版社，1998。

24. [美]约翰·罗尔斯:《正义论》，中国社会科学出版社，1988。

25. [美]约翰·罗尔斯:《政治自由主义》，译林出版社，2000。

26. [美]A. 麦金太尔:《谁之正义？何种合理性？》当代中国出版社，1996。

27. [英]D. 米勒:《社会正义原则》，江苏人民出版社，2001。

28. [美]M. 桑德尔:《自由主义与正义的局限》，译林出版社，2001。

29. [加]C. 泰勒:《承认的政治》，载《文化与公共性》，三联书店，1998。

30. [美]Q. 斯金纳:《现代政治思想的基础》，求实出版社，1989。

31. [美]G. 萨拜因:《政治学说史》，商务印书馆，1986。

32. [美]C. 林德布洛姆:《政治与市场》，上海三联书店，1995。

33. [美]B. 摩尔:《民主与专制的社会起源》，华夏出版社，1987。

34. [德]G. 卡西尔:《国家的神话》，浙江人民出版社，1988。

35. [美]阿瑟·奥肯:《平等与效率——重大的权衡》，四川人民出版社，1988。

36. [美]J. 范伯格:《自由、权利和社会正义》，贵州人民出版社，1988。

37. [美]吉尔伯特罗兹曼:《中国的现代化》，江苏人民出版社，1995。

38. 徐大同主编:《西方政治思想史》，天津人民出版社，1985。

39. 余英时:《中国传统思想的现代阐释》，江苏人民出版社，1995。

40. 李泽厚：《中国近代思想史论》，人民出版社，1986。

41. 萧公权：《中国政治思想史》，辽宁教育出版社，1998。

42. 韦庆远主编：《中国政治制度史》，中国人民大学出版社，1989。

43. 邓正来：《国家与社会——中国市民社会研究》，四川人民出版社，1998。

44. 马长山：《国家、市民社会与法制》，商务印书馆，2001。

45. 罗荣渠等主编：《现代化：理论与历史经验的再探讨》，上海译文出版社，1993。

46. 康晓光：《权力的转移——转型时期中国权力格局的变迁》，浙江人民出版社，1999。

47. 李德顺：《价值论》，中国人民大学出版社，1987。

48. 李连科：《哲学价值论》，中国人民大学出版社，1991。

49. 李德顺、马俊峰：《价值论原理》，陕西人民出版社，2002。

50. 阎孟伟主编：《新世纪价值观》，南开大学出版社，2002。

51. 江畅：《现代西方价值理论研究》，陕西人民出版社，1992。

52. 王玉樑：《当代中国价值哲学》，人民出版社，2004。

53. 吴忠民：《社会公正论》，山东人民出版社，2004。

54. 秦晖：《问题与主义》，长春出版社，1999。

55. 高兆明：《制度公正论》，上海人民出版社，2001。

56. 何怀宏：《契约伦理与社会正义》，中国人民大学出版社，1993。

57. 丰子义：《发展的反思与探索》，中国人民大学出版社，2006。

58. 丰子义：《现代化进程的矛盾与探究》，北京出版社，1999。

59. 林岗、张宇：马克思主义与制度分析，经济科学出版社，2001。

60. 崔球锁：《社会转型与价值选择》，吉林人民出版社，2005。

61. 姚洋：《自由、公正与制度变迁》，河南人民出版社，2002。

62. 姚洋主编：转轨中国——审视社会公正与平等，中国人民大学出版社，2004。

63. 慈继伟：《正义的两面》，三联书店，2001。

64. 戴文礼：《公平论》，中国社会科学出版社，1997。

65. 顾肃：《罗尔斯：正义与自由的探索》，辽海出版社，1999。

66. 俞可平：《论国家治理现代化》，社会科学文献出版社，2014。